성공도 사랑도 다 가져라!
# I Marketing
아이 마케팅

# 성공도 사랑도 다 가져라!
# I Marketing

초판 1쇄 인쇄 2008년 10월 10일  초판 1쇄 발행 2008년 10월 17일

**지은이** 추성엽 **펴낸이** 김태영

**비즈니스 1파트장** 신민식
**기획편집 2분사_편집장** 고정란  **책임편집** 김세원
**1팀** 최유연 최소진  **2팀** 강정애 이수희  **3팀** 김세원 경정은  **디자인팀** 김미영 이성희
**마케팅분사_**곽철식 이귀애  **제작팀_**이재승 송현주

**펴낸곳** (주)위즈덤하우스  **출판등록** 2000년 5월 23일 제13-1071호
**주소** 서울시 마포구 도화 1동 22번지 창강빌딩 15층  **전화** 704-3861  **팩스** 704-3891
**홈페이지** www.wisdomhouse.co.kr
**출력** (주)미광원색사  **종이** 화인페이퍼  **인쇄 · 제본** (주)현문

ⓒ 추성엽 2008  ISBN 978-89-6086-138-1  03320

국립중앙도서관 출판시도서목록(CIP)

아이 마케팅 = I marketing : 성공도 사랑도 다 가져라! / 추성엽 지
음. -- 서울 : 위즈덤하우스, 2008
 p. ; cm

ISBN 978-89-6086-138-1 03320 : ₩12000

성공[成功]

325.04-KDC4
650.1-DDC21                    CIP2008003020

# 성공도 사랑도 다 가져라!
# I Marketing
아이 마케팅

추성엽 지음

위즈덤하우스

| 차례 |

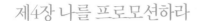

# 대한민국 직장에 암투보단 사랑이 넘쳐 나길 소망한다

인생에서 가장 소중한 것은 무엇일까?

직장생활은 어떻게 해 나가야 하고, 무엇이 그 성패를 좌우하는 것일까?

이 두 가지 질문은 직장인이라면 누구나 풀어야 할 숙제이다. 전자의 질문에 대해 누군가는 성공이나 부, 명예 등을 꼽고, 후자에 대해서는 흔히들 인간관계, 자기계발, 리더십 등을 이야기한다. 그러나 그 모든 것의 중심에는 단연 '사랑' 이 있어야 한다고 필자는 믿고 있다. 당연히 비즈니스 세계의 핵심도 사랑이다. 팀장이 팀원을 진심에서 우러나온 사랑으로 대할 때 팀원은 그러한 팀장을 존경하게 마련이다.

이 책은 필자의 이 같은 신념에서 출발하였다. 남녀간의 교제에서뿐만 아니라 생존을 다투는 살벌한 조직사회에서도 사랑은 필요하다. 그리고 그 사랑이 결실을 맺으려면 반드시 지혜로운 전략이 따라야 한다. 필자는 이러한 생각을 꾸밈없이, 그리고 조금이라도 더 절절하게 호소하기 위해 실제 경험담을 바탕으로 한 비즈니스소설 형식을 취하였다. 책 속의 사내연애 스토리도, 주인공의 열정이 앞선 수많은 시행착오도, 그리고 크고 작은 성공들도 모두 필자의 경험에서 나온 것들이다.

다만, 필자는 마케팅 분야에 오랫동안 몸담았기 때문에 세상을 마케터의 관점에서 바라보고 이 책을 썼다. 책의 제목에 'I Marketing'이라는 신조어를 담은 것도 이러한 영향 때문이다.

마케터로서 나름대로의 성공을 이루고 나서, 상품 마케팅이 아닌 바로 나 자신을 이 세상에 파는 마케팅을 전개한다면 과연 어떠한 전략이 필요할까를 고민해 보았다. 그리고 그 고민의 결과물을 좀더 많은 직장인과 공유하고, 그것이 대한민국 직장에 새바람을 일으켜 주었으면 하는 바람이다.

지금껏 주로 경제경영 서적을 써 온 필자로서는 소설이라는 장르가 매우 낯설었다. 그런 만큼 서툴 수밖에 없었는데, 그 과정에서 함께 고민하고 끝까지 격려해 준 위즈덤하우스에 감사드린다.

언젠가 부부 동반으로 남도 답사 여행을 갔을 때다. 갑자기 아내가 물었다.

"요즘은 왜 사랑한다는 말 안 해? 죽도록 쫓아다닐 때는 언제고? 애정이 식었지!"

그리고 나서 정작 아내는 아무 일도 없었던 것처럼 여행을 즐겼지만, 필자는 여행 내내 '정말 왜 그럴까?' 하는 의문을 떨칠 수가 없었다. 그러다가 '초심(初心)'이라는 평범한 단어를 떠올렸고, 그것이 계기가 되어 이 책이 나올 수 있었다. 항상 곁에서 영감을 불어넣고 멘

토가 되어 주는, 책 속의 이고은인 지금의 아내에게 고맙다는 말을 전한다.

오늘도 각자의 일터에서 우리는 누군가를 위해 일하고, 누군가는 우리를 위해 일하고 있다. 혼자서는 결코 존재할 수 없는 세상이다. 주위를 둘러보라. 가족만큼이나 함께하는 시간이 많은 대한민국 직장에 사랑이 넘쳐 나길 기원해 본다.

2008년 가을 추성엽

# 나를 브랜딩하라

# 열정
## 순수한 열정은 기회를 부른다

'열정을 꿈꾸는 자가 누릴 수 있는 삶의 특권을 그대의 게으름이 좀 먹고 있지 않은가?'

오랜만에 소설책을 읽다가 마음에 드는 구절을 발견한 한리더는 볼펜을 꺼내어 밑줄을 쫙 그었다. 평소보다 일찍 점심식사를 마친 그는 당장 해야 할 일이 많았지만 좋은 아이디어가 떠오르지 않아 잠시 머리를 식히고 있던 참이었다.

"한 대리. 신제품 보고서는 어디까지 진행되고 있습니까?"

언제 1시가 되었는지 점심식사를 마치고 온 팀장이 한리더에게 물었다. 다른 팀원들 역시 자리에 앉아 오후 업무에 박차를 가하고 있었다. 그렇지 않아도 몇 달 뒤에 출시할 신제품의 이름을 확정하지 못해 고민하고 있던 한리더는 정신이 번쩍 들었다.

"다음 주 초에 1차 보고 드리겠습니다, 팀장님."

"너무 서두를 필요는 없고 가급적이면 초기투자 비용을 고려해서 달성 가능한 목표를 잡도록 해 보세요. 이번에 출시될 신제품에 거는 경영진의 기대가 커서 부담이야."

너무 서두를 필요는 없다는 팀장의 말에 다소 마음이 놓인 한리더가 큰 소리로 대답했다.

"염려 마십시오, 팀장님. 열심히 해 보겠습니다."

"일은 열심히 하는 것보다 잘하는 것이 중요합니다. 이번에 출시할 신제품에 팀의 명운이 달려 있다고 생각하세요."

맞는 말이었다. 회사는 과정보다 결과가 더 중요한 곳이었고, 특히 한리더가 근무하는 마케팅부서는 '매출이 곧 인격'이라는 문화가 지배하고 있었다.

"그리고 지금 바로 본부장님께 가 보세요. 무슨 일인지 아까부터 찾고 계세요. 본부장님 성격 급한 거 알죠?"

본부장이라면 한리더가 회사에서 가장 존경하는 사람이었다. 자타 공인 대한민국 최고의 마케터로 통하는 인물이지만 자신을 내세우기 보다는 항상 상대방을 먼저 배려하는 마음으로 부하직원들의 존경을 한 몸에 받고 있었다.

한리더는 본부장이 왜 자신을 급히 찾는지 알 수 없었지만 일단 총알같이 본부장실로 올라갔다. 성격이 급한 본부장은 한리더를 보자마자 앉으라는 말도 없이 질문부터 던졌다.

"한 대리. 오늘 아침부터 홍보실이 왜 이리 분주한지 아나?"

"죄송합니다. 잘 모르겠는데요."

"이런 얼빠진 놈. 내가 그렇게도 마케터는 주변의 환경변화를 놓쳐서는 안 된다고 강조했건만 이런 고급정보를 모르다니. 방송국에서 내일 우리 회사에 촬영하러 올 거다."

"우리 회사에 말입니까?"

"그래. 요즘 20대 취업이 하늘에 별 따기 아니냐. 이런 상황에서 보란듯이 대기업 입사에 성공한 우리 회사 신입사원들을 대상으로 취재를 하겠다는 구만. '신입사원 연수현장을 가다' 라는 타이틀로 특집 프로그램을 만들 거래."

직선적인 카리스마를 소유한 본부장은 평소에도 직원들을 직접 불러서 허물없이 대화를 나누곤 했다.

"거기서 '선배사원과의 대화' 라는 코너가 있는데 사업본부마다 과장급 이상 직원을 1명씩 뽑아서 내일 연수원으로 보내라는 거야."

"과장급 이상이라면 저하고는 관련이……."

"물론 없지. 하지만 생각해 봐. 다른 부서는 틀림없이 사장님이 지시한 대로 과장급 이상만 보낼 거야. 그러면 걔들이 가서 무슨 말을 하겠냐? 앞에서 인사팀장도 지켜보고 있을 텐데. 다들 정치적인 답변이나 하고 오겠지. 그러니 우리는 허를 치는 거다."

그제야 한리더는 본부장의 의중을 파악했다.

"우리는 다른 부서와는 달리 과장급 이하를 보내는 거다. 너 입사한지 얼마나 됐지?"

"대리 1년차입니다."

"그래 좋아. 너는 회사에서 눈치 정도는 알아도 정치 같은 건 모를 거고, 뒷일은 내가 책임질 테니 신입사원들 질문에 솔직하고 자신 있게 한번 대답해 봐."

갑자기 방송 출연이라니, 한리더는 준비되지 않은 모습으로 사람들 앞에 서야 한다는 사실이 못내 불안했다.

"본부장님. 저, 솔직히 자신 없습니다."

"알아 인마. 나만 믿어. 내가 굳이 너를 택한 데는 다 이유가 있어. 분명히 잘할 거야."

"아닙니다. 제가 원래 그런 데는 약해서……."

한리더가 아무리 자신 없다고 말해도 이미 마음의 결정을 내린 본부장은 물러서지 않았다. 오히려 그가 발을 빼려 할수록 더욱 흥미로운 표정을 지으며 자신의 판단이 옳았음을 확인하는 눈치였다.

"하하. 네가 카메라 발은 좀 안 받지만 헝그리정신 하나는 끝내주잖냐. 일단 테스트 한번 해 보자. 내가 마케터를 한마디로 표현하면 뭐라고 가르쳤지?"

본부장이 다짜고짜 예상 질문을 날렸다.

"백여 명으로 구성된 오케스트라의 지휘자입니다."

"왜지?"

"오케스트라에서 악기를 연주하는 사람은 자신의 악기를 연주하는 데만 집중하면 되지만 지휘자는 모든 악기 소리에 귀를 기울이고 이를 재해석함으로써 자신만의 음악세계를 창조해냅니다. 이 모든 과정이 바로 마케터의 역할과 비슷하기 때문입니다."

말로는 자신 없다고 하면서도 정작 입을 열자 본부장이 원하는 대답이 술술 입 밖으로 흘러나왔다.

"그렇지. 그놈 참 맘에 든다. 내가 경력사원을 안 뽑는 이유가 바로 이거야. 뭐랄까. 마치 백지 위에 그림을 그려 나가는 것 같다고나 할까?"

그래서일까? 본부장은 평소 경력사원을 채용하지 않았다. 장기적인 측면에서 때 묻지 않은 신입사원을 제대로 가르치는 것이 미래에 대한 투자라고 확신하고 있었다.

"그런데 내가 너를 거기에 보내는 진짜 목적이 뭔지도 알겠나?"

"마케팅팀 PR을 잘해서 신입사원들이 우리 부서를 대거 지원하도록 만드는 겁니다."

"브라보~!"

본부장이 기대한 대로 한리더는 영특했다. 잘만 다듬으면 분명 쓸만한 재목임에 틀림없었다.

"자, 이건 내일 신입사원들이 던질 만한 질문과 대답 요령을 정리해 놓은 거야. 잘 숙지해서 실수 없도록 해."

"예."

본부장이 내미는 종이를 보니 한리더는 그나마 마음이 놓였다. 아무런 준비 없이 덜렁 참석했다가는 무슨 실수를 할지 모르지만 이렇게 준비된 게임이라면 도전해 볼 만하다는 생각이 들었다.

"오늘 일찍 퇴근하고 백화점 가서 이걸로 넥타이랑 와이셔츠 매치해서 사 입고 가."

본부장의 성격을 잘 아는 한리더는 감사하다는 말과 함께 그가 내미는 수표를 받아들었다. 그리고 얼른 돌아서려는 순간 그의 귓전을 울리는 한 마디가 있었다.

"참, 생방이다. 준비 잘해라!"

'허걱!' 한리더는 자기도 모르게 다리에 힘이 탁 풀리는 것을 느끼며 부랴부랴 본부장실을 나왔다.


그날 밤 한리더는 잠을 제대로 이룰 수 없었다. 퇴근길에 사 온 와이셔츠와 넥타이가 눈에 들어올 때마다 심장이 뛰었다. 생애 처음으로 방송에 출연하는데, 게다가 생방송이라고 하니 부담이 컸다.

잠깐 눈을 붙이고 새벽에 일어난 그는 거울 앞에 서서 연습에 들어갔다. 본부장이 적어 준 내용들과 자신의 신입사원 시절을 떠올리며 새로 뽑은 예상 질문지를 들고 답변을 연습하다 보니 조금씩 자신이 붙었다. 그리고 이 정도면 됐겠다 싶을 무렵 동이 트기 시작했다.

경기도 양지에 위치한 그룹연수원까지 영업부 선배 차를 타고 도착한 시간은 7시 30분이었다. 촬영은 8시 30분부터지만 출근길 서울시내 교통 체증을 감안해서 일찌감치 서둘렀다.

연수원에는 그들처럼 미리 도착한 사원들의 모습이 여기저기 눈에 띄었다. 방송사 역시 이미 촬영장비들의 기본 세팅을 마치고 마무리 작업을 하느라 분주했다. 난생 처음 보는 방송 시설과 화려한 조명, 큼직한 카메라들은 보는 이로 하여금 저절로 위압감을 느끼게 했다.

"이거 안 그래도 떨리는데 카메라를 보니 더 긴장되는 걸."

영업부 선배도 한리더만큼이나 긴장되는 모양이었다.

"저는 어젯밤 거의 한숨도 못 잤습니다. 제 얼굴 좀 보십시오. 가뜩이나 까만 얼굴이 더 칙칙해 보이지 않습니까?"

"걱정 마. 우리 회사 미용연구팀 직원들이 오늘 출연하는 직원 모두에게 분장을 해 주기로 했대."

"정말입니까? 그거 다행입니다. 제가 워낙 피부가 까매서 걱정을 많이 했는데 뭐 좀 바르면 나아 보이겠죠?"

영업부 선배의 말대로 회사 미용연구팀 직원들이 직원 한 사람 한 사람에게 일일이 메이크업을 해 주었다. 한리더는 처음 해 보는 화장이 너무 어색했지만 거울 속 자신의 모습이 한층 나아진 것을 보고 내심 안심을 했다.

'선배사원과의 대화' 시간은 8시 40분부터 9시까지 배정되어 있었다.

'그래 고작 20분이다. 한 사람당 한 마디씩만 해도 금방 시간이 지나갈 테니 너무 걱정하지 말자.'

얼마 후 PD로부터 간단한 주의사항이 전해지고 본격적인 촬영에 들어갔다. 본부장의 말대로 다른 부서에서는 모두 과장급 이상의 직원들이 참석했고, 맨 앞자리에는 인사팀장이 위압적인 자세로 앉아 있었다.

사회자의 오프닝 멘트가 시작되자 한리더는 자기도 모르게 주먹을 꼭 쥐었다. 생각보다 떨렸지만 이왕 나온 거 자신 있는 모습을 보여주자는 생각이 들었다.

긴장된 모습의 선배사원들과는 달리 신입사원들은 모두 재기발랄한 모습이었다. 오프닝 멘트가 끝나고 곧바로 신입사원들에게 발언 기회가 주어졌다. 회사에 대해 궁금한 사항이 있으면 서슴지 말고 질문하라는 사회자의 말이 떨어지기가 무섭게 너도나도 질문을 해대기 시작했다.

다행히 신입사원들이 궁금해 하는 질문은 이미 한리더와 본부장이 예상한 답변을 벗어나지 않았다. 주로 회사의 인사정책이나 연봉, 부서별 업무에 대한 질문이 많았다. 신입사원들의 질문에 답하는 선배 사원들의 대처 역시 예상대로였다. 모두들 인사팀장의 눈치를 보면서 적당히 회사에서 원하는 답변들을 늘어놓기 바빴던 것이다.

이에 비해 한리더는 비교적 자유로웠다. 이제 갓 대리 명함을 단 신참인 데다가 그의 뒤에는 본부장이라는 든든한 백이 있었다. 그는 일단 인사팀장과는 되도록이면 눈을 마주치지 않으면서 준비된 답변들을 해 나갔다. 신입사원들이 궁금해 하는 내용을 그들의 눈높이에 맞춰 쉽게 설명했고, 다른 선배들이 얼렁뚱땅 넘어간 문제들도 솔직히 다 까발렸다. 아예 처음부터 화끈한 전제를 달고 시작했다. "나는 연차가 얼마 되지 않아 신입사원과 다를 바가 없으니 오늘 한번 맞장을 떠보자"고 선언을 했던 것이다.

그때부터 신입사원들의 질문이 대부분 한리더에게 쏟아졌다.

"평사원에서 대리로 승진하기까지 대략 몇 년 정도 걸립니까? 또 대리에서 과장이 되기까지도 궁금합니다."

"여직원이라는 이유로 승진에서 불리한 경우는 없나요?"

"금요일이나 월요일에 월차를 내면 동료들이 눈치를 주지는 않을까요?"

신입사원들이 유독 한리더에게만 질문을 던지자 그는 자기도 모르게 제 흥에 취해서 이것저것 더욱 솔직하게 대답하기 시작했다.

특히 마케팅부서에 관한 질문에 대해서는 스스로도 놀랄 정도로 열정과 애정을 가지고 대답했다. 실제로 한리더는 마케팅이라는 업무를 누구보다도 좋아하고 즐겼기 때문에 그것이 자연스럽게 일에 대한 열정으로 이어졌다. 아마도 본부장이 그를 이곳에 보낸 이유도 그러한 태도를 높이 평가했기 때문이리라.

한참을 설명하던 한리더는 장내에 왠지 석연치 않은 기류가 흐르고 있음을 감지했다. 인사팀장의 일그러진 표정을 보고 선배사원들이 어찌할 바를 모르고 있었던 것이다. 마치 '한리더 저 놈은 과장급도 아니면서 왜 참석을 해서는 신입사원들의 간을 키워 주고 있는 거야' 하는 생각들을 하고 있는 것 같았다.

그 때 돌연 예상치 못한 질문이 날아왔다.

"한리더 선배님께 개인적인 질문이 하나 있습니다."

카메라가 질문한 신입사원을 재빨리 비추자 사회자를 비롯한 모두의 시선이 그 신입사원에게로 쏠렸다.

"아, 이번에는 미모의 신입사원인데요? 먼저 성함 말씀하시고 질문해 주시기 바랍니다."

"이고은이라고 합니다. 우리 회사에는 CC가 많다고 들었습니다. 사실입니까? 그렇다면 혹시 선배님도 CC인가요?"

"아, 결정적인 질문이군요. 제가 보기엔 애인이 없을 것 같은데요? 자, 대답해 주시죠."

이런 소재를 좋아하는 방송국의 생리답게 중앙카메라가 빠르게 한리더를 클로즈업하자 그는 일단 급조한 말부터 날렸다.

"예, 맞습니다. 우리 회사에는 CC가 많은 편입니다. 사실 저도 CC가되는 것이 꿈입니다. 오늘 제가 이 자리에 참석한 것도 이번 신입사원중에 퀸카가 많다는 소문을 들었기 때문이죠."

장내는 곧 웃음바다가 되었다. 사회자가 재치 있게 되받았다.

"그렇다면 방금 질문한 이고은 씨와 CC가 되는 것은 어떻습니까?"

순간 이고은의 얼굴이 확 달아올랐다. 한리더도 곤란하기는 마찬가지였다. 하지만 이왕 이렇게 된 것, 끝까지 뻔뻔하게 가 보자는 오기가 발동했다.

"글쎄요. 제가 보기에는 이래도 꽤 눈이 높아서……."

장내는 다시 한번 웃음바다가 되었고, 처음 본 선배로부터 본의 아니게 퇴짜를 맞은 이고은은 기분이 상한 듯 팔짱을 낀 채 애써 좌중의시선을 외면하고 있었다.


다음 날 한리더는 인사팀장에게 불려갔다. 그렇지 않아도 어제 너무 마음껏 떠들어댄 것이 마음에 걸렸던 한리더는 인사팀장의 호출에'올 것이 왔구나' 하는 생각이 들었다. 불안한 마음을 안고 인사팀으로 내려간 그는 예상 외로 밝은 인사팀장의 표정을 보고 일단 마음을놓았다.

"수고 많았다. 방송도 제일 많이 타고 후배들 갈증도 풀어주느라. 다른 직원들이 모두 긴장해서 걱정했는데 너마저 얼었으면 우리 회사

완전히 창피당할 뻔했어. 하지만 이건 알아 둬. 공개석상에서의 말 한 마디 한 마디는 굉장히 중요해. 그건 너 자신의 이미지이기도 하지만 우리 회사 전체의 이미지로 번질 수도 있기 때문이지. 너도 조금씩 회사생활을 하다 보면 내가 무슨 말을 하는지 알게 될 거다. 아무튼 어제 잘했고, 이건 수고비다."

한리더는 인사팀에서 개별적으로 하사한 봉투를 어떻게 받아들여야 할지 몰라 잠시 당황했지만 이내 감사하다는 인사와 함께 봉투를 받아들었다.

인사팀을 나와 엘리베이터를 타려는 순간 누군가 한리더의 어깨를 잡으며 말을 건넸다.

"야~ 어제 TV 잘 봤다. 생각보다 카메라발 잘 받던데?"

어제 사내에서 TV로 생방송을 지켜봤다는 홍보실 선배였다. 그날 하루 종일 동료들로부터 비슷한 이야기를 들었던 한리더는 왠지 낯이 뜨거워 평소보다 일찍 퇴근 준비를 했다. 그때 한리더의 전화벨이 울렸다. 입사동기이자 그의 가장 절친한 친구인 전문가였다.

"여어~ 어제는 대단했다며?"

한리더의 소식을 들은 전문가는 당장 그를 술집으로 불러냈다.

한리더가 전문가와 만나기로 한 술집에는 먼저 온 장혜수가 기다리고 있었다. 그녀는 한리더와 전문가의 입사동기이자 대학 후배로 이 세 사람은 사내에서도 삼총사로 통할 정도로 두터운 친분을 유지하고 있었다.

"선배, 어제 소문 들었어. 그런데 그 신입사원 미모가 대단했다고 하던데 왜 그랬어?"

장혜수는 한리더를 만나자마자 다짜고짜 물었다.

"사실 어제는 경황이 없어서 그 후배 얼굴도 제대로 못 봤어. 그러고 보니 좀 예뻤던 것 같기도 하네."

한리더가 찬찬히 기억을 떠올리며 대답했다.

"어머, 두 사람 앞으로 스캔들 나는 거 아니야?"

장혜수가 한리더 앞으로 바짝 고개를 내밀며 장난스럽게 말했다.

"그만 놀려. 선배 놀리는 게 그렇게 재미있나?"

오늘 하루 종일 그 비슷한 소리를 들어야 했던 한리더가 쑥스러워하며 말했다.

"선배, 올해 서른이야. 나이도 생각해야지. 언제까지 골드미스터로 늙을 수는 없잖아. 귀한 다이아몬드가 나타났을 때 얼른 골드링으로 환생해야지."

장혜수는 평소에 늘 주장하던 '골드미스 골드미스터 이론'을 끄집어냈다. 그녀의 연애철학은 골드미스로 실컷 즐기며 살다가 뒤늦게 멋진 남자가 나타나면 여봐란듯이 결혼해서 잘 사는 것이었다. 그런 말을 듣고 있자니 한리더는 문득 '올해는 연애라는 걸 좀 해 볼까' 하는 엉뚱한 생각이 들었다.

바야흐로 봄이었고, 창밖에는 꽃잎이 흩날리고 있었다.

# 당신의 브랜드가치! 열정이 시발점이다

기업은 파산해도 브랜드는 살아남는 시대다. 코카콜라, 인텔, 마이크로소프트, 삼성 등의 막대한 브랜드로열티는 더 이상 우리에게 낯설지 않다. 브랜드로열티는 기업의 무형의 자산가치 1호이다.

국내에 브랜드로열티가 이슈화된 것은 IMF 시절 삼성제약이 '에프킬라'를 한국존슨에게 297억 원에 매각하면서부터다. 그 전까지만 해도 기업이 파산하면 채권자들은 파산기업이 보유했던 건물이나 부동산, 생산설비 등을 확보하는 데 급급했으나, 최근에는 파산기업이 보유한 브랜드로열티, 즉 지적재산권이 일순위이다.

이처럼 기업이 파산해도 기업이 보유한 1등브랜드는 시장에서 생존하는 이유가 뭘까? 그것은 기업이 추구하는 시장은 우리가 일반적으로 알고 있는 '시장(Market place)'의 개념인 데 반해, 브랜드가 추구하는 시장은 바로 '소비자 마음속(Consumer mind)'이기 때문이다. 즉, 제품은 공장에서 만들어지지만 브랜드는 소비자 마음속에서 만들어진다.

직장에는 세 종류의 사람이 있다. 열정이 있는 사람, 열정이 없는 사람, 그리고 그저 적당히 지내는 사람.

열정이 있는 사람은 언제 어디서나 빛이 나고 어려움에 부딪혀도 그것을 딛고 일어설 수 있는 힘이 있다. 열정은 끊임없이 스스로를 채찍질하기 때문에 힘들어 하거나 슬퍼 할 겨를도 없다. 그것은 목표를 향해 끝까지 달릴 수 있는 근원이다.

반면, 열정이 없는 사람은 김빠진 맥주와 같다. 스스로도 재미없고 남들도 재미없다. 그래서 회사생활을 하면서도 주말이나 휴무를 기다릴 뿐, 월요일이 두렵다.

그런데 이 열정이라는 것은 묘해서 드러내려고 일부러 애쓴다고 드러나는 것이 아니며, 숨긴다고 숨겨지는 것도 아니다. 열정 없는 모습은 동료와 상사들 눈에 속속들이 보이게 마련이다. 인사고과와도 직결된다.

기업이 그러하듯, 우리들 자신의 생존을 결정짓는 것 또한 나의 브랜드가치이다. 그리고 그 브랜드가치를 높이는 방법 일순위는 단연 '열정'이다.

덧붙여 말하면, 열정은 자신이 담당하는 일에 대한 애정으로부터 시작된다.

# 기회
## 준비된 자만이 기회를 가질 수 있다

 

 

그로부터 2주일쯤 지났을까. 다시 일상으로 돌아온 한리더는 아침부터 보고서 작성에 골머리를 앓고 있었다. 커피라도 마시면서 머리를 좀 식히자고 생각한 그는 휴게실로 향했다. 휴게실에는 언제 와 있었는지 최현명이 혼자 앉아 커피를 마시고 있었다.

"와, 선배님! 잘 지내셨어요?"

최현명을 보자 갑자기 기분이 좋아진 한리더가 환한 미소를 띠며 말했다. 최현명은 회사 내에서 기획서 작성의 달인으로 소문난 인물이었고, 한리더에게는 정신적 지주나 다름없는 소중한 멘토였다.

"또 무슨 부탁이 있어서 이렇게나 반가운 척하는 거야?"

매번 업무에 관한 도움이 필요할 때마다 자신에게 자문을 구하는 한리더가 최현명은 싫지 않았다. 오히려 적극적으로 도와주고 싶은 마음을 불러일으키는 후배였다.

"마케팅이 이렇게 스트레스가 많을 줄 알았으면 영업이나 할 걸 그랬어요."

한리더가 커피를 뽑으며 말했다.

"영업은 아무나 하는 줄 알아? 일이라는 게 다 똑같지. 부서마다 스트레스는 있기 마련이야. 그런데 왜, 무슨 일 있어?"

"신제품의 최종 기획안을 제출해야 하는데 영 머리가 안 따라 줘서요. 요즘 그거 만드느라 죽을 맛입니다. 며칠째 매달려 있어도 결과물이 나오질 않으니……. 선배님 노하우 좀 전수해 주세요."

한리더는 최현명 쪽으로 의자를 바짝 당겨 앉았다.

"너무 걱정하지 마. 나도 옛날엔 그랬으니까. 사실 기획서라는 게 내공이 좀 쌓여야 제대로 써지는 거야. 그런데 상사들은 좀더 빨리 좋은 기획서를 만들길 원하지. 어쨌거나 분명한 사실은 기획서를 제대로 만들지 못하면 회사에서 능력을 인정받기 힘들다는 거야."

"선배님 말씀대로라면 일단 보고서 작성을 잘해야 회사에서 인정받을 수 있다는 건데……."

"두말하면 잔소리지. 상사들이 보고서 작성을 잘하는 직원의 역량을 높이 평가하는 데는 다 이유가 있어. 실제로 보고서의 질에 따라 사업이 추진되거나 보류될 수가 있는데 이것은 기업의 수익과 직결되는 문제야. 잘못된 보고서를 기반으로 추진된 사업은 반드시 그 대가를 치르게 돼 있지."

최현명이 눈을 부릅뜨며 말했다.

"듣고 보니 무섭네요. 앞으로 보고서를 작성할 때마다 선배님 말씀을 명심해야겠어요."

최현명의 말은 한리더의 마음에 큰 파장을 일으켰다. 지금까지 숱한 기획서를 작성하면서도 자신의 아이디어가 돋보이는 데만 신경을 썼지 그것이 기업의 수익과 직결된다는 점은 미처 생각하지 못했다.

"만일 후배가 팀장이라고 가정하고 사장으로부터 중요한 보고 업무가 떨어졌다면 누구에게 보고서 작성을 맡기겠어?"

"그야 가장 믿을 만한 사람에게 맡기겠지요."

한리더가 자신 있게 대답했다.

"그렇지. 누구라도 그럴 거야. 그렇다면 가장 믿을 만한 사람이란 어떤 사람일까? 당연히 기획력이 가장 뛰어난 사람이야. 지시받은 팀원이 어떤 보고서를 올리느냐에 따라서 팀장이 올리는 최종 보고서의 질도 판가름 나기 때문이지. 팀원이 올린 보고서에 괜찮은 아이디어가 들어 있어야 팀장도 그 아이디어를 발전시켜 양질의 보고서를 작성할 수 있거든. 그래서 보고서를 잘 만드는 사람일수록 업무가 몰리게 되고 그만큼 승진도 빠른 거야. 들어서 알겠지만 우리 회사에서는 전략기획팀장이 그런 케이스지."

한리더는 최현명이 정말 배울 것이 많은 선배라고 새삼 또다시 실감했다.

"선배님, 방금 들은 이야기만으로도 큰 도움이 됐지만 혹시 보고서 작성법과 관련해서 더 자세한 내용이나 노하우가 있으면 문서로도 좀 보내 주십시오."

한리더의 부탁에 최현명은 흔쾌히 그러하마 약속을 했다.

최현명은 한리더의 그런 면모가 좋았다. 혼자 끙끙거리다가도 도움이 필요하면 언제나 SOS를 청하는 모습이 후배답다고나 할까. 실제로 회사에서는 혼자 너무 완벽하게 일을 잘해내는 후배보다 한리더처럼 필요할 때 재깍 도움을 청하는 후배들이 나중에 좋은 결과를 낸다는 사실을 최현명은 알고 있었다.

휴게실에서 돌아와 자리에 앉았을 때 한리더에게 흥분될 만한 일이 기다리고 있었다. 신입사원들이 3주간의 연수를 마치고 현업에 배치를 받은 것이다. 마케팅부서로 배치된 신입사원들을 환영해 주기 위해 회의실로 모이라는 본부장의 지시가 떨어졌다.

"회의실에 이렇게 부담 없이 들어가긴 처음인 것 같아."

전문가가 한리더에게 말했다.

"맞아. 업무회의 때도 이렇게 가벼운 마음으로 들어갈 수 있으면 얼마나 좋겠냐."

회의실에 들어서자 마케팅본부장을 비롯한 마케팅부서의 직원들과 신입사원들이 모두 모여 있었다. 한리더와 전문가는 얼른 자리에 가서 앉았다.

"자, 여러분 서로 인사 나눕시다. 저는 마케팅본부장입니다. 면접 때 봤죠?"

본부장의 인사말이 끝나자 모두들 서로를 둘러보며 호기심 어린 시선을 주고받았다.

"자, 보시다시피 이번 35기 공채 신입사원들 중에 베스트오브베스트들만 우리 부서로 들어왔습니다. 신입사원 연수 때 한 대리가 PR을 잘해서 그런지 우리 부서에 서른 명이 넘게 지원을 했더라구. 그 중에서도 가장 우수한 여섯 명이 이렇게 선발됐습니다."

본부장이 신입사원 한 명 한 명의 이름과 부서를 소개할 때마다 한리더는 호기심 어린 눈으로 그들의 얼굴을 훑어보았다.

본부장이 마지막으로 신입 여직원 한 명을 소개할 때였다.

"다음은 이고은 씨. 광고관리부로 배정받았습니다."

순간 한리더는 알아차렸다. 바로 그녀였다. 신입사원 연수 때 자신에게 당돌하게 질문을 던졌던 이고은.

'어쩐지 아까부터 낯이 익다 싶더니……'

본부장이 신입사원들의 소개를 마치고 마케팅부서의 위상과 역할에 대해 이야기하는 동안 한리더는 마음의 동요를 감출 수가 없었다. 그때는 정신이 없어 얼굴을 자세히 뜯어볼 겨를이 없었는데, 지금 다시 보니 그녀는 누구라도 호감을 가질 만한 미인이었다. 하얀 피부에 또렷하고 검은 눈동자, 미소를 머금은 듯한 입술. 전체적으로 단아한 느낌을 주는 그녀는 평소 한리더가 그리던 이상형에 가까웠다.

한리더가 그녀의 얼굴을 유심히 관찰하는 사이에도 본부장의 이야기는 계속되었다. 본부장은 신입사원들이 마케팅부서에 지원한 것이 얼마나 탁월한 선택이며 자랑스러운 일인지를 힘주어 강조했고, 신입사원이 지녀야 할 덕목에 대해서도 조목조목 설명하고 있었다.

하지만 한리더의 귀에는 아무 말도 들어오지 않았고, 오로지 그녀를 훔쳐보기에만 바빴다. 그런 그의 시선을 의식했는지 이고은이 잠깐 보일 듯 말 듯한 미소로 눈인사를 건넸다. 순간 한리더의 얼굴은 금세 홍당무처럼 빨개졌고 어쩔 줄 몰라 하는 모습이 역력했다.

한리더가 신입사원과의 상견례를 마치고 자리에 돌아왔을 때 최현명으로부터 메일이 한 통 와 있었다. '기획서 작성법'이라는 제목이었다. 부탁한 지 반나절도 안 되어 도착한 그의 메일을 보며 한리더는 역시 최현명 선배답다고 생각했다.

✉ **제목: 기획서 작성법**

세상의 모든 일이 그렇듯이 기획서 작성을 잘하려면 전략이 필요하다는 사실을 알아야 해. 우선 기획서를 쓰는 목적을 분명히 알아야겠지. 그 다음에 중요한 것은 콘텐츠야. 콘텐츠가 신선하면서도 알차야 해. 그런 다음에는 기승전결을 잘 구성해서 기획서의 완성도를 높이는 데 집중하면 돼.

그럼 내가 기획서를 작성할 때 특히 염두에 두는 부분을 알려 줄게.

첫째, 첫 장을 펼쳤을 때 다음 페이지가 궁금하다.

둘째, 기승전결에 의한 논리적 구성이 탄탄하고 호소력이 강하다.

셋째, 내용이 살아 있고 적재적시에 표와 그래프가 일목요연하다.

넷째, 보기에 편하다.

다섯째, 해당 페이지가 무엇을 말하는지 명확하게 떨어진다.

그렇다면 이렇게 잘 작성한 보고서를 어떻게 상사에게 보고하는 것이 좋을까. 가장 좋은 방법은 상사가 보고서 작성을 지시하기 전에 먼저 보고서를 올리는 거야. 이때는 설령 기획서가 조금 부족할지라도 큰 흠이 되지 않거든. 하지만 지시를 받은 후에 올리는 기획서의 경우는 상황이 달라. 조금만 흠이 있어도 부족하다는 느낌을 줄 수 있지.

또 한 가지 중요한 사실은 기획력이 뛰어난 상사 밑에서 일할 경우 자연스럽게 기획서 작성법을 터득할 수 있다는 거야. 생활용품팀은 팀장이 워낙 뛰어나니까 한 대리도 머잖아 기획서 작성의 달인이 될 수 있을 거야. 자세한 자료는 첨부할 테니까 도움 되길 바래~~

평소 같으면 선배의 충고가 담긴 글이 너무 고마워 곧바로 답변을 날릴 한리더였지만 지금은 그렇지 않았다. 선배의 글은 눈에 잘 들어오지 않았고 대신 이고은의 얼굴만 떠올랐다. 아직도 두근거리는 가슴을 진정시키며 그는 촬영장에서 질문을 하던 그녀의 모습을 떠올려보았다. 회사 단체복을 입은 채 사람들 속에 파묻힌 그녀의 얼굴을 그때는 잘 보지 못했었다. 조명이 너무 밝았고 카메라로 가려져 있던 데다가 생방송에 집중하느라 그녀에게 관심을 기울일 틈도 없었던 것이다. 하지만 오늘은 한눈에 그녀에게 사로잡히고 말았다.

그날 밤 한리더는 잠을 이루지 못할 정도로 그녀 생각에 빠져 있었다. 큐피트가 자신의 가슴을 향해 제대로 화살을 날린 게 분명하다고 생각했다.

서른이 되도록 제대로 된 연애 한번 못해 본 한리더였다. 그래서 어떻게 해야 여자의 마음을 사로잡을 수 있고 어떻게 하면 그녀를 자신의 여자로 만들 수 있을지 고민스러웠다. 자신이 사랑에 초짜라는 사실이 너무 한심스러웠다.

몇 날 며칠 동안 그녀를 지켜보면서 잠 못 이루는 그에게 유일한 희망은 자고 일어나서 출근하면 그녀를 볼 수 있다는 사실, 단 하나뿐이었다. 그녀가 보고 싶어 새벽이면 눈이 번쩍 떠졌고, 눈을 뜨면 회사로 부리나케 달려가는 날들이 계속 되고 있었다.


"What are you doing now?"

얼마 전 출시한 신제품의 판촉 아이디어를 찾기 위해 고심하고 있을 때 본부장이 한리더의 어깨를 툭 치면서 말했다.

회사에서 영어통으로 소문난 본부장은 비즈니스 세계에서 영어의 중요성을 강조하기 위해 가끔씩 직원들에게 영어로 질문을 던졌다. 의도적으로 긴장감을 조성해서 직원들이 영어에 대해 관심의 끈을 놓지 못하게 하기 위함이었다.

"Just Business, I'm so busy."

"바쁘긴 뭐가 바빠 인마. 라면이나 먹으러 가자."

회사 뒤편에 있는 분식점에 앉자마자 본부장은 한리더를 칭찬하기 시작했다.

"아까도 말했지만 내가 그날 너를 보내길 정말 잘했지. 신입사원들 봤지? 우리가 의도한 대로 완전 월척들만 들어왔어."

"저도 놀랐습니다. 하나같이 똘똘해 보이는 게 앞으로 바짝 긴장해야겠던데요."

"그래, 요즘 뭐 힘든 일은 없고?"

본부장은 항상 직원들을 칭찬하고 챙겨 주길 좋아했다. 그래서인지 부서원들 사이에서 그는 슈퍼리더십의 소유자로 통했다. 직급이나 직위에서 나오는 권위적인 리더십이 아니라 직원들의 마음을 얻은 데서 나오는 우러나오는 리더십이었다. 얼마 전에는 마케터에게는 특별 인센티브를 지급해야 한다고 사장을 설득해서 부서원들의 자긍심을 높여 주기도 했다.

"특별한 건 없습니다. 기획서 만드는 게 좀 힘들었는데 아까 최현명 선배님께 한수 배우고 거짓말같이 뚝딱뚝딱 완성시켰습니다."

"하하. 드디어 너도 내공이 쌓이기 시작하나 보다. 이제 너희 팀장도 좀 편해지겠는데. 그래, 요즘 너희 팀은 좀 어떠냐?"

"신제품 때문에 다들 바쁘죠. 그래도 우리 팀은 팀장이 일찍 퇴근을 하니까 팀원들도 부담 없이 퇴근을 할 수 있어 좋습니다."

본부장의 질문 의도를 정확히 파악하지 못한 한리더는 별 생각 없이 대답했다. 문제는 다음 날이었다.

"한리더 씨. 제가 일찍 퇴근한다고 본부장님께 말한 적 있나요?"

팀장이 지나가는 말투로 물어봤지만 한리더는 적잖이 당황하지 않을 수 없었다.

"아, 그거요……. 어제 본부장님과 라면을 먹다가 우리 팀 근황을 물어 보시길래 우리 팀은 야근이 적은 편이라서 좋다는 얘기를 한다는 게……. 별 다른 얘기는 없었습니다."

"그랬군요. 아침에 결제를 받을 때 본부장님께서 갑자기 우리 팀이

유일하게 퇴근시간을 잘 지키고 있다며 좋은 현상이라고 하시더군요. 그걸 칭찬으로 받아들여야 할지 모르겠지만."

순간 한리더는 직장에서 상사가 던지는 하찮은 질문 하나에도 주의를 하지 않으면 안 된다는 것을 깨달았다. 그 말이 돌고 돌아서 결국에는 화살처럼 자신에게 되돌아온다는 사실을 알게 되었다.

한리더는 행여 팀장이 자신을 책망하지는 않을까 염려되어 팀장의 눈치를 살폈다. 하지만 다행히 그런 기색은 찾아볼 수 없었다.

"혹시 다음 주까지 제출하기로 한 신상품 보고서 준비된 사람 있습니까? 이사님께서 오늘 출장을 가시는데 갑자기 비행기 안에서 검토해 볼 자료들을 올리라는 지시가 떨어졌습니다."

팀장의 말에 팀원들은 서로의 얼굴만 쳐다보고 있었다. 다음 주까지는 아직 여유가 있어서 미리 보고서를 완성한 사람들이 없었던 것이다. 그 때 최현명이 머리를 긁적이며 말했다.

"팀장님, 거의 완성된 보고서가 있긴 합니다만……."

"아, 정말입니까? 잘됐군요. 다른 팀들도 같은 지시를 받았지만 모두들 준비된 게 없어 난처해 하던 참인데……. 러프한 기획안이라도 좋다고 하셨으니 지금 곧 이사님께 갖다 드리세요. 저는 팀장 회의에 참석해야 해서……. 자, 그럼 수고들 하세요."

팀장의 기뻐하는 모습을 보고 팀원들은 모두 안도의 한숨을 내쉬었다. 특히 한리더는 본의 아니게 팀장의 기분을 상하게 한 것 같아 마음에 걸렸는데 최현명 선배 덕분에 팀장의 기분이 밝아져 마음이 놓였다.

"선배님, 정말 대단하십니다. 팀장님이 왜 선배를 그토록 신뢰하는지 알 것 같습니다. 어떻게 하면 저도 선배님처럼 될 수 있을까요?"

한리더가 존경스러운 눈빛으로 물었다.

"하하. 나처럼 되고 싶다고? 특별한 건 없어. 그냥 기회주의자가 되면 돼."

최현명이 웃으며 말했다.

"기회주의자요?"

"내가 처음 입사했을 때 사수의 별명이 기회주의자였어. 어찌나 승진을 잘 하고 기회만 있으면 움켜쥐는지 모두들 혀를 내두를 지경이었지. 뒤에서 수군거리는 사람도 많았어. 하지만 정작 가까이서 선배를 지켜본 나는 선배가 기회주의자가 아니라 준비주의자라는 사실을 알고 있었지. 한 2년 그 선배 밑에서 일하다 보니 나도 모르게 많이 배우게 됐어. 항상 상사가 원하는 게 뭘까 고민하다 보면 저절로 준비주의자가 되는 것 같아."

최현명 밑에서 3년을 일했지만 처음 듣는 이야기였다.

"자세한 이야기는 다음에 또 해 줄게. 지금은 이사님께 가 봐야 하니까."

한리더는 기획서를 챙겨서 이사실로 향하는 최현명의 뒷모습을 한참 동안 쳐다보았다. 그의 손에는 아직도 신제품의 이름을 확정하지 못한 미완성 보고서가 쥐어져 있었다. 내일까지는 무슨 일이 있어도 이 보고서를 다 완성해야 했다.

'결국 오늘도 팀장이 시키지도 않은 야근을 해야 하는 군. 그래, 이

건만 마무리되면 나도 최현명 선배처럼 야근 같은 거 하지 말고 멋지게 살자.'

한리더의 마음속에서 뭔가 불끈 하는 것이 올라왔다. 야근 준비를 위해 서류들을 정리하는 한리더의 등 뒤로 석양이 아름답게 빛나고 있었다.

# 기회는 준비된 자에게만 찾아온다

신입사원들의 공통점은 하루라도 빨리 '한칼'을 보여주고 싶어 안달한다는 것이다. 선배들도 무조건 튀라고 주문한다. 그러나 이들에게는 열정이 있을지언정 깊이가 부족하다. 솔직히 말하면 상사들도 별로 기대하지 않는 눈치다.

그럴 때일수록 조급증을 버리고 준비하면서 때를 기다려야 한다. 언젠가 회사는 그에게 반드시 기회를 준다. 한칼은 그때 보여주면 된다.

100리를 가고자 하는 자에겐 10일치 양식이 필요하고, 10,000리를 가고자 하는 자에겐 1,000일치 양식이 필요하다. 그때를 대비해 양식을 준비해야만 한다.

직장인에게 반드시 필요한 3대 키워드는 '이론적 지식', '경험' 그리고 이둘을 통한 '직관 혹은 통찰력'이다. 여기서 직관은 이론적 지식과 경험의 산물에 불과하다. 그리고 경험은 직장생활을 해 나가는 동안 열정만 있다면 자연스럽게 쌓을 수 있다.

반면, 이론적 지식은 필수적으로 자기계발이 뒤따라야만 얻을 수 있다. 해당 분야의 독서와 다양한 교육에의 참여, 커뮤니티 활동 등을 통해 꾸준히 준비해야만 한다. 한마디로, 이론적 지식은 경험과 직관에 선행하는 절대변수라고 할 수 있다.

성패를 좌우하는 절대변수를 소홀히 하여 자신의 가치를 떨어뜨리거나 모처럼 찾아온 기회를 날려 버리는 일이 없도록, 지금부터라도 만전을 기하자.

# 타깃
## 애매한 과녁을 향해 쏜 화살이 명중할 리 없다

CS(주)는 전형적인 대기업으로 연차에 따라 직급이 체계적으로 구분되어 있고, 업무는 팀 단위로 세분화되어 있다. 승진은 연공서열에 따라 진행되는 편이었고, 기업문화는 합리적인 서구문화와 보수적인 동양문화가 공존했다. 특이한 점은 다른 회사에 비해 인간적인 분위기가 강해서 공식적인 자리만 아니라면 친분에 따라 형이나 언니와 같은 사적인 호칭도 통용되고 있다는 것이다.

이고은이 광고관리팀에 배치된 이후 한리더는 자주 그 곳을 드나들었다. 평소에도 업무상 자주 가는 곳이었기 때문에 그가 이고은을 보기 위해 드나든다는 사실을 눈치 채는 사람은 없었다.

"팀장님 안 계세요?"

그 날도 한리더는 핑계거리를 만들어 광고관리팀으로 건너갔다.

"광고대행사에 외근 가셨어요."

광고관리팀에서 언론사 PR을 담당하고 있는 박 대리였다.

"대리님, 커피 한 잔만 주세요."

어차피 팀장 이야기는 핑계였는데, 한리더는 오히려 잘됐다 싶어서 넉살 좋게 커피를 부탁하고 아예 자리를 잡고 앉았다.

"지난번에 제작한 신제품 광고의 반응이 좋아서 신문에 PR을 좀 해 볼까 해서요."

"아, 그거요? 그렇잖아도 우리도 계획하고 있었는데."

"하하. 잘됐군요."

한리더는 박 대리와 업무 얘기를 나누는 한편 눈길은 계속 이고은을 향하고 있었다. 이고은은 아까부터 계속 컴퓨터 모니터만 응시하고 있었는데, 아마도 업무 파악을 위해 여러 가지 사안들을 검토하고 있는 것 같았다.

"신입사원 일은 잘해요?"

한리더가 가볍게 지나가는 말투로 물었다.

"그럼요. 얼마나 잘하는지 몰라요."

"역시 우리 회사가 사람 하나는 잘 뽑는다니까. 우리 팀에도 고은 씨 같은 여직원이 한 명 들어오면 좋았을 텐데……."

"어머, 한 대리. 설마 신입사원한테 관심 있는 거 아니에요? 그러고 보니 요즘 우리 팀 출입이 잦은 것 같아~."

무심코 던진 한마디에 꼬리를 잡히자 한리더는 부끄러워서 어쩔 줄 몰라 했다.

"그게 아니고 내 친구 중에 K대 나온 녀석이 있는데 고은 씨를 잘 알더라고요. 그 친구가 하도 고은 씨 칭찬을 많이 하길래……."

"그래요? 하여간 세상 좁다니까."

그제야 의구심을 떨친 박 대리가 대답했다. 그 때 이고은이 호기심에 가득 찬 눈으로 물었다.

"선배님, 그 친구 분 성함이 어떻게 되세요?"

이고은은 자신을 칭찬했다는 그 선배가 누군지 몹시 궁금한 모양이었다.

"어, 있어. 아무나라고……. 후배는 학번이 달라서 모를 거야."

"아무나요? 제가 군대에 갔다 온 선배들하고 함께 다녀서 잘 아는데 아무나라는 이름은 못 들어 본 것 같은데……."

이고은이 고개를 갸웃거리며 말했다.

"아, 그 친구는 신의 아들이라 군대 안 가고 빨리 졸업했거든."

"그런데 그 선배님은 어떻게 저를 알죠?"

이고은이 자꾸 질문을 해 오자 곤란해진 한리더는 허둥지둥 자리에서 일어났다.

"아, 이거 벌써 시간이 이렇게 됐나? 그럼 나는 가 볼 테니 팀장님 오시면 연락 좀 달라고 전해 주세요."

아직도 의구심을 풀지 못한 채 자신을 쳐다보고 있는 이고은을 의식하며 한리더는 허겁지겁 자기 자리로 돌아갔다.


이고은이 입사한 지도 어언 두 달이 흘렀다.

그녀는 나무랄 데 없이 일을 잘했고 인간관계도 좋아 선배들은 물론 동기들 사이에서도 인기가 많았다. 그런 그녀를 옆에서 지켜보는 한리더는 애가 타서 죽을 지경이었다. 처음 얼마간은 매일 그녀를 볼 수 있다는 사실만으로 행복했지만 날이 갈수록 그녀에 대한 감정이 깊어지면서 어떻게든 그녀와 절친한 사이가 되고 싶어졌다.

하지만 그녀는 너무 멀어 보였다. 어쩌다 마주치면 웃으며 깍듯하게 인사했지만 개인적으로 친해질 수 있는 어떠한 틈도 보이지 않았다. 신입사원이 선배 사원을 대하는 그 이상도 그 이하도 아니었다.

상황이 이러니 한리더는 무엇을 어떻게 어디서부터 시작해야 할지 몰라 식욕은 떨어지고 담배는 늘어 갔다. 업무에 대한 열정도 뒷전이었고 의욕도 사라진 것 같았다. 그런 그의 이상신호를 제일 먼저 알아차린 사람은 바로 전문가였다. 한리더의 입사동기인 전문가는 생각이 깊고 해박한 지식을 갖고 있어 모두에게 '전문가'로 통했다.

퇴근 무렵 회사 앞 술집에서 만나자는 전문가의 쪽지를 받은 한리더는 얼마 전 최현명 선배에게서 받은 '보고서 작성법' 출력본을 가방에 챙겨 넣었다. 전문가에게도 한 부 주면 좋을 것 같아서였다.

"한리더. 너 무슨 고민 있지?"

전문가가 퓨전 막걸리집 주시(酒詩)에 앉자마자 진지하게 물었다. 나이도 같은 데다 신입사원 때부터 같은 부서에서 근무해서 그런지 두 사람의 우정은 각별했다.

"고민은 무슨."

동기의 관심은 고마웠지만 왠지 자존심이 상해서 한리더는 쉽게 마음을 내보이지 않았다.

"귀신은 속여도 나는 못 속인다. 너 요즘 이상하다고 소문 쫙 났어.

내가 보기에 돈 문제는 아닌 것 같고. 여자 문제지? 혹시 너, 고은이 때문에 그래?"

끝까지 숨기려고 했건만 역시 녀석의 눈치는 알아줘야 했다.

"그게……. 나도 모르게 그렇게 됐어. 너 첫눈에 반한다는 말 믿냐?"

"역시 그랬구나. 고은이 정도면 첫눈에 반하고도 남지."

"그렇지? 그래서 걱정이야. 소문 들어 보니까 이미 회사에서 꽤 인기가 좋은가 봐. 신입사원 중에 나핸섬이라고 있잖아. 그 녀석은 이미 정식으로 사귀자고 대시했대. 요즘 내 속이 속이 아니다. 자나 깨나 고은이 생각뿐이야. 지나가는 여자들이 다 고은이로 보인다니까."

"그랬구나. 그렇다고 그렇게 속만 끓이고 있으면 어떡하냐. 왜 진작 얘길 안 했어?"

전문가가 걱정 어린 눈길로 말했다.

"쪽 팔려서 그랬지. 솔직히 내가 객관적으로 여자들이 좋아할 타입은 아니잖아. 괜히 소문이라도 잘못 나면……."

"용기 내. 용기 있는 자만이 미인을 얻을 수 있다는 말도 있잖아. 하하. 네가 객관적으로 잘생긴 얼굴은 아니지만, 걱정할 필요 없어. 여자들이 의외로 외모를 많이 안 따지거든. 특히 고은 씨처럼 예쁜 여자들이 의외로 외모에 비중을 덜 둔대. 너 정도면 능력 있고, 내가 볼 땐 괜찮아."

역시 동기밖에 없었다. 이 세상에 자기를 알아주는 자가 있다는 사실에 한리더는 갑자기 힘이 솟는 것을 느꼈다.

"역시 너는 나의 영원한 지기(知己)야."

"이제부터 내가 하는 말 잘 들어. 너 영화 「연애의 목적」 봤지? 박해일이랑 강혜정 나오는 거."

장래희망이 영화감독이었지만 어쩌다 보니 샐러리맨이 되었다고 입버릇처럼 말하곤 하는 전문가가 또 영화 이야기를 꺼냈다.

"거기서 박해일이 호시탐탐 뻔뻔스러울 정도로 작업을 걸어서 결국 강혜정이 넘어가잖아."

"박해일이야 워낙 인물이 좋잖아?"

한리더가 박해일의 환한 얼굴을 떠올리며 대답했다.

"아, 인물 얘기는 그만하라니까. 사람은 이미지나 분위기가 중요하지 생긴 게 중요한 게 아냐. 그러니까 너도 박해일처럼 뻔뻔함으로 무장하고 이고은에게 다가가는 거야."

전문가가 진심어린 마음으로 이야기했다.

"나도 그러고 싶지. 하지만 두려워. 그녀가 단박에 싫다고 하면 어떡하냐?"

"너처럼 거절당할까 두려운 마음 때문에 서른 넘도록 연애 한번 못해 본 사람이 한두 명이 아니라는 것 아니냐."

전문가가 안타깝다는 듯 이야기를 이어 갔다.

"네 주변에 연애 잘하는 사람들 한번 봐. 그 사람들이라고 꼭 잘나서 연애를 잘하는 건 아니야. 용감해서 잘하는 거지. 남자든 여자든 좋아하면 먼저 다가가야 하는데 그걸 못해서 다들 혼기를 놓치는 거라고."

전문가의 말이 옳다는 것은 알고 있었지만 그래도 한리더는 도저히 용기가 날 것 같지 않았다.

"한리더! 목표는 정해졌어. 다음은 용기라구. 계속 그렇게 두려운 마음을 갖고 있으면 될 일도 안 된다. 그러다 보면 나중에는 우울해지고 화가 나고 무기력해지기까지 해."

전문가는 최근 한리더의 심경을 족집게처럼 집어냈다. 우울, 분노, 무기력…….

"그것들을 끊어내는 길은 용기밖에 없어. 원래 용기란 두려움을 다스리고 이겨내는 힘이야. 내일이라도 당장 고은이에게 알려야 해. 네가 자기에게 마음이 있다는 사실을 말이야. 일명 종치기 이론이지."

"종치기 이론?"

"그래. 일단 그녀가 들을 수 있도록 종을 치는 거야."

전문가의 종잡을 수 없는 말에 한리더는 조급증이 났다.

"좀 알아듣게 얘기해 봐. 어떻게 종을 치라는 거야?"

"연애든 일이든 뭔가 되게 하려면 일단 저지르고 봐야 해. 가만히 있으면 누가 알아주겠어? 네가 고은이를 좋아하고, 또 고은이도 너를 좋아하게 만들려면 우선 가장 먼저 그녀에게 너의 마음을 알려야 해. 일단 종을 친 다음에 그녀의 반응을 기다리는 거야."

한리더가 듣기에도 과연 그럴 듯했다.

"너, 그 종치기 이론은 어디서 들었어?"

"이건 연애학 개론에 정식으로 게재된 정통 연애방법론 중 하나야. 연애 고수들은 다 알고 있는 정통연애비법이지."

전문가의 말이 사실이건 아니건 한리더로서도 이제 더 이상 물러설 곳이 없었다. 이대로 가만히 있다가는 가슴이 터져 버릴 것 같아서 뭔가 액션을 취해야겠다고 생각했다.

"연애특강 2부는 다음에 해 줄게. 대신 다음 시간까지 종치기 숙제는 꼭 해 오는 거다. 알겠지?"

한리더는 그렇게 하겠다고 굳게 다짐을 하고 전문가와 기분 좋게 헤어졌다. 전문가의 말이 맞았다. 지금 그에게 필요한 것은 용기였다.

토요일 오후 한리더는 방에 틀어박혀 계속 고민 중이었다. 이고은에게 어떻게 대시를 해야 할지 생각해 보았지만 아무리 생각해도 묘안이 떠오르지 않았다. 그 때 전문가의 말이 생각났다.

"일단, 네가 고은이에게 마음이 있다는 사실을 알려야 해. 그냥 주변만 맴돌지 말고 직접 고백을 하는 게 중요해."

'지금 그녀는 어디서 무엇을 하고 있을까.' 갑자기 이고은의 목소리가 너무 듣고 싶어진 한리더는 용기를 내서 그녀에게 전화를 걸었다. 그녀의 휴대폰에서는 최신 유행곡이 흘러나왔다.

'아! 역시 세대 차가 나는구나.'

가슴을 졸인 채 컬러링을 듣고 있는데 갑자기 그녀의 경쾌한 목소리가 들려왔다.

"여보세요?"

"아, 후배. 나 한리더야."

"어머, 한 대리님께서 웬일이세요?"

"그냥 TV 보다가 후배 생각이 나서."

"네에? 제 생각이요?"

갑작스러운 한리더의 전화에 그녀는 적잖이 당황한 기색이었다.

"아니, TV에 후배랑 닮은 사람이 나오길래……."

"저 닮은 사람이요? 그게 누군데요? 혹시 탤런트예요?"

"탤런트는 무슨. 후배가 그렇게 예쁜 줄 알아? 그냥 지나가는 사람이야."

"아~네~."

새침해진 그녀의 목소리에 한리더는 금방 후회를 했다. 잘못하다가는 그녀의 마음을 얻기는커녕 점수를 잃겠다는 생각에 그는 애써 수습을 하기 시작했다.

"아니, 후배가 안 예쁘다는 얘기가 아니고. 그러니까 내 말은……."

"하하. 알겠어요. 대리님 되게 심심하신가 보다. 주말에 전화를 다 하시고."

"후배는 지금 뭐 하는데?"

"저는 홍대 앞에서 친구 만나고 있어요."

순간, "친구 누구?"라는 말이 목구멍까지 올라왔지만 더 이상 자세히 물어볼 용기는 나지 않았다.

"그래. 그럼 즐거운 시간 보내고 월요일에 봐."

"네. 대리님도 좋은 주말 보내세요."

매우 경쾌하고 밝은 목소리였다. 그녀의 전화를 받는 동안 그의 심장은 계속 쿵쾅쿵쾅 곤두박질쳤다. 가슴이 터져 버릴 것 같다는 말이 무슨 말인지 난생 처음 깨닫는 순간이었다. 한리더는 전화를 끊고도 한참 동안 자리에 누워서 그녀의 예쁜 목소리를 음미하고 있었다.

'어쩌면 목소리까지 이렇게 예쁠까. 사람의 목소리에도 색깔이 있구나. 그래서 음색이라는 말을 쓰는 건가.'

그는 혼자서 이것저것 그녀에 대한 상상을 했다. 그러다가 그녀가 지금 만나고 있다는 친구가 누구인지 궁금해서 견딜 수가 없었다.

'여자일까, 남자일까. 그렇다고 다시 전화를 해 볼 수도 없고……'

한리더는 그래도 기뻤다. 어쨌든 짧게나마 그녀와 사적인 대화를 나눌 수 있었으니까 말이다. 그녀에 대한 그의 도전은 이렇게 시작되었다. 아주 작은 용기로부터.

"이고은 씨, 오늘 생활용품팀 한리더 대리랑 L브랜드 CF 촬영장에 다녀오세요. 가서 광고대행사 직원들도 소개받고 현장 분위기도 스케치하세요. 홍보팀이 모두 해외출장 중이라 이고은 씨가 대신 보도자료를 작성해야겠어요. 고은 씨 국문과 나왔으니까 할 수 있겠죠?"

L브랜드라면 한리더가 담당하는 브랜드였다. 가뜩이나 주말에 한리더의 전화를 받고 부담스러워 하고 있었는데 이렇게 또 엮이자 이고은은 은근히 걱정이 되었다.

반면 이고은이 자신과 함께 외근을 나간다는 소식을 들은 한리더는 기쁨을 감추지 못했다. 스튜디오 촬영 내내 그는 싱글벙글했고 이고은은 부담 백배였다. 광고대행사 직원들을 비롯한 촬영장의 모든 스태프들이 국민요정 전예희에게 푹 빠져 있었지만, 한리더에게 전예희는 눈에 들어오지도 않았다. 오로지 이고은에게만 시선이 가는 것을 어쩔 수 없었다.

다행히 촬영은 순조롭게 끝났다. 저녁 무렵까지 계속된 촬영에 이고은은 많이 지쳐 있었다. 하이힐을 신고 계속 서 있어야 했기 때문에 어서 집으로 가서 쉬고 싶은 생각뿐이었다.

"후배 배고프지? 같이 저녁 먹고 가자. 내가 혼자 사는 몸이라 저녁을 해결하고 들어가야 되거든……."

행여 거절당하면 어떡하나 싶은 마음에 한리더는 이런저런 변명을 늘어놓았다.

"네, 대리님. 그렇게 해요."

한리더와 함께 저녁식사를 하는 것이 내키지는 않았지만 선배를 무안하게 만드는 것은 도리가 아니다 싶어 이고은은 그의 제안을 받아들었다.

"그래, 후배 뭐 좋아해?"

신이 난 한리더가 밝게 물었다.

"아무것이나 괜찮아요."

그녀는 스파게티가 먹고 싶었지만 남자들은 그런 음식을 좋아하지 않는다는 말을 들은 것 같아 그냥 아무것이나 괜찮다고 대답했다.

"그럼, 저기 갈까?"

한리더가 건너편에 있는 일식집을 가리키며 물었다.

일식집에 들어간 그들은 둘 다 회덮밥을 주문했다. 두 사람은 오늘 촬영장에서 있었던 일과 회사 이야기를 하며 자연스럽게 식사했다.

"후배, 종종 이렇게 저녁 좀 같이 먹어 줘."

식사가 거의 끝나갈 무렵 한리더가 말했다. 그러자 이고은이 결심한 듯 입을 열었다.

"한 대리님, 저 조심스런 질문이 하나 있는데요. 대리님 저한테 왜 이리 잘해 주세요?"

갑작스러운 질문에 한리더는 어퍼컷을 맞은 기분이었다.

"내가? 아니, 내가 후배한테 뭘 잘해 줬다고……."

"저희 팀에 오셔서 제 칭찬도 해 주시고 우편물도 가져다 주시고……. 제가 보기엔 특별히 잘해 주시는 것 같아요."

이고은이 조목조목 대답했다.

"난 또……. 특별하게 생각할 필요 없어. 내가 원래 좀 그래. 사람을 좋아하는 편이라 곧잘 친절하다는 소리를 듣지. 하하."

"그렇다면 제가 오해를 한 것 같네요. 저는 대리님이 제게 개인적인 관심이 있는 줄 알았거든요. 그게 아니라니 다행이에요. 앞으로도 계속 좋은 선후배로 지낼 수 있었으면 좋겠어요. 괜히 서먹한 관계가 되는 건 싫거든요. 오늘 저녁은 맛있게 잘 먹었습니다."

이고은은 한리더에게 깍듯이 인사를 했고, 두 사람은 식당을 나와 각자의 집으로 향했다.

이고은에게 자신의 마음을 들켜 버린 것만 같아 적잖이 당황한 한리더는 묘한 기분이 되었다. 결국 좋아한다는 말도 못하고 퇴짜 맞은 꼴이 된 셈이다. 그날 이후 한리더는 슬픔에 찬 베르테르가 되고 말았다.

# 누구를 향해 집중해서 쏘고, 누구에게 나를 팔 것인가

마케팅에서 시장 세분화를 통해 표적시장을 명확하게 설정하는 과정을 타깃팅전략(Targeting strategy)이라고 한다. 이러한 타깃팅은 고객(Consumer), 경쟁(Competitors), 채널(Channel), 자사(Company)의 네 가지 요소를 고려하여 수립된다.

첫째, 고객을 바라보는 관점에서 인구통계학적인 변수를 고려하여 표적고객을 설정한다. 둘째, 경쟁사의 상품 및 서비스가 추구하는 목표시장과 자사상품이 추구하는 표적시장 간의 차별화 정도를 고려한다. 셋째, 유통 경로 또한 강력한 차별화 수단으로 활용하여 목표채널을 설정한다. 최근 유통경로가 매우 복잡하고 세분화되는 상황에서 채널은 소비자가 해당 상품을 직접 구매하는 고객접점이라는 데 특별한 의미를 지닌다. 끝으로 상기 3요소에 부합한 표적시장이라 해도 이들이 자사가 보유한 마케팅재원이나 기존 제품과의 차별성 등에 대한 자기잠식(Cannibalization) 가능성을 사전에 고려하지 않을 경우 위험에 빠질 수 있는데, 이는 '지피지기면 백전백승' 가운데 '나를 먼저 아는 것'에 해당한다.

우리네 인생에서도 마찬가지다. 주변에는 그다지 괜찮아 보이지 않는 남자들이 멋진 여자를 차지하고, 위풍당당한 인생을 사는 경우가 많다. 반면, 썩 괜찮은 남자들이 솔로로 남겨져 있는 경우도 많다. 이들에게는 과연 어떤 차이가 있을까.

많은 남성들이 인기 있는 사람이 되고 싶어 한다. 그런데 정말로 인기가 많으면 연애를 잘하고 결혼도 잘할까? 연애 코칭 전문가들은 결코 그렇지 않다고 말한다. 연애와 결혼에서 중요한 것은 타깃을 잘 잡는 것이다. 백 명의 여자에게 다 잘 보일 필요가 없다는 이야기다. 연애와 결혼에 필요한 것은 특별한 단 한 명의 사람이다.

현명한 사람들은 이 한 명을 잘 선택해서 자신에게 행운을 선사한다. 물론 그 여자가 가치 있는 여자인지 미리 따져 보고 뜨겁게 계산해 보았을 것이다.

그렇다. 멋진 여자를 만나기 위해 꿈만 꾸고 있어선 안 된다. 멋진 여자를 만나면 그가 나에게 반하도록 전략을 짜고 용기 있게 다가가야 한다.

썩 괜찮지 않은 그 남자가 가지고 있는 두 가지. 그것은 타깃을 스스로 정한다는 것, 그리고 용기 있게 다가간다는 것이다.

# 포지셔닝
## 나만의 자리를 만들라


"너 고은 씨와는 어떻게 돼 가?"

신제품 출시로 눈코 뜰 새 없이 바빴던 전문가가 이제야 겨우 한숨을 돌렸다며 불러낸 자리에서 대뜸 물었다.

"……."

"내가 도와줄 테니 이야기해 봐. 그래 진도는 어디까지 나갔냐?"

전문가가 소주를 쭉 들이키며 한리더에게 물었다.

"진도랄 것도 없어. 대시하기도 전에 차였으니까."

한리더는 지난번 저녁식사 때 그녀가 했던 말을 끝으로 녹다운이 되었다고 말해 주었다.

"하하하. 녀석, 소심하긴. 그 정도면 대성공이야. 종을 울리지도 않았는데 종소리를 들었다는 거 아냐? 종을 울리는 게 목적이 아니라 그녀가 듣게 하는 게 목적이니까 일단 1차는 성공이야."

"정말 그럴까?"

한줄기 빛이라도 발견한 듯 한리더가 물었다.

"그래, 내 말만 들어. 그리고 당장 내일부터 작전 개시하자."

전문가의 말에 용기를 얻은 한리더는 그간 자신이 너무 소심해 있었다는 사실을 깨닫고 친구의 말에 열심히 귀를 기울였다.

"일단 내일 회사로 꽃다발을 보내. 엄청 크고 화려해야 해. 여자들이 선물에 약한 거 알지? 특히 꽃 선물이 여자의 마음을 여는 열쇠라는 건 동서양을 막론하고 불변의 진리야. 꽃을 보낼 때 멋진 문구도 함께 넣어 줘. 단, 절대로 네가 보냈다는 흔적을 남겨서는 안 돼."

"뭐?"

"내가 시키는 대로 해. 일단 꽃을 받은 다음엔 누가 그 꽃을 보냈는지 엄청 궁금해 할 거야. 만일 고은이 잠재의식 속에 네가 자리하고 있다면 반드시 물어올 거야. 반대로 전혀 물어오지 않는다면 그 때는 다른 방법을 고민해 보자."


다음 날 한리더는 아침 일찍 꽃집으로 향했다. 제일 고급스럽고 화려한 꽃바구니를 주문하자 꽃집 아주머니는 애인에게 보낼 거냐고 물었다.

꽃집 아주머니에게 자초지종을 설명한 한리더는 점심식사가 끝난 직후인 1시 10분쯤에 꽃을 배달해 달라고 부탁했다. 절대로 누가 보냈는지 알려 주면 안 된다는 사실을 몇 번이고 당부했다. 그리고 전문가가 말한 대로 멋진 문구도 함께 넣었다.

"…자유, 사랑, *Do your best, Fighting!*"

점심시간이 끝난 후부터 한리더는 초조하게 사무실 입구만 바라보았다. 다행히 꽃바구니는 제시간에 맞춰 도착했다. 갑자기 배달된 꽃바구니와 동료들의 부러움 섞인 환호 속에서 무척이나 당황하는 이고은의 모습이 눈에 들어왔다.

그녀는 잠깐 한리더의 자리로 의심의 눈길을 던졌지만 그는 그런 그녀의 시선을 외면한 채 서둘러서 외근을 나갔다. 잠실에서 진행될 예정인 스포츠마케팅을 준비하기 위해서였다.

사무실을 뒤로 하고 나오면서 한리더는 생각했다. '과연 전문가가 시키는 대로 한 것이 잘한 일일까.' 얼떨결에 친구가 하라는 대로 하긴 했지만 그녀가 어떻게 나올지 가슴이 조마조마했다. 하지만 어차피 엎질러진 물이었다.

잠시 이고은의 일을 잊고 잠실에서 스포츠마케팅을 준비하느라 정신이 없을 때 휴대폰이 울렸다.

"꽃, 한 대리님이시죠? 왜 이렇게 유치하세요?"

"무슨 꽃? 아~ 아까 사무실로 배달됐던 그 꽃?"

한리더가 짐짓 시침을 떼며 말했다.

"아무리 생각해도 대리님이 분명해요. 사실대로 말씀해 주세요."

"이봐, 후배. 솔직히 나도 아까 충격받은 사람이야. 그 꽃바구니 보낸 사람이 누군지 나도 궁금해 죽겠다고. 나 지금 행사 준비하느라 바쁘니까 이만 끊을게."

정말 전문가의 말대로 이고은에게 바로 전화가 걸려오자 한리더는 왠지 우쭐해졌다. 그녀의 잠재의식 속에 자신이 자리 잡고 있다는 사실이 은근히 기뻤던 것이다. 하지만 짜릿한 기분만큼이나 그녀를 속이고 있다는 데 대한 죄책감도 컸다. 그 때 전문가가 어깨를 툭 치며 말했다.

"거 봐. 내가 뭐랬어? 나만 믿으랬지?"

"글쎄……. 근데 이 불안한 마음은 뭐지?"

"일단 1차 작전은 성공이고 슬슬 2차 작전에 돌입해 볼까?"

"2차 작전? 뭐 뾰족한 수라도 있어?"

"있지."

"그게 뭔데?"

"두고 보면 알게 될 거야."

전문가의 자신감에 찬 모습을 보니 한리더는 왠지 안심이 되었다. 원래 빈말 같은 것을 하는 친구가 아니었기 때문에 그 정도로 자신 있게 말하는 데에는 뭔가 그럴싸한 묘수가 있음이 분명하다고 생각했다.


월요일 아침 일찍 출근한 한리더가 휴게실에서 커피를 마시고 있었다. 그 때 마침 이고은이 휴게실로 들어왔고, 두 사람 사이에 어색한 분위기가 감돌았다. 서로 인사를 나누긴 했지만 왠지 서먹했고, 두 사람 모두 복잡한 심경이 얼굴에 그대로 드러나 있었다.

분위기를 바꾸기 위해 한리더가 먼저 주말은 잘 보냈느냐며 일상적인 인사를 건넸다. 그러자 이고은은 한리더가 뜨끔해 할 대답을 했다. 주말 내내 꽃을 보낸 사람이 누구일지 고민하면서 혹시나 하는 마음에 의심 가는 사람 모두에게 전화로 확인을 하느라 마음고생이 심했다는 것이다. 한리더는 솔직하게 말을 할 수 없는 상황이 너무 미안했지만 전문가의 조언대로 끝까지 숨길 수밖에 없었기에 먼저 자리를 떠났다.

그러던 중 반가운 소식이 전해졌다. '상반기 마케팅본부 워크숍'이 공지된 것이다. 목요일부터 토요일까지 2박3일 일정이었다.

---

### 【 상반기 마케팅본부 워크숍 안내 】

▶ **시행목적**: 마케팅 최신 흐름에 대한 심화학습으로 논리적 사고배양과 전사적 마케팅 의식 함양을 통한 팀워크 및 관련부서 커뮤니케이션 · 파트너십 강화

▶ **일시**: 6월 24일(木) ~ 6월 26일(土) / 2박3일

▶ **참석대상**: 총 100명(마케팅 60명, 광고대행사20명, R&D 외 기타 유관부서 20명)

▶ **장소**: 경기도 양평콘도

▶ **프로그램**: 유명 자기계발 강사 강의, 경쟁 PT, 이벤트 진행, 단합의 시간 등

---

한리더는 워크숍이라면 대환영이었다. 무엇보다 워크숍 기간 동안

아침부터 저녁까지 식사가 해결된다는 점이 좋았다. 더군다나 올해는 이고은도 참석할 것이다. 그녀와 2박3일을 같은 공간에서 지낼 수 있다는 생각만으로도 한리더는 날아갈 듯 기뻤다.

하지만 무엇보다 그를 기쁘게 한 것은 워크숍의 주제가 '경쟁 PT'라는 데 있었다. 한리더의 프레젠테이션 실력은 회사에서도 알아 줄 정도로 대단했다. 평소에는 다소 소심한 면이 없잖아 있지만 프레젠테이션에서만큼은 항상 돋보이는 그였다. 특히 경쟁 PT 때면 더욱 강해져서 언제나 발군의 실력을 펼쳐 보이곤 했다.

워크숍 때마다 임시로 팀을 만들어서 진행하는 경쟁 PT는 마케팅에서 가장 시급한 현안을 주제로 선정하고 팀 토론을 거쳐 마지막에 전략을 발표하는 방식으로 진행되었다. 아이디어 회의를 거쳐서 수립된 전략을 중역들 앞에서 공개적으로 발표한다는 점에서 직원들간의 자존심을 건 승부가 치열했고 그만큼 열기도 뜨거웠다.

한리더는 이고은에게 경쟁 PT에서 꼭 1등을 하는 모습을 보여 줘야겠다고 생각했다. 쉬운 일은 아니지만 PT는 준비한 만큼의 결과가 나온다는 사실을 한리더는 익히 알고 있었다.

PT 주제를 미리 알아보니 'A브랜드의 공동마케팅 전략'이었다. 뜬구름 잡는 아이디어는 사양하며 현실적인 아이디어를 찾아서 제시하는 것이 중요하다는 조건도 붙어 있었다. 한리더는 당장 준비에 들어갔다.

다행히 A브랜드의 담당자는 최현명 선배였다. 최현명 선배에게 많은 자료를 제공받은 한리더는 불철주야로 준비에 들어갔다. 참고서적과 인터넷 검색을 통해 다양한 아이디어를 찾는 데 전념했고, 그 결과 자신만의 아이디어를 정리해서 워크숍에 참석할 수 있었다.

매년 열리는 마케팅부서의 워크숍은 이번에도 어김없이 양평콘도에서 열렸다.

"제가 마케팅본부에 온 지도 정확히 5년 2개월이 지났습니다. 워크숍도 어느덧 열 번째로군요. 여러분, 마케터는 곧 회사의 미래입니다! 저는 여러분의 열정을 믿습니다. 아무쪼록 똘똘 뭉쳐서 의미 있는 워크숍이 되길 기원하고 좋은 결과를 얻은 후에는 편히 쉬다 가시기 바랍니다. 아울러 본 워크숍 준비를 위해 수고한 최현명 과장에게 박수! 이상입니다."

본부장은 공적인 자리에서 언제나 화법의 요체라고 할 수 있는 이른바 'KISS 전략'을 실천했다. 요즘처럼 바쁜 시대에 메시지를 전달할 때는 짧고 간단하게(Keep It Short and Simple) 핵심만 말하라는 것이었다.

본부장의 오프닝 멘트에 이어 외부강사의 강의가 이어졌다. 자기계발 분야에서 저명한 CEO 강사였는데, 직원들 모두 강사의 한마디 한마디에 공감의 눈빛을 보냈다. 특히 이번에 워크숍을 처음 참가한 신입사원들은 스스로를 재점검하듯 야무진 눈길로 강사의 강의에 푹 빠져 있었다.

점심시간이 끝나고 드디어 기다리던 경쟁 PT 시간이 왔다. 방식은 작년과 똑같았다. 우선 각 팀별로 나누어서 브레인스토밍을 진행하고 발표자가 나가서 자기 팀의 의견을 전달하는 방식이었다.

생활용품팀에서는 한리더가, 산업용품팀에서는 전문가가 발표자로 나섰다. 화장품팀은 의외로 신입사원인 나햇섬이 발표자로 선정되었다.

보통 경쟁 PT의 발표자는 대리급 정도의 사원이 맡는데 화장품팀에서 신입사원을 내보내자 모두의 시선이 나햇섬에게로 쏠렸다.

'지난번 선배사원과의 대화에서 내가 주목받았던 것과 같은 양상인 걸.'

최근 한리더는 나햇섬이 이고은에게 관심이 있다는 사실을 소문으로 들어 알고 있었다. 그렇지 않아도 신경이 쓰이는 후배였는데 이렇게 경쟁 PT에서 맞붙게 되자 한리더는 더욱더 전의에 불탔다. 이 기회에 자신이 나햇섬보다 낫다는 것을 확실하게 보여 줘야겠다고 생각한 그는 자신도 모르게 주먹을 불끈 쥐었다.

경쟁 PT의 심사위원은 본부장과 광고대행사 국장이 맡았다. 발표 순서는 제비뽑기를 했는데 산업용품팀의 전문가, 화장품팀의 나햇섬, 생활용품팀의 한리더 순으로 선정되었다. 자신이 마지막 순서로 당첨되자 한리더는 속으로 쾌재를 불렀다. 다른 팀이 발표를 하는 동안 조금이라도 더 준비할 수 있는 시간을 벌게 된 것이다.

한리더는 생활용품팀에서 정리한 내용들을 보다 논리적으로 다듬기 위해 심혈을 기울였다. 그가 내용을 정리하는 동안 전문가와 나햇섬의 발표가 이어졌다. 놀라운 사실은 신입사원 나햇섬이 믿기 어려울 정도로 침착하고 자신감 있는 모습으로 좌중을 사로잡았다는 것이다.

처음에 발표자가 정해질 때만 해도 한리더는 자신이 두 사람보다 훨씬 더 잘해낼 수 있다는 자신감에 차 있었다. 하지만 두 사람이 의외로 선전하자 한리더는 조금 두려워지기 시작했다. 특히 나핸섭이 발표한 내용은 생활용품팀에서 준비한 것과 거의 흡사했기 때문에 뒤이어 발표할 자신이 불리할 것 같다는 생각도 들었다. 하지만 한리더는 이대로 물러날 수는 없다고 생각했다. 이고은이 두 눈을 똘망똘망 뜨고 지켜보고 있는데 초라하게 패배할 수는 없었다.

드디어 한리더의 차례였다. 그는 정신을 똑바로 차리고 특유의 순발력으로 제목부터 바꿔서 발표를 시작했다.

'적과의 동침 & 뜨거운 키스도 불사할 때'

한리더는 모두가 보는 앞에서 당당하게 화이트보드에 제목을 적어나갔다. 그리고 크게 한번 심호흡을 한 후 본격적인 발표에 들어갔다.

"안타깝게도 앞서 발표한 두 팀의 내용이 우리 팀에서 준비한 내용과 거의 흡사했습니다. 그래서 저는 일단 두 팀과 동침이라도 해야겠다는 마음을 먹었습니다. 비록 세 팀이 동침을 하겠지만 궁극적으로 소비자들의 뜨거운 키스는 우리 팀의 차지가 될 것이라는 것을 미리 말씀드립니다."

한리더의 말이 떨어지기가 무섭게 여기저기서 우레와 같은 환호와 박수가 터져 나왔다. 기선을 제압한 것이다. 자신감을 얻은 그는 스스로도 놀랄 정도의 배짱으로 계속 발표를 해 나갔다.

특히 앞서 두 팀이 발표한 내용 중 다소 비현실적인 전략들을 꼼꼼히 수정하면서 현실적으로 시장에서 먹힐 수 있는 내용들을 중점적으로 제시했다. 그러자 동료들의 이목이 더욱 집중되었고, 여기저기서 그의 의견에 수긍한다는 눈빛을 보냈다.

그 속에는 이고은도 있었다. 한리더는 잠시 그녀를 바라보았다. 그녀를 만난 이후 지금처럼 자신 있게 바라본 적도 없는 것 같았다. 그녀 역시 당황하는 기색은 있었지만 그의 눈길을 피하지는 않았다. 분명 그녀의 눈빛 속에는 '저 선배에게 저런 멋진 면이 있었나?' 하는 놀라움이 어려 있었다.

'회사에서 CC로 성공하기 위해서는 반드시 회사에서 인정받는 모습을 보여 줘야 한다.' 전문가는 이 점을 수차례나 강조했었다.

경쟁 PT 심사 결과, 1등은 예상대로 생활용품팀에게 돌아갔다. 세 팀이 모두 우수하다는 평가를 받았지만 생활용품팀의 발표 내용이 실전 마케팅에서 가장 큰 성과를 기대할 수 있다는 평을 받았다. 한리더가 대표로 상을 받으러 나가자 여기저기서 박수가 터졌다.

경쟁 PT가 끝나자 모두들 들뜬 기분이 되었다. 이제 남은 것은 맛있는 저녁식사와 신나는 자유시간뿐이었다. 한리더는 회사생활의 즐거움이란 이런 것이 아닐까 생각했다. 회사가 요구하는 정해진 룰과 주어진 성과만 이룩하면 나머지 시간은 사실상 자유의 몸이 된다는 것. 눈치껏 잘만 행동하면 경력도 쌓이고 월급도 오르고. 한리더는 지금의 샐러리맨 생활을 맘껏 즐기리라 생각했다.

"무슨 생각해?"

샐러드를 접시에 담고 있는데 언제 다가왔는지 전문가가 말을 걸었다.

"아니, 그냥 밥 걱정 안 해도 되니 좋아서."

"녀석, 노총각 티 내기는……. 하긴 이렇게 훌륭한 뷔페는 나도 예상 못했어."

전문가는 자신이 좋아하는 연어회를 접시에 듬뿍 담았다.

"저기, 이제 슬슬 밝혀도 될 것 같아."

"응?"

전문가가 건너 테이블에 자리를 잡고 있는 이고은을 가리켰다.

"꽃 말이야. 꽃바구니를 보낸 사람이 너라는 걸 알릴 때가 왔다고. 아까 고은 씨 봤지?"

순간 한리더의 얼굴이 빨개졌다.

"내가 볼 때 지금이 딱 좋은 기회야. 너 아까 정말 멋있었어. 여자들은 능력 있는 남자에게 약한 법이야."

전문가의 이야기를 들으며 한리더는 이고은을 바라보았다. 그녀는 동기들과 웃으면서 이야기를 나누고 있었다. 그 속에는 나핸섬도 있었다.

한리더가 걱정스러운 목소리로 전문가에게 말했다.

"그런데 나핸섬 말이야. 솔직히 신경이 쓰여. 게다가 두 사람 좀 어울리는 것도 같고……."

그러자 전문가가 답답하다는 듯 말을 이었다.

"지금 그런 말 하고 있을 때가 아니야. 소문에 의하면 나핸섬은 이미 고은 씨에게 사귀자는 말까지 했대. 저 녀석이야말로 제대로 종을 울렸다고."

전문가의 말을 들은 한리더는 갑자기 힘이 쏙 빠졌다.

"힘 내. 적과의 동침도 불사하겠다고 말할 때는 언제고?"

"그거야 마케팅 얘기지."

"잘 생각해 봐. 경쟁 PT가 중요하냐, 이고은이 중요하냐?"

"그야, 이고은이지."

"그럼. 경쟁 PT 때보다 더 전투적으로 달려들어야지. 그깟 신입사원 하나 때문에 기가 죽어서야 되겠어?"

"기가 죽긴 누가 죽었다고."

부정하긴 했지만 솔직히 한리더는 나핸섬이 자기보다 우위에 있다는 점을 인정하지 않을 수 없었다. 나핸섬은 이른바 여자들이 원하는 것을 다 가지고 있는 것 같았다. 키도 컸고 얼굴도 잘 생겼고, 척 보기에도 부잣집 아들처럼 보였다.

"너 잘하는 거 있잖아. 차별화 전략. 지난번에 A사랑 B사에서 우리랑 비슷한 아이템 들고 나왔을 때 차별화가 어떻고 하면서 본부장님 설득해서 결국 대박 터뜨렸잖아."

"그거야 상품 마케팅이고."

"내 말이 바로 그거야. 지금부터 너 자신을 상품이라고 생각해. 그것도 최고의 일등 상품이라고 말이야. 어떻게 하면 고객으로부터 높은 값에 선택받을 수 있을지를 고민해 보는 거야."

전문가의 말에 한리더는 정신이 번쩍 들었다.

생각해 보니 지금까지 정작 중요한 자신의 인생은 내버려두고 최고의 마케터가 되겠다는 신념만 불태우고 있었던 것이다.

"너, 골드 미스, 골드 미스터들의 특징이 뭔지 아냐?"

"뭔데?"

"겉보기에는 이리 재고 저리 재는 것 같지만, 사실은 다 헛똑똑이라는 거야. 정작 자기 자신은 팔지 못하면서 자기가 하는 일에서는 누구보다 우위에 있지. 그러면서 지금의 생활에 만족한다, 결혼이 뭐 필수냐 그런 말을 하는 거고."

듣고 보니 생각하기에 따라서 틀린 말도 아니었다. 좋은 배우자를 만나고도 얼마든지 자기 일을 잘 해내는 남녀들도 있으니까 말이다.

'그렇다면 지금까지 나는 나라는 상품을 창고에만 넣어 놓고 홍보도 영업도 아무것도 안 하고 있었던 거로군.'

한리더는 그제야 머릿속이 맑아지는 기분이었다.

"너 항상 하는 말 있잖아. 마케터로서의 자신을 사랑한다고. 네가 정말 진정한 마케터라면 너 자신부터 제대로 팔아 봐."

그 어느 때보다 흥분하는 전문가를 보면서 한리더는 마음의 결정을 내렸다.

"앞으로 내가 어떻게 해야 될까?"

한리더는 진심으로 전문가의 자문을 구했다.

"경쟁이 치열한 시장에서 우리가 소비자의 마음을 사로잡으려면 제일 먼저 해야 하는 게 뭐지?"

"포지셔닝을 말하는 거야?"

포지셔닝이란 마케팅에서 사용하는 전문용어였다. 경쟁이 치열한 시장에서 다른 기업의 브랜드와 다르게 자사만의 차별화된 핵심 혜택이나 컨셉을 정확하게 소비자의 마음속에 자리 잡도록 하는 것을 마케팅 용어로 포지셔닝이라고 한다.

"그렇지. 내가 볼 때 일단 고은 씨의 마음속에 너에 대한 이미지는 그다지 나쁘지 않아. 능력 있는 선배로 포지셔닝되어 있을 거라고. 하지만 그것만으로는 부족해. 좋은 선배를 뛰어넘어 멋진 남자로 각인시켜야 돼. 'Good to Great' 라고나 할까?"

"어떻게?"

한리더가 자신 없다는 듯 물었다.

"너, 기업들이 해마다 긍정적인 포지셔닝 구축을 위해서 수천억 원의 마케팅자원을 투입하고 있다는 거 알지? 마찬가지야. 인간관계에서도 포지셔닝은 너무너무 중요해. 상대방의 마음속에 그려져 있는 너의 이미지, 그 이미지를 좋게 심기 위해서는 아무리 노력해도 모자란다고."

전문가의 말을 들은 한리더는 무슨 일이 있어도 자신에 대한 이미지가 좋은 쪽으로 굳어지도록 노력을 해야겠다고 다짐했다. 특히 전문가가 말한 대로 자신의 이미지가 멋진 남자로 형성되도록 최선을 다해야겠다고 다시 한번 결심했다.

저녁식사를 마친 두 사람은 곧장 이고은이 있는 곳으로 향했다. 마침 이고은은 장혜수와 둘이서 이야기를 나누고 있었다.

"어이, 후배님들 무슨 얘기를 그렇게 재밌게 하시나?"

"호호호. 대리님, 아까 PT 때 너무 멋있었어요."

놀랍게도 이고은이 그를 칭찬하는 말을 먼저 꺼냈다.

"원래 한 선배가 자타 공인 PT의 달인이잖아."

고맙게도 장혜수가 나서서 자신을 두둔해 주자 한리더는 뭔가 일이 잘 풀릴 것 같다는 예감이 들었다. 그 때 갑자기 전문가가 장혜수에게 따로 할 말이 있다면서 그녀를 데리고 저쪽으로 사라졌다. 한리더와 둘만 남게 된 이고은은 조금 당황스러웠는지 업무 이야기로 화제를 돌렸다.

"대리님, PT를 잘하려면 어떻게 해야 돼요? 무슨 특별한 비법이라도 있나요?"

"저기, 후배."

"네?"

"그건 내가 다음에 자세히 설명해 줄게. 그것보다 지난번에 말이야."

"지난번, 언제요?"

아무 영문도 모르는 이고은이 호기심 가득한 눈으로 한리더를 바라보았다.

"지난번 그 꽃바구니 말이야. 거기에 쓰인 문구 어땠어? '자유, 사랑, do your best' 말이야."

"어머 어떻게 아셨어요? 아니 그럼 혹시……."

갑자기 이고은의 얼굴이 달아오르더니 곧이어 야속하다는 듯 한리더를 흘겨보았다.

"세상에, 한 대리님! 그러게 제가 몇 번이나 물어봤잖아요. 그때는 시치미 뚝 떼시더니 갑자기 왜 실토를 하시는 거예요?"

꽃다발을 주고 난 뒤 시간이 꽤 흘러서인지 그녀의 반응은 걱정했던 것만큼 매몰차지는 않았다.

"그간 재미 좋으셨겠어요. 사람 놀리는 게 취미신가 보죠?"

화가 나서 누르락붉으락해지는 이고은의 얼굴은 석양과 더불어 더욱더 예뻐 보였다.

"사실은 후배가 너무 예뻐서……. 아니 좋아서……."

자기도 모르게 마음을 털어놓은 한리더는 부끄러워서 쥐구멍에라도 들어가고 싶은 심정이었다. 하지만 이왕 이렇게 된 거 확실하게 밀어붙이자는 생각이 들었다.

"그래서 말인데……. 저기, 후배도 나에 대해 좀 좋게 생각해 줬으면 좋겠어."

"그 부분에 대해서는 지난번에 말씀드렸을 텐데요. 대리님, 저는……. 저, 오늘 이야기는 그냥 안 들은 걸로 할게요. 먼저 들어가겠습니다."

말은 그렇게 하고 돌아섰지만 분명 이고은의 얼굴에는 싫은 기색보다는 당황한 기색이 역력했다. 갑자기 고백을 받아서 어찌할 바를 몰라 일단 자리를 피하고 본 것 같았다.

어쨌든 한리더는 전문가가 시키는 대로 확실하게 종을 울렸다. 그것만으로도 오늘 밤은 두 다리를 쭉 펴고 잘 수 있을 것 같았다.

# 회사에서는 속보다, 겉으로 드러난 포지셔닝이 더 중요하다

마케팅에서 포지셔닝이란, 시장에서 다른 기업의 브랜드와 차별화된 핵심 혜택을 소비자들 마음속에 '한 단어'로 정확하게 자리매김하는 것을 말한다. 시장에서 성공한 브랜드는 이를 입증하지만, 반대의 경우는 처참한 운명을 맞이한다. 그래서 기업은 해마다 긍정적인 포지셔닝 구축을 위해 수천억 원의 마케팅재원을 투하한다. 이러한 포지셔닝은 경쟁사 모방이 쉽지 않은 강한 메시지로 명쾌하게 떨어질수록 더 효과적이다.

시장이 끊임없이 변화하고 진보하면서 포지셔닝도 대외적인 변수에 따라 유동적으로 반응하려는 속성이 있다. 하지만 그럴 때일수록 마케팅은 '제품의 싸움'이 아니라 '인식의 싸움'이라는 명제를 잊어서는 안 된다. 이 말 속에는 포지셔닝의 중요성이 함축되어 있다.

인간관계도 마찬가지다. 상대방에게 인식되는 나의 이미지와 거기서 비롯되는 포지셔닝은 대단히 중요하다. 사람들은 그 사람의 실체적 진실보다 자신에게 보여지는 이미지로 그를 판단한다. 특히 인간관계에서는 한번 구축된 포지셔닝은, 그것이 긍정적인 것이든 부정적인 것이든 쉽게 바뀌지 않는 경향이 있다. 이는 첫인상이 중요하다는 말과도 통한다.

지금 속해 있는 조직 내에서 당신의 포지셔닝은 어떠한가. 또한 이성에게 보여지는 당신의 포지셔닝은 어떠한가.

동료들의 마음속에 나는 함께 일하고 싶은 사람인가 아닌가. 냉철한 자기 점검이 필요한 때다.

# 나만의 컨셉을 만들어라

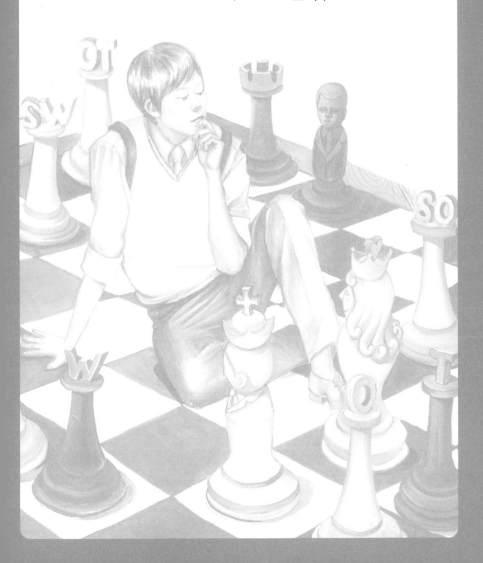

# 전략
### 빨리 가는 것보다 제대로 가는 것이 중요하다

워크숍 이후 한동안 이고은은 한리더를 피해 다녔다. 한리더가 자신에게 마음이 있다는 것은 이미 짐작하고 있었다. 하지만 그것은 큰 문제가 되지 않았다. 여자라면 누구나 그러하듯 조금은 그런 상황을 즐기는 것도 있었다.

하지만 한리더가 생각보다 진지하게 이고은에게 다가오자 그녀는 조금 두려운 마음이 들었다. 대부분의 남자들이 관심을 보이며 그녀의 주변을 왔다 갔다 했던 것에 비해 이 남자는 무슨 용기가 났는지 덥석 그녀를 찔러 버린 것이다.

'그 선배 성격으로 볼 때 못 먹는 감 찔러나 보자는 식으로 덤빌 사람은 아닌 것 같은데……'

입사 후 짧은 시간이었지만 이고은도 한리더의 됨됨이를 대충 파악하고 있었다. 호남형은 아니지만 사내에서 평이 좋았고 특히 동료간의 팀워크가 좋은 사람이었다. 유머러스한 면이 있으면서도 한편으로는 진중한 면모가 있어서 어쩐지 좋은 이미지를 풍기고 있었다.

하지만 역시 꽃바구니 사건은 괘씸했다. 그렇게 순진하게 생긴 사람이 어떻게 그런 앙큼한 짓을 했는지 그녀는 믿어지지가 않았다.

'분명 잔머리를 굴리는 스타일은 아닌데……. 가만 있자, 이 선배 혹시 선수 아니야?'

이유는 모르지만 이고은은 자꾸만 한리더에게 신경이 쓰였다. 자신의 의사가 관계없이 왠지 어떤 인연으로든 엮일 것만 같은 막연한 느낌이 드는 것을 어쩔 수 없었다.

"안 돼, 절대 안 돼! 그 선배랑 엮이는 날은 내 인생 종치는 날이야."

이고은은 화장실에서 손을 씻으며 자신도 모르게 고개를 절레절레 흔들다가 그만 목소리가 커져 버렸다. 다행히 화장실 안에는 아무도 없는 것 같았다.

이고은은 여태껏 이상형 같은 것을 구체적으로 생각해 보지는 않았지만, 어쨌든 한리더는 지금까지 그녀가 만나 왔던 남자들과는 분명 다른 부류였다. 흔히 말하듯 어려서부터 곱게만 자라 온 이고은에게 우직한 촌놈 같은 이미지의 한리더는 왠지 어울리지 않는 것 같았다.

"그래, 아니야. 재고의 가치도 없는 일에 마음 쓰지 말자."

이고은이 여자 화장실 거울 앞에서 자신을 다독이는 그 시간, 남자 화장실에서는 한리더와 나핸섬 두 사람이 손을 씻고 있었다.

"한 대리님, 지난번 워크숍 때 프레젠테이션하시는 거 보고 깜짝 놀랐습니다."

나햄섬이 종이 타월로 손을 닦으면서 말했다. 무슨 말이냐는 듯 한 리더가 쳐다보자 나햄섬이 웃으며 말을 이었다.

"사실은 지금까지 경쟁 PT에서 져 본 것은 선배님이 처음입니다. 물론 학창시절과 취업 준비 시절의 이야기입니다만."

나햄섬의 겸손한 태도에 한리더는 마음 한구석이 싸해졌다.

"무슨 비법이라도 있으십니까? 한수 가르쳐 주십시오."

"아니야. 후배가 훨씬 더 잘하던데 뭘. 나야 짬밥이 있으니까 그렇다 치고 후배는 경험도 없는데 정말 잘했어. 오히려 내가 한수 배워야겠던 걸."

한리더는 정말 적과의 동침이라도 불사하고 싶은 심정이었다. 이렇게 든든한 후배는 오랜만이었기에 이고은의 일만 아니면 정말 잘 지내고 싶었던 것이다.

"후배."

"예, 선배님."

"소주 좋아하나?"

"예."

"우리 다음에 소주나 한잔 해."

한리더는 마음을 비우고 나햄섬에게 술자리를 제안했다. 아무리 이고은이 좋아도 죄 없는 후배를 마음속으로 시기하거나 내팽개치고 싶지는 않았다.

"예, 선배님. 그렇게 해 주시면 저야 영광이지요."

두 사람은 웃으며 화장실 밖으로 함께 나갔다.

그런데 공교롭게도 맞은편 여자 화장실에서 이고은이 나오고 있었다. 하필 화장실 앞에서 두 사람과 마주친 것이 겸연쩍은 모양인지 이고은은 누구에게랄 것도 없이 짧은 눈인사만 건네고 총총히 사라졌다.

　퇴근시간을 앞두고 한리더는 계속 컴퓨터 화면만 쳐다보고 있었다. 방금 전 이고은과 마주친 것이 계속 마음에 남아 일이 손에 잡히지 않았다. 조금 전의 그녀는 반짝반짝 윤이 날 정도로 예뻐 보였다. 이런 날 그녀와 둘이서 술이라도 한잔 한다면 얼마나 좋을까 싶었다. 그 때 불쑥 전문가의 말이 생각났다.

　"용기 있는 자만이 미인을 얻을 수 있다. 일단 종을 치는 거야. 용기를 내."

　한리더는 용기를 내어 회사 메신저를 통해 그녀에게 대화요청 메시지를 보냈다.

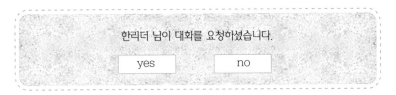

　오랜만에 이메일 사서함을 정리하고 있던 이고은은 갑자기 자신에게 대화를 요청하는 팝업이 뜨자 깜짝 놀랐다. 그렇지 않아도 아까 화장실에서 한리더와 나핸섬을 만난 그녀는 일이 좀 재미있게 돌아간다고 생각하고 있었다. 두 사람 모두 자신에게 대시를 했었는데 그런 사실을 알고나 있는지 살짝 궁금하기도 했다.

'아니, 이 선배가 또 무슨 꿍꿍이속이지?'

이고은은 한리더의 대화 요청을 받아들일지 거절할지 잠시 생각하다가 무슨 용건인지 들어나 보자 싶어 'yes' 버튼을 클릭했다.


"후배. 오늘 바람이 너무 좋은데?"

"그런데요?"

다행히 이고은이 대화에 응해 주자 자신감을 얻은 한리더가 슬며시 용건을 꺼내었다.

"오늘 같은 날 그냥 집에 가면 섭섭할 것 같아서."

"저 오늘 약속 있어요. 대리님 말씀대로 바람이 좋아서."

"아니, 누구랑?"

"누군지가 왜 궁금하신대요?"

"내가 아는 사람이야?"

"글쎄요."

순간 한리더의 머릿속에 나핸섬과 데이트를 하는 이고은의 모습이 떠올랐다.

"후배, 내가 아는 사람이면 나도 좀 끼워 줘."

"어머, 대리님 되게 용감하시다. 아님 뻔뻔하신 건가?"

이고은에게 뻔뻔하다는 소리를 듣자 한리더는 갑자기 자신이 너무 초라해지는 듯한 느낌이 들었다. 그리고 보니 자신이 그녀에게 좋아한다고 고백한 이후 그녀의 태도가 좀 달라진 것도 같았다. 좋게 말하면 편하게 대하는 것 같고, 나쁘게 말하면 조금 함부로 대한다고나 할까. 하지만 한리더에게는 그녀의 그런 모습까지도 매력적으로 다가왔다. 그 동안은 좀 정숙한 면모만 보였는데 이제는 발랄해진 모습의 그녀가 더욱 사랑스럽게 느껴졌다.

"그냥 한번 해 본 말이야. 후배, 내가 거길 왜 끼겠어. 누군지 모르겠지만 즐거운 시간 보내고 내일 보자고."

'이 선배 생각보다 쿨하네.'

이고은은 더 이상 물고 늘어지지 않는 한리더의 모습에 의외라는 생각이 들었다.

"선배님도 좋은 시간 보내세요."

대화를 마친 이고은은 퇴근 준비를 하고 자리에서 일어났다. 일어나면서 슬쩍 보니 한리더는 여전히 컴퓨터 화면에 얼굴을 박고 있었다. 아마도 자신에게 퇴짜를 맞고 나서 대타를 찾아 헤매는 것 같았다.

이고은에게 퇴짜를 맞은 한리더는 괜히 흥미도 없는 인터넷 검색순위에 오른 기사들을 훑어보고 있었다. 그녀가 선뜻 시간을 내어 주지 않으리라는 것은 알았지만 막상 거절을 당하고 나니 영 자존심이 회복되지 않았다. 특히 그녀가 의기양양한 모습으로 퇴근 준비를 하고는 마지막으로 자기 쪽을 한번 쳐다볼 때는 비참한 기분마저 들었다.

그 때 전화벨이 울렸다. 발신자를 보니 대학 동기 한결이었다. 한리더는 금세 기분이 좋아졌다.

"오랜만이다, 친구야!"

반갑게 전화를 받으며 한리더는 가방을 챙겨 들고 밖으로 나왔다. 저녁에 자취방으로 갈 테니 소주나 한잔 하자는 한결의 말에 한리더의 기분이 금세 밝아졌다. 역시 한결과는 뭔가 통하는 게 있었다.

지방이 고향인 한리더는 연립주택 3층에 있는 옥탑방에서 혼자 자취생활을 하고 있었다. 취업하고부터는 남들처럼 원룸이나 아파트를 얻을까도 생각했지만 아직은 무리라는 생각이 들었다. 번듯한 집을 얻으려면 꽤 많은 돈을 대출받아야 했는데 괜히 이자를 무느니 한 2년 열심히 모아서 자신의 돈으로 집을 얻는 것이 재테크 차원에서 좋을 것이라고 판단했다.

그렇다 보니 제대로 된 살림이 될 리 없었다. 끼니는 주로 구내식당이나 밖에서 해결했고, 주말이면 라면이나 김치볶음밥 정도를 해 먹는 것이 고작이었다. 세탁기가 없어 빨래도 손으로 직접 했다. 변변한 가재도구를 못 갖춰 놓고 살다 보니 누구를 초대하기도 민망해서 집에서는 혼자 지내다시피 했다. 하지만 한결만큼은 예외였다. 대학 때부터 워낙 절친했고 서로 모르는 게 없을 만큼 가까운 사이라 가끔은 기별 없이 찾아오기도 할 정도로 편하게 지내고 있었다.

한리더는 대충 방 정리를 해 놓고 한결을 기다렸다. 잠시 후 그가 소주를 사들고 올라왔다.

"여긴 정말 전망 하나는 죽인다니까."

옥탑방이라 겨울에는 춥고 여름에는 덥다는 취약점이 있긴 했어도 한결이 말한 대로 이곳에서 내려다보는 전망만큼은 정말 좋았다. 동네 자체가 고지대에 위치해 있었기 때문에 건물이 3층이라도 시내가 다 내려다보일 만큼 시야가 넓게 펼쳐졌다.

"날도 더운데 우리 밖에서 마실까?"

두 사람은 바깥의 평상에 앉아서 부대찌개를 안주 삼아 소주를 마시기 시작했다. 평소 섬세한 구석이 있던 한결이 부대찌개 가게에서 아예 끓이기만 하면 먹을 수 있게 포장을 해 온 것이다. 가뜩이나 술이 마시고 싶었던 한리더는 친구의 방문에 행복한 기분이 되었고, 화제는 저절로 이고은의 이야기로 돌아갔다.

"어떻게 진척은 있나?"

한결의 질문에 한리더는 기다렸다는 듯이 지금까지 있었던 일을 자세하게 들려주었다.

"어쨌든 좋겠다. 매일 얼굴을 볼 수 있으니……."

"그건 그래. 하지만 하루에도 수십 번씩 천국과 지옥을 오가는 것 같아."

화제가 그녀 이야기였기 때문인지 한리더는 그날 따라 술을 급하게 마셨고 빨리 취했다. 그러다 보니 한결이 사 온 소주 세 병이 금세 동났고 냉장고에 있던 맥주도 바닥이 났다.

그런데 그날 사건이 벌어지고 말았다. 이제 그만 일어나야겠다는 한결에게 집 앞 포장마차에서 딱 한 잔만 더 하자고 붙잡은 것이 화근이었다. 제법 취한 한리더가 옥탑방 계단을 내려가다가 난데없이 나타난 고양이의 출현에 깜짝 놀라 발을 헛디뎌 버린 것이다. 뒤에서 "리더야!" 부르는 한결의 목소리를 어렴풋이 들으며 한리더는 그만 정신을 잃고 말았다.

한리더가 눈을 떴을 땐 낯선 풍경이 펼쳐져 있었다. 얼핏 봐도 병원임이 분명한데 자신이 왜 여기에 있는지 도무지 기억이 나지 않았다. 그 때 침대 옆에서 엎드린 채 자고 있는 한결의 모습이 보였다. 이게 어떻게 된 일인가 하고 몸을 일으키려는데 이번에는 왼손에 주사바늘이 꽂혀 있는 것이 보였다. 그러고 보니 오른손에는 붕대가 감겨 있었고 자신은 환자복을 입고 있었다. 잠시 후 간호사가 들어와서 그에게 물었다.

"좀 괜찮으세요?"

아직 상황 판단이 안 된 한리더는 아무 말도 하지 못하고 그냥 고개만 끄덕였다. 그 때 한결이 졸린 눈으로 일어나서는 괜찮냐고 물어보며 자초지종을 설명해 주었다.

"너희 집 옥탑방 계단이 위험하잖아. 거기 내려오다가 넘어진 거 기억나지?"

그제야 한리더는 간밤의 일이 조금씩 되살아났다.

"그때 넘어지면서 손을 잘못 짚어서 손가락이 부러졌어. 손톱도 빠졌고. 어쨌든 수술할 수밖에 없었다. 가족들한테 연락할까 생각했지만 의사가 걱정할 정도는 아니라고 해서……."

손가락이 부러져서 수술을 했다는 말에 한리더는 어처구니가 없었다. 하지만 그래도 그만하길 다행이라는 생각이 들었다. 잘못해서 갈비뼈가 부러졌거나 다리라도 부러졌으면 어찌될 뻔했는가.

"회사는 어떡하지?"

한리더는 그 와중에도 회사가 걱정되었다.

"걱정 마. 오늘이 일요일이잖아. 의사 선생님이 3일 후부터는 통원 치료하면 된다고 했으니까 회사는 이틀만 휴가내면 될 거야."

그제야 한숨을 돌린 한리더는 일단 한결을 집으로 돌려보냈다. 자신은 정신을 잃은 덕분에 잠을 푹 잤지만 친구는 밤새 뒤척여 피곤한 기색이 역력했다.

굳이 옆에 있겠다는 한결을 돌려보내고 나자 무기력한 오후만이 한리더를 기다리고 있었다. 난생 처음 입원이라는 것을 해 본 그는 왜 사람들이 건강이 중요하고 행복이 먼 곳에 있지 않다고 말하는지 뼈저리게 느낄 수 있었다. 그가 입원한 병실에는 교통사고 환자부터 산재 환자까지 다양한 사람들이 입원해 있었다. 그들의 모습과 곁의 가족들을 지켜보고 있자니 그는 많은 생각이 들었다. 우선은 당장 자유를 잃고 보니 퇴원해서 병원만 나서게 된다면 정말 열심히 살아야겠다는 마음이 간절했다.

다음날 아침 일찍 한리더는 팀장에게 전화를 걸어서 상황을 설명했다. 긴급한 업무는 어제 이미 다른 팀원에게 조치를 해 놓았다는 말도 전했다.

전화를 받은 팀장은 깜짝 놀라며 어느 병원인지부터 물었다. 괜찮다고 수차례 만류했지만 팀장은 당장 병원으로 달려왔다. 큰 부상도 아니고, 게다가 술을 먹고 벌어진 일이라 한리더는 마치 죄인이 된 것같아 고개를 들 수 없었다.

한리더의 상태를 확인한 팀장은 퇴원하고 하루 더 쉬고 목요일부터 출근하라고 배려해 주었다. 같은 팀이 된 이후 팀장은 쭉 그를 신뢰해 왔고 그 역시 팀장을 진심으로 존경했다.

팀장이 돌아간 뒤에도 회사 업무에 대한 근심을 떨쳐 버릴 수 없었던 한리더는 '시간관리 매트릭스'를 그려 가며 자신이 처리해야 할 일들을 하나씩 체크해 나갔다. 비록 출근은 하지 못하지만 맡은 일만큼은 어떠한 잡음도 남기고 싶지 않았기 때문이다.

시간관리 매트릭스(The Time Matrix)

| | | 업무 납기일 | |
|---|---|---|---|
| | | 긴급함 | 긴급하지 않음 |
| 업무 중요도 | 중요함 | 꼭 처리해야 할 긴급한 문제 | 중요하지만, 퇴원 후 처리해도 되는 업무들 |
| | 중요하지 않음 | 덜 중요하지만, 누군가에게 부탁해 처리해야 할 일들 | 일상적인 업무들 |

그날 저녁 전문가를 포함해 한리더의 회사 동료들이 하나 둘 병문안을 다녀갔다. 그들 모두 회사에서 떠도는 소문보다 훨씬 경미한 그의 상태를 확인하고는 대체로 안심하는 눈치였다.

그 다음 날에는 한결이 먹을거리를 사들고 왔다. 수원의 S전자에서 근무하는 한결은 늘 야근에다 주말까지 반납할 정도로 바쁘면서도 용케 병문안을 와 주었다. 게다가 공범인 자신이 어떻게 편하게 자겠느냐며 병원에서 하룻밤 자겠다는 걸 한리더는 억지로 돌려보냈다.

이고은이 한리더의 이름을 확인하고 병실에 들어섰을 때 이미 그는 잠에 곯아떨어져 있었다. 아무리 가벼운 사고라지만 보호자 한 명 없이 혼자 잠들어 있는 한리더의 모습을 보자 이고은은 그가 한없이 측은하게 느껴졌다.

잠든 한리더의 얼굴은 푸석푸석하고 머리카락도 헝클어져 있었지만 어딘지 모르게 평온한 기색이 감돌았다. 자는 사람을 일부러 깨울 수는 없다고 생각해 가져온 꽃다발을 침대 맡에 두고 일어서려는데 한리더가 몸을 뒤척이며 눈을 떴다. 눈을 뜬 것과 동시에 이고은과 눈이 마주친 그는 자기도 모르게 벌떡 일어났다.

"후배!"

이고은은 자신이 생각했던 것보다 훨씬 더 당황하는 한리더의 모습을 보니 그만 웃음이 나오고 말았다.

"뭘 그리 놀라세요? 너무 감격하신다."

"언제 왔어? 아까부터 계속 보고 있었던 거야? 이럴 줄 알았으면 머리라도 감는 건데……."

붕대가 감겨진 손으로 연신 헝클어진 머리를 쓸어내리는 한리더를 보며 이고은은 마음이 놓였다.

"생각보다 부상이 심하지 않네요. 괜히 왔나 보다. 이거 읽어 보세요. 제가 좋아하는 책인데 재미있어요. 빨리 완쾌해서 훌훌 털고 나오세요. 다른 뜻은 없으니까 이상하게 생각하지 마시구요. 그런데 병원에서까지 담배를 피우세요? 제발 좀 끊으세요. 이건 압수예요."

머리맡에 놓인 담배 곽을 채어 가며 이고은이 말했다.

"그럼 퇴원하고 회사에서 뵙겠습니다."

그러고는 한리더가 뭐라고 말할 기회도 주지 않고 이고은은 얼른 나가 버렸다. 다급해진 그는 침대에서 본능적으로 튀어나가려고 했지만 주사바늘이 손에 꽂혀 있어 쉽지가 않았다. 급한 김에 주사바늘을 뽑아 던지고 그녀가 나간 쪽으로 달려갔다.

"후배~. 고마워!"

계단을 내려가던 이고은은 특유의 밝은 미소와 함께 손을 흔들어 인사를 대신했다.

침대로 돌아간 그는 그녀가 선물한 책을 펼쳐보았다. 아트 슈피겔반의 『쥐』라는 책으로 나치 시절 유태인을 배경으로 한 역사 만화책이었다.


초저녁잠을 자고 일어나서 그런지 쉽게 잠이 들지 못한 한리더는 이런저런 생각에 머리가 복잡했다. 그러다가 갑자기 자신의 인생에 브레이크를 걸고 싶어졌다.

'그동안 회사 일을 위해서는 매일 치열하게 고민해 왔지만 정작 내 인생에 대해서는 진지하게 고민을 해 본 적이 없었어.'

물론 고민을 전혀 하지 않았다면 거짓말일 것이다. 하지만 적어도 회사 일을 하는 것처럼 하나하나 전략을 수립하면서 자신의 인생에 대해 구체적인 목표를 세워 본 적은 없었던 것 같았다.

'기업에서도 전략이 없으면 치열한 경쟁에서 살아남을 수 없듯이 인생에서도 전략이 없으면 성공하기 힘들 것이다.'

그러고 보니 정말 자신에게는 삶에 대한 전략이 하나도 없었다. 당장 이고은의 일만 해도 그랬다. 좋아서 어쩔 줄 몰라 하고 있을 뿐 그녀의 마음을 얻기 위한 구체적인 전략 하나 갖고 있지 않았다.

고민이 이고은의 문제에까지 이르자 그는 이번 기회에 제대로 된 인생 계획도 짜고 동시에 사랑도 얻는 일대 전기를 마련해야겠다고 결심하게 되었다.

그 때 불쑥 마케팅 전략을 수립할 때 사용하던 SWOT 분석표가 떠올랐다. 그는 바로 작업에 들어갔다. 스스로를 상품이라고 생각하고 자신만의 SWOT 분석표를 만들어보았다.

그러다가 그는 불현듯 자기계발에 대한 강한 욕구를 느꼈다. 자신의 강점을 살릴 수 있고 약점은 보완할 수 있는 인생 프로그램이 시급했다. 또 대외적인 측면에서 살펴본 자신의 기회요인을 잘 살려서 지금보다 더 넓은 안목으로 일과 인생에서 승부를 펼쳐 보리라는 포부도 생겼다.

하지만 무엇보다 그를 가장 크게 자극한 것은 자신을 위협하는 위협요소였다. 딱 까놓고 보면 '돈도 없고 미남도 아니고 가방끈도 짧다'는 결론이 나오는데, 이런 상품이라면 자신이 생각해도 경쟁력이 없을 수밖에 없었다.

한리더 SWOT 분석표

| Strength (강점) | | Weakness (약점) | |
|---|---|---|---|
| · 책임감이 강하다<br>· 추진력이 있다<br>· 일에 대한 뜨거운 열정이 있다 | | · 직선적인 성격<br>　→ 마인드컨트롤이 필요하다<br>· 미남이 아니다<br>　→ 유머로 보완한다<br>· 술, 담배 → 금연 고려<br>· 마이너스 통장, 카드 빚 → 정리 | |
| Opportunity (기회) | | Threat (위협) | |
| · 인맥이 넓다<br>· 친구가 많다<br>· 다양한 경험과 협상력 | | · 재테크에 무관심 → 재테크 공부<br>· 부자가 아니다 → 가치 재창출<br>　(마케팅 관련 서적 출판, 이직 등)<br>· 재테크에 무관심 → 재테크 공부 | |

'재테크는 지금부터라도 관심을 가지면 되고, 얼굴은 성격으로 커버하면 되고, 공부는 늘 더 해 오고 싶었던 거니까 당장 다음 학기부터라도 대학원에 원서를 넣자.'

한리더는 당장 퇴원 준비를 했다. 원래는 내일이 퇴원이었지만 담당 의사에게 몇 가지 주의사항을 듣고 하루 일찍 귀가하는 것을 허락받았다.

이틀을 꼬박 병원 신세를 지며 환자 노릇을 하는 것도 지겨웠지만 당장이라도 자신의 인생에 새로운 숨결을 불어넣고 싶었다. 또 어서 출근해서 하루라도 빨리 이고은을 만나고 싶었다.

다음날 아침 일찍 출근한 한리더는 우선 책상 정리부터 들어갔다. 필요 없는 서류는 모두 폐기처분하고 책꽂이도 말끔하게 정리했다. 책상 위에는 탁상달력 하나와 마우스패드만 남겨두고 모두 비워 버렸다. 마지막으로 책상을 깨끗이 닦고 나자 자기도 모르게 머리가 맑아지는 느낌이었다.

책상 정리가 다 끝나고 모닝커피나 한잔 할까 하고 자리에서 일어선 한리더는 깜짝 놀라고 말았다. 언제 출근했는지 이고은이 한리더를 지켜보고 있었던 것이다.

"후배! 언제 왔어?"

"한 대리님이야말로. 깜짝 놀랐어요. 병원에 있을 사람이……."

"하하. 후배가 보고 싶어서 빨리 퇴원해 버렸지."

이제 아예 대놓고 작업을 거는 한리더를 보며 이고은은 매몰차게 말했다.

"대리님, 여기 회사예요. 그런 얘기는 좀 거북하네요."

"아니, 선배가 후배 보고 싶다는데 뭐 잘못됐나? 나 모닝커피 하려고 하는데 후배도 한잔 할래?"

이고은은 손에 쥔 테이크아웃 커피를 보여 주며 고개를 저었다.

"그래, 그럼 나만 마시지 뭐. 참, 후배 국문과 나왔다고 했지? 혹시 경영대학원 진학할 생각 없어?"

"네?"

그렇지 않아도 인문학 전공이라는 콤플렉스 때문에 경영대학원 진학을 고민하던 이고은은 귀가 솔깃했다.

"오늘 대학원에 원서 내러 가는데 혹시 후배도 생각 있으면 같이 넣자고."

"어느 학교요?"

"Y대."

이고은은 다시금 놀랐다. Y대 대학원이라면 그녀가 꼭 진학하고 싶은 곳이었다. 학부 때 Y대를 못 간 것이 한이 되어 늘 농담 반 진담 반으로 대학원은 꼭 Y대로 갈 거라고 입버릇처럼 말해 왔던 것이다. 하지만 그저 생각만 하고 있었지 구체적인 실행 계획을 세운 적은 없었다.

'친구 따라 강남 간다고 저 선배 따라 정말 대학원에 가 볼까?'

생각해 보니 자기는 손해 볼 것이 없었다. 한리더는 솔직히 회사에서도 인정받는 능력 있는 사람이었기에 멘토로서도 손색이 없었기 때문이다.

"저기, 조금 생각해 볼게요."

"그래, 대신 오늘 점심시간까지 생각해. 오늘이 후기 대학원 원서 마감일이야."

한리더는 일이 의외로 잘 풀리는 구나 싶어 노래를 흥얼거렸다.

"모든 거 생각대로 하면 되고~."

# 인생에도 설계도가 필요하다

직장에서는 매일같이 자신이 담당한 업무나 프로젝트, 보고서가 조금이라도 잘 되도록 하기 위해 안달이지만, 정작 자기 자신의 인생 전략에는 무관심한 사람들이 많다. 아니, 인생 전략을 세울 생각조차 못하는 경우도 많다. 이는 멋진 새집을 지을 때 설계도가 없는 꼴이다.

자신의 꿈을 이룬 사람들을 대상으로 한 재미있는 설문조사가 있다. 그들은 자신이 가진 꿈을 현실세계에서 구체화시킨 다음, 그 모습을 자기 자신에게 주입시켰다. 예컨대, 노년에 가족과 함께 전원주택에서 행복하게 살고 싶다는 꿈을 가진 사람은 전망 좋은 전원주택으로 가족들을 데려간 후 사진 촬영을 해서 그것을 지갑에 넣고 다녔다. 날마다 그 사진을 보면서 자신도 그렇게 살겠다고 다짐 또 다짐했다는 거다. 일반인이 꿈을 막연히 마음속에만 담고 살아가는 것과 대조적이다.이처럼 백지 한 장의 차이로 누군가는 꿈을 이루고, 누군가는 그저 한낱 꿈으로만 간직하고 평생을 살아간다.

지금이라도 자신의 꿈이 무엇인지 하얀 백지 위에 써 보자. 그리고 그 꿈을 이루기 위해 필요한 것도 하나씩 써 내려가 보자. 그렇게 구체화시켜 나가다 보면 지금 당장 내가 무엇을 해야 할지 조금은 선명해질 것이다.

# 경쟁력
## 대체 불가능한 나만의 경쟁력을 가지라

"최근 출시된 경쟁사의 프리미엄 치약 '더 키스'에 맞설 신상품의 브랜드네이밍 공모가 내일까지입니다. 생활용품팀의 자존심을 걸고 오늘까지 우리 팀에서 제출할 네이밍을 정하도록 합시다. 회의는 5시입니다. 기분 좋게 퇴근할 수 있도록 모두들 분발해 주세요."

팀장이 비장한 목소리로 말했다. 한 달 전 경쟁사에서 출시한 신제품 치약 '더 키스'는 그야말로 불타나게 팔렸다. 지금까지 업계 1위를 달리던 CS(주)의 '1080' 치약 매출이 떨어진 것도 모두 '더 키스'의 호전 때문이었다.

'1080' 치약의 브랜드 담당자인 최현명은 지난 한 달이 지옥과도 같았다. '더 키스'의 판매율이 도무지 식을 줄을 모르자 회사에서는 특단의 조치가 내려졌다. 2주일 안에 '더 키스'를 따라잡을 프리미엄 상품을 출시하라는 것이었다. 이에 최현명은 지난주부터 불철주야 신상품의 컨셉을 정하느라 정신이 없었고, 그 결과 나온 것이 '가족주의

치약 OOOO'이었다. '더 키스'가 젊은 층에서 선풍적인 인기를 끌고 있다면 이쪽에서는 반대로 치약의 구매권을 쥐고 있는 주부들을 겨냥해 상품을 출시하기로 한 것이다. 문제는 '가족주의'라는 컨셉은 통과가 되었지만 그 뒤에 들어갈 적절한 네이밍을 정하지 못했다는 것이다.

"선배님, 괜찮으세요? 얼굴이 반쪽이 되셨어요."

한 달 만에 2킬로그램이나 빠진 최현명을 보며 한리더가 걱정 어린 눈길로 말했다.

"괜찮아. 우리 하는 일이 다 그렇지 뭐……."

최현명이 담당하는 브랜드가 업계 1위를 놓친 것은 이번이 처음이었다.

"2주 만에 신상품을 출시하라니 너무한 것 같아요."

"요즘이 비수기잖아. 비수기에 그나마 꾸준히 나가는 제품이 생활용품들인데 이번에 타격을 맞았으니 회사에서도 다급했나 봐."

이런 상황에서도 회사의 입장을 고려하는 최현명이 한리더는 놀라울 뿐이었다.

"식사 다 했으면 먼저 일어날게."

직원 식당에서 함께 밥을 먹던 최현명은 입맛이 없는지 먼저 일어났다.

"예, 선배님. 나중에 회의 때 뵙겠습니다. 힘내십시오."

최현명 선배를 위해서라도 뭔가 기발한 아이디어가 떠오르면 좋을 텐데 한리더 역시 마땅한 아이디어가 떠오르지 않아 고심 중이었다.

식사를 마친 한리더는 소화도 시킬 겸 최근 회사 근처에 생긴 쇼핑몰로 향했다. 쇼핑몰의 지하에 대형마트가 생겼는데 그곳에 가서 일회용 면도기를 살 생각이었다.

점심시간이라 그런지 쇼핑몰은 한적했다. 마트 역시 어린 아이들을 데리고 쇼핑을 나온 주부들만 드문드문 보일 뿐 대부분은 직원들만 자리를 지키고 있었다.

"참, 치약 사야지."

어린 아이를 카트에 태운 한 주부가 말했다.

치약을 산다는 주부의 말에 귀가 솔깃해진 한리더는 그들을 따라 구강위생용품 코너로 갔다. 아기 엄마가 제일 먼저 고른 제품은 최근 인기몰이를 하고 있는 '더 키스' 제품이었다.

"예쁘다~."

'더 키스'의 세련된 용기를 보면서 아기 엄마가 말했다. 하지만 곧 '더 키스'는 진열대로 되돌려졌다. 그 때 카트에 타고 있던 아기가 떼를 쓰는 소리로 말했다.

"민서 뽀로로 치약! 민서 뽀로로 치약!"

한리더는 냉큼 뽀로로 치약의 가격표를 살펴보았다. 예상대로 높은 가격이었다. 아이들이 좋아하는 캐릭터 상품들은 대개 가격이 비쌌다. 그럼에도 불구하고 아이의 고집을 꺾지 못한 엄마는 아이의 손에 뽀로로 치약을 쥐어 주었다. 그리고는 한참을 고심한 끝에 '1080'을 카트에 집어넣었다. 자사의 제품이 카트에 실리는 것을 보고 한리더는 기분이 좋아졌다. 그 때 마침 좋은 생각이 떠올랐다.

"맞아, 이거야!"

한리더는 얼른 뽀로로 치약 하나와 일회용 면도기를 집어서 계산대로 향했다.


예상대로 모두들 무거운 표정으로 회의에 참석했다. 팀원들의 얼굴을 보며 실망한 기색이 역력한 팀장이 먼저 입을 열었다.

"자, 최현명 과장 먼저 말씀하세요."

"제가 생각한 이름은 'par amour'입니다. 불어로 '사랑으로'라는 뜻이지요. 프리미엄 치약에 어울리는 이름이라고 생각했습니다."

좀처럼 볼 수 없었던 최현명의 자신감 없는 모습에 팀원들은 모두 안타까운 눈길을 보냈다.

"프리미엄 치약에 어울리는 이름일진 모르겠지만 대중적이지가 않아서…… 그렇지요?"

팀장이 조심스럽게 자신의 의견을 이야기했다.

"저도 그 부분이 걸려서 자신 있게 밀어붙이기가 어려웠습니다."

"다른 분들의 의견은 어떻습니까?"

모두들 자신이 준비한 이름을 두세 개씩 돌아가며 이야기했다. 하지만 역시 적당한 이름은 나오지 않았다. 마지막으로 한리더 차례가 돌아왔다.

"저는 좀 다른 시각에서 접근했습니다."

한리더의 이색적인 대답에 모두의 시선이 쏠렸다.

"회사에서는 항상 프리미엄 상품의 개발에 사활을 겁니다. 하지만 솔직히 프리미엄 상품이라는 것이 단순히 이름이 그럴듯하고 고가니까 잘 팔릴 거라고 착각을 하고 있는 것은 아닐까요? 저는 정말 좋은 브랜드는 프리미엄 제품이 아니라 '회사를 먹여 살리는 제품'이라고 생각합니다. 우리 회사의 1080치약이나 1318치약을 보십시오. 지금까지 10년 이상 업계 1위를 고수하며 얼마나 많은 기여를 했습니까?"

"한 대리, 요점만 간단하게 이야기해 주세요."

한리더의 설명이 너무 장황하다고 생각했는지 팀장이 브레이크를 걸었다.

"네, 알겠습니다. 제가 이 자리에서 강조하고 싶은 것은 신상품의 개발이 최선의 방법은 아니라는 것입니다. 자, 이것을 보십시오."

한리더는 조금 전에 마트에서 사 온 뽀로로 치약을 팀원들에게 보여 주었다. 모두의 시선이 뽀로로 치약에 고정되었다.

"이 제품이 얼마인지 아십니까? 1080의 두 배가 넘습니다. 제조사가 어디인지 아십니까? 인지도가 하나도 없는 중소기업입니다. 그런데도 이 상품은 마트에서 매우 인기가 좋습니다. 광고도 하지 않고 대기업에서 만든 제품도 아닌데 말입니다."

모두가 한리더가 무슨 말을 하려는 건지 호기심 어린 눈길로 쳐다봤다.

"이번 우리 제품의 컨셉이 가족주의 아닙니까? 저는 진정한 가족주의는 가족 구성원 각자의 개성과 취향을 존중하는 것이라고 생각합니다. 어린 아이들은 캐릭터 상품을 좋아하고 주부는 저가의 고품질 상품을 좋아합니다. 청소년도 나름대로 자신들의 취향이 있지요. 예를 들면 아이돌 그룹 같은 것이 되겠지요."

그제야 한리더가 무슨 말을 하려는지 이해한 팀원들의 얼굴이 밝아지기 시작했다. 특히 최현명의 얼굴에는 한리더에 대한 대견함까지 묻어 있었다.

"그래서 저는 이번 신상품 출시 대신 가족사랑 세트를 출시해 볼 것을 제안합니다. 가족사랑 A세트는 1080치약과 1318치약으로 구성하고 B세트를 1080치약과 캐릭터치약으로 구성하는 것입니다. 거기다 여기, 이런 사은품을 끼워 팔면 금상첨화가 아닐까요?"

한리더는 자신이 쓰려고 사온 일회용 면도기를 탁자 위에 올려놓았다. 그의 깜찍한 제안에 팀원들이 환호성을 질렀다.

"그리고 마지막으로……."

한리더는 손바닥을 세워 아직 할 말이 남아 있음을 알렸다.

"회사에서 굳이 프리미엄 신상품의 출시를 고집한다면 '비 해피'라는 네이밍이 어떨까 합니다. 결국 가족 모두가 행복하게 사는 것이 최고의 프리미엄 아닐까요?"

한리더의 말에 가장 먼저 반응을 보인 것은 팀장이었다.

"Be Happy? 비 해피? 좋은데요? 발음도 쉽고, 의미 전달도 쉽고……."

"스타 가족을 모델로 내세우면 승산이 있겠는데요?"

이번에는 최현명이 거들고 나섰다. 팀원들도 모두 '비 해피'라는 네이밍에 찬성표를 던졌다.

"좋습니다. 그럼 한리더 대리가 제안한 두 가지 안을 본부장님과 상의해 보겠습니다."

"잘되면 오늘 회식하는 겁니까?"

팀의 막내가 익살스럽게 물었다.

"하하. 잘만 되면 회식이 문제겠습니까? 일단 본부장실에 다녀오겠습니다. 한 대리, 같이 올라갑시다."

팀장의 갑작스러운 제안이 당황스러우면서도 기분이 좋은 한리더는 머리를 긁적이며 자리에서 일어났다. 그 때 뒤에서 누군가 한리더의 어깨를 가볍게 쳤다. 최현명 선배였다.

'툭. 툭. 툭.'

그 세 번의 울림에 최현명의 고마운 마음이 고스란히 전해졌다.


"하하. 역시 한리더야."

본부장이 크게 웃으며 오케이 사인을 내렸다. 팀장과 한리더는 유쾌해 하는 본부장을 보며 가슴을 쓸어내렸다.

"당장이라도 가족사랑 세트 출시 착수해. 캐릭터도 하나에만 국한하지 말고 서너 개 붙여 봐. 남자 애들이랑 여자 애들 좋아하는 걸로 골고루. 1318치약은 요즘 잘나가는 아이돌 그룹 붙여서 광고 제작하고."

역시 본부장이었다. 불도저라는 별명답게 시간 낭비 없이 곧바로 일을 진행시켰다.

"'비 해피'는 일단 보류해. 아무래도 좀 약하지 않아? 일단 가족사랑 세트의 반응을 지켜본 다음에 출시를 결정해도 늦지 않을 것 같아.

한 달 정도 지켜보고 그때 가서 결정하자고."

본부장의 명쾌한 결정에 한리더는 놀라움을 금치 못했다.

'아, 사령관은 역시 다르구나.'

본부장의 카리스마에 압도 당한 한리더는 슬그머니 본부장실을 둘러보았다. 언젠가 자신에게도 이런 개인 사무실이 주어지겠지 하고 생각하니 자신도 모르게 가슴이 부풀어 올랐다.

"뭘 힐끔힐끔 봐. 내 방 처음 보나? 건방진 녀석. 뭐, 회사가 프리미엄 상품만 좋아한다고? 잘못 짚었어. 회사는 프리미엄 사원을 좋아해. 누구와도 바꿀 수 없는 프리미엄 사원. 특히 너처럼 안전선을 정해 놓고 그 안에서 한껏 뛰어오르는 사원은 대환영이지."

본부장은 마치 작정이라도 한 듯 한리더를 칭찬하기 시작했다.

"박 팀장. 내가 왜 한리더를 좋아하는 줄 알지? 이 녀석은 인재(人財)야, 인재. 인재(人材)가 아니라고. 무슨 말인 줄 알지?"

본부장은 직접 볼펜으로 한자를 써 가면서 그의 인재론을 펼쳐나가기 시작했다.

"인재(人材)는 많아도 인재(人財)는 적은 게 요즘 노동시장의 현주소야. 인재(人材)는 언제라도 더 젊고 싼 노동력으로 대체될 수 있지만 인재(人財)는 둘도 없는 가치를 지닌 만큼 어디서나 대접받는 존재가 되지. 경쟁력 있는 인간이 되려면 남과 대체할 수 없는 자신만의 재능을 가지고 있어야 해. 내가 볼 때 한리더는 인재(人財)가 될 재목이야. 하하하."

본부장의 노골적인 칭찬에 한리더는 쥐구멍에라도 들어가고 싶은 심정이었다. 다행히 팀장이 그를 구해 주었다.

"그럼 저희는 이만 나가보겠습니다. 오늘 팀 회식이 잡혀 있습니다. 본부장님도 같이 가시겠습니까?"

팀장이 본부장의 눈치를 살피며 말했다.

"내가 거길 왜 가? 전무님 뵈러 가야지. 박 팀장, 수고했어. 애들 기 좀 팍팍 살려 줘. 특히 최현명 과장 좀 잘 살피고. 아까 보니까 얼굴이 반쪽이 됐던데……. 하긴 다 그러면서 크는 거지만."

본부장실을 나와 생활용품팀으로 돌아가는 동안 팀장은 잠시 말이 없었다.

"한 대리는 입사 때부터 본부장님이 총애하는 것 같아."

"다 팀장님 덕분이죠 뭐."

한리더가 머리를 긁적이며 말했다.

"그래, 겸손한 것도 경쟁력이지……."

팀장이 혼잣말로 중얼거렸다.

오늘 따라 심각한 모습의 팀장이 이상하다고 생각되었지만 한리더 는 곧 개인적인 용건을 꺼냈다.

"팀장님, 이번 학기부터 대학원에 진학할까 하는데 괜찮을까요?"

"좋은 생각입니다. 바쁜 와중에도 그런 기특한 생각을 했군요."

팀장의 긍정적인 대답에 한리더는 마음이 가벼워졌다.

"감사합니다, 팀장님. 개인적인 일로 회사 일에 폐를 끼치지 않도록 더 열심히 하겠습니다."

"장기적으로 보면 회사에도 이득인데요 뭐. 인재가 회사를 키운다는 말이 있지 않습니까? 열심히 하십시오."

한리더가 제안한 가족사랑 세트는 시장에서 좋은 반응을 보였다. 특히 대형마트에서 인기몰이를 했다. 덕분에 생활용품팀의 1/4분기 매출액은 전년도의 두 배를 뛰어넘었고, 직원들은 성과급까지 챙길 수 있었다.

CS(주)의 성과급 제도는 분기별 실적에 따라 팀별로 이루어졌다. 따라서 그 분기에 실적을 많이 올린 브랜드 담당자는 팀 내에서는 물론 사내에서도 주목을 받았고 인사고과에서도 높은 점수를 받을 수 있었다.

"한리더 대리, 요즘 잘 나가던데?"

회사 로비에서 한리더와 마주친 인사부장이 밝은 목소리로 인사를 건넸다.

"감사합니다."

"그나저나 사진발이 받혀줄려나?"

인사부장의 말에 한리더는 깜짝 놀랐다.

"무슨 말씀이신지?"

"모르고 있었나? 회사 홈페이지 한번 들어가 봐. 웹진에서 인기투표 중이야."

인사부장과 헤어진 한리더는 얼른 자기 자리로 돌아가서 회사 웹진을 열어보았다. 인사부장의 말은 사실이었다. 홍보팀에서 '신입사원이 뽑은 닮고 싶은 선배' 1순위 명단에 한리더의 이름이 올라가 있었다.

1/4분기에 실적이 좋아 주목받는 팀으로 생활용품팀이 올라가 있었고, 생활용품팀 팀원들을 대상으로 인기투표가 진행 중이었다. 홍보팀과 인사부에서 단독으로 진행한 건이라 정작 생활용품팀원들은 잘 모르고 있었다. 어쨌든 인사부장의 말대로 한리더가 정말 1위를 달리고 있었고, 그의 사진 밑에는 그를 추천한 이유들이 리플로 달려 있었다.

"믿음이 갑니다."

"경쟁력 있는 선배라고 생각합니다."

"은근히 눈에 띕니다."

"회식 자리에서 단연 분위기 메이커이십니다."

후배들의 칭찬의 말에 한리더는 얼굴이 화끈거렸다.

혹시라도 전문가나 장혜수의 호출이 있을 것을 염려해 한리더는 일찍 퇴근길에 올랐다. 그렇지 않아도 요즘 회사에서 자신을 띄워 주는 분위기가 만연한데 괜히 동기들의 시샘 어린 놀림을 받고 싶지는 않았다.

최근에 한리더는 깨달은 것이 있었다. 그것은 좋은 경력이 쌓일수록 자신감이 커지고, 이것이 또 다른 성과로 이어진다는 사실이었다. 실제로 그는 가족사랑 세트를 히트시킨 후 어떤 일에서든 자신감에 가득 차 있는 자기 자신을 발견했다. 그리고 자신감을 가지고 임한 일들은 대개 성과도 좋았다.

'그렇다면 고은 씨에게도 자신감을 갖고 대하면 좋은 결과가 나오지 않을까?'

그러고 보니 최근에는 바쁘다는 이유로 이고은의 일을 미뤄두고 있었다는 사실이 떠올랐다. 한리더는 모처럼 찾아온 여유 시간을 활용해서 이고은과의 관계를 호전시킬 방도에 대해서도 진지하게 고민해 보기로 했다.

'나는 원래 프리미엄 인간으로 태어나진 않았다. 좋은 집안의 자식도 아니고 뛰어난 학벌을 따 내지도 못했다. 그럼에도 불구하고 고은 씨에게 출사표를 던졌다. 세상엔 멋진 인간들이 많지만 고은 씨를 진정으로 사랑하고 행복하게 해 줄 수 있는 사람은 나 한리더뿐이다. 고은 씨가 이 사실을 알게 될 때까지 포기하지 말고 도전하자. 그래, 나의 경쟁력은 포기하지 않는 것이다!'

# 생각의 차이가 성공을 부른다

다른 조건은 다 괜찮은데 키가 작은 것이 콤플렉스인 한 남자가 있었다. 주변에서는 왜 그가 결혼을 하지 않는지 의아해 했다. 그런데 알고 보니 그에게는 아픈 경험이 있었다. 소개팅을 할 때마다 여자 쪽에서 "키가 작아서 마음에 들지 않는다"며 퇴짜를 놓은 것이다.

그 말을 들은 커플매니저가 웃으며 말했다.

"걱정하지 마십시오. 의외로 키에 별로 연연해 하지 않는 여성 분들도 많습니다."

그 뒤로 그 남자는 아름다운 여성을 만나 결혼에 성공했다.

키가 작은 것이 콤플렉스라고 해서 키를 늘릴 수는 없는 노릇이다. 대신 키에 큰 의미를 두지 않는 여자를 만나면 된다.

마케팅에서 "현재의 전장에서 승리할 수 없다면 전쟁터를 옮겨라"라는 말이 있다.

'미원'의 아성에 '미풍'으로 도전하였지만 참패하고 만 CJ는 '입맛을 다시다'라는 말에서 유추한 브랜드 '다시다'로 천연조미료 시장을 개척하고 지배하였다. 또, 맥주 회사 크라운의 만년 설움을 단번에 날려 버린 하이트도

'150m 천연암반수'로 승부수를 던져 OB를 제압하였다.

　도끼로 열 번을 찍어서도 안 넘어가거든 도끼를 갈지 말고, 새로운 연장인 톱을 준비하라는 말이다.

　성공을 위해 무작정 남을 따라하는 것은 실패의 지름길이다. 나만의 경쟁력과 무기로 무장하지 않으면 안 된다.

# 차별화
## 바쁘다고 칼 가는 시간을 미루지 말라

CS(주)는 생활용품과 화장품을 제조해서 국내외에 판매하는 마케팅 지향 기업으로 해당 분야에서 시장점유율 1위를 달리고 있는 매출 1조 원 규모의 대기업이었다. 그래서 회사의 조직도 마케팅부서 위주로 짜여 있었고, 나머지는 영업본부와 경영지원본부, 그리고 연구소로 이루어져 있었다.

마케팅부서는 생활용품팀, 화장품팀, 산업용품팀, 디자인팀, 광고관리팀으로 구성되었는데, 이 중 매출의 우위를 점하고 있는 생활용품팀과 화장품팀의 경쟁이 가장 치열했다. 1/4 분기에 생활용품팀이 선전하면서 화장품팀의 분위기가 상대적으로 침체되었다는 소문이 곳곳에서 들려왔다.

"소문 들었어? 우리 팀 김 대리가 결국 사표를 냈대."

사내 마당발로 유명한 화장품팀의 장혜수가 방금 들어온 뉴스라며 알려 준 소식이었다.

"결국 또 한 사람이 희생되는 군. 정작 떠나야 할 사람은 떠나지 않고……."

전문가가 혀를 끌끌 차며 말했다. 화장품팀의 팀장인 악 부장을 두고 하는 말이었다.

"나는 정말 이해가 안 돼. 어떻게 그런 사람이 팀장 자리까지 올라갔는지……."

해서는 안 될 말이라는 것을 알면서도 결국 참지 못하고 한리더도 한마디 거들었다.

"능력도 없고 자질도 없고 도덕성도 없고……. 차라리 가만히나 있던지. 이러다가 유능한 직원들 다 그만두겠어. 얼마 전에 사표를 낸 신입사원만 해도 그래. 얼마나 괜찮았는데……. 악 부장 밑에 있어봤자 무덤 파는 거라는 소문을 듣고는 바로 나가 버렸잖아."

맥주를 가져온 종업원을 도와 맥주잔을 옮기며 장혜수가 말했다.

오늘의 모임은 장혜수의 긴급 제안으로 이루어졌다. 가뜩이나 업무량이 많은 그녀는 사표를 낸 김 대리의 일까지 맡아서 해야 할 처지에 놓여 있었다. 화장품팀에서 그나마 악 부장의 신임을 받고 있던 그녀가 이렇게 지칠 정도면 화장품팀의 상황은 생각보다 안 좋은 것이 분명했다.

어느 조직에나 있는 일이지만 악 부장은 조직에서 '차라리 없었으면 좋을 사람'으로 악명이 높았다. 인격이나 능력 면에서 리더십이라고는 찾아볼 수 없음에도 불구하고 부하들의 공을 가로채어 지금의 자리까지 온 인물이었다.

"몇 년 전에는 악 부장 때문에 팀원 모두가 사직서를 쓴 적도 있잖아. 그런데도 인사부에서는 왜 조치를 취하지 않는지 모르겠어."

전문가가 맥주를 마시며 말했다.

"그게 알고 보니 다 이유가 있더라구. 악 부장이 인사부장과 절친한 사이래. 동향인데다가 대학 선후배라는 이야기를 들었어."

장혜수의 이야기를 들으며 한리더는 조직이라는 것이 참 간단하지 않다는 생각을 하고 있었다. 악 부장처럼 독선적이고 사내 정치에만 유능한 사람이 계속 높은 자리로 올라가는 것은 분명 회사가 망하는 지름길이 될 텐데, 왜 위에서는 그것을 보고만 있는지 도무지 이해가 되지 않았다.

"솔직히 나는 박 팀장 밑에서 일하게 된 게 영광이라고 생각해. 악 부장 밑에 있었다고 생각해 봐. 어쩌면 나도 진즉에 그만뒀을지도 모르지. 그런 점에서 혜수 너는 참 대단하다."

한리더가 장혜수에게 맥주를 따라 주며 말했다.

"혜수야 어딜 가든 꼬투리 잡힐 일을 하지 않으니까. 아마도 성실하기로 우리 회사에서 둘째가라면 서러울 걸."

이번에는 전문가가 한리더에게 맥주를 따라 주며 말했다.

"자, 건배하자. 오늘은 리더가 내는 거지? 성과급 제법 많이 나왔다던데?"

전문가가 웃으며 말했다.

"아, 당연히 내가 내야지. 2차도 내가 낼게."

다른 것은 몰라도 술값 계산만큼은 빼지 않는 한리더였다.

"이래서 내가 한 선배를 좋아한다니까."

화장품팀에서 연이어 두 사람이 사표를 내자 회사에서는 이례적으로 인사이동 공고를 냈다.

월요일 아침 기분 좋게 출근한 이고은은 회사 로비의 사내 게시판에 사람들이 몰려 있는 것을 보고 무슨 일인가 싶어 다가가 보았다. 거기에는 믿을 수 없는 일이 펼쳐져 있었다.

---

**【인사이동】**

화장품팀 장혜수 사원 ➡ 화장품팀 대리

광고관리팀 이고은 사원 ➡ 화장품팀 사원

---

"고은 씨. 안 그래도 전화하려고 했는데……."

입사동기 나핸섬이었다.

"놀랐죠? 갑자기 우리 팀으로 발령을 받아서."

이고은은 하도 어이가 없어서 나핸섬의 말이 귀에 들어오지도 않았다. 그 때 저 멀리서 허겁지겁 뛰어오는 한리더의 모습이 보였다.

"어떻게 된 거야, 후배. 알고 있었어?"

한리더가 걱정스러운 눈빛으로 물었다.

"금시초문이에요. 대리님, 이런 경우도 있나요? 원래 본인의 의사도 물어보지 않고 이런 식으로 통보를 하나요?"

아직도 충격에서 벗어나지 못한 목소리로 이고은이 물었다.

"그렇지 않아. 이런 경우는 드문데……. 내가 한번 알아볼게."

한리더는 앞뒤 잴 것 없이 본부장실로 달려갔다. 하지만 본부장은 자리에 없었다.

"후배는 뭐 아는 거 없어?"

평소 본부장의 비서와는 편한 선후배 사이로 지내고 있었기 때문에 한리더는 궁금한 것부터 넌지시 물어보았다.

"주말에 간부급 사원들의 골프 회동이 있었는데 아마도 그 자리에서 갑자기 결정이 난 것 같아요. 상무님께서는 반대를 하셨지만 결국 부사장님께서 악 부장과 인사부장의 손을 들어줬다고 들었어요. 선배도 아시죠? 세 분 사이가 좀 각별하신 거."

소문대로 악 부장은 부사장의 후광을 등에 업고 있었던 것이다. 본부장도 어쩔 수 없었던 일이라면 더 이상 따져 물을 형편이 안 되었다.

악 부장은 늘 이런 식이었다. 자기 마음대로 움직이지 않는 부하들은 어떤 수를 써서라도 제 발로 걸어 나가게 만들었고, 후임을 정할 때도 항상 적법한 절차를 무시하곤 했다.

본부장실을 나온 한리더는 다시 광고관리팀으로 향했다. 입사동기인 광고관리팀장에게 자초지종을 듣는 편이 차라리 낫겠다는 판단에서였다.

광고관리팀의 분위기는 예상보다 훨씬 어수선했다. 모두들 측은한 얼굴로 이고은을 쳐다보았고 이고은은 말없이 개인 물품들을 박스에 담고 있었다.

"결국 불똥이 우리 팀까지 튄 거지."

광고관리팀 허 팀장의 말이었다. 광고관리팀은 마케팅부서에 소속되어 있지만 생활용품팀이나 화장품팀에 비해 규모가 작았기 때문에 팀장의 권한도 상당히 축소되어 있었다.

"미안해, 고은 씨. 알잖아. 나야 위에서 시키는 대로 하는 거고. 너무 상심하지 마. 화장품팀이 그래도 우리 팀보다 배우는 건 많을 거야. 이왕 이렇게 된 거 좋은 쪽으로 생각하자."

한리더는 허 팀장의 말이 틀리지 않다고 생각했다. 실제로 악 부장만 아니면 화장품팀에서 회사생활을 시작한다는 것은 분명 나쁘지 않았다. 화장품팀의 경우 성과만 좋으면 초고속 승진도 가능했고 이직을 할 때도 유리한 면이 많았다.

"네, 팀장님. 그 동안 감사했습니다."

팀원들과 간단한 인사를 나눈 이고은은 나핸섬을 따라서 화장품팀으로 향했다. 나핸섬이 그녀의 개인 물품을 들어주기 위해 일부러 마중을 와 준 것이다.

그런 두 사람을 바라보는 한리더의 마음은 착잡하기 그지없었다. 이렇게 옆에 있으면서도 그녀를 도울 수 있는 일이 없다는 사실에 무력감을 느낀 한리더는 말없이 자기 자리로 돌아갔다.


이고은이 화장품팀으로 옮긴 후 한리더에게는 개인적인 고민이 생겼다. 자신의 경쟁자인 나핸섬과 이고은이 날이 갈수록 가까워지고 있었던 것이다. 소문에 의하면 나핸섬은 연수원에서부터 이고은을 마음에 두고 있었다고 한다. 실제로 연수 기간에 눈이 맞아 CC가 되는 경우가 종종 있었기 때문에 한리더는 불안한 마음을 감출 수가 없었다.

얼마 후면 대학원 수업이 시작되어 그녀와 가까워질 수 있는 절호의 찬스들이 찾아올 수도 있겠다고 좋아했는데 예상 못한 변수가 생겨 버린 것이다. 그런 이유로 악 부장에 대한 한리더의 감정은 더욱 좋지 못했다.

인사부 후배의 말에 의하면 악 부장은 처음부터 이고은을 화장품팀에 데려가고 싶어 했다고 한다. 이고은의 이미지가 화장품팀에 꼭 맞을뿐더러 최근의 트렌드를 대변해 줄 사원으로 이고은만한 적임자가 없다는 이유였다. 하지만 그녀가 마케팅을 전공하지 않은데다 국문과 출신이어서 관리직이 적합하다는 본부장의 의견이 더욱 힘을 얻었고, 결국 광고관리팀으로 배정을 받았던 것이라고 했다. 그나마 다행인 것은 악 부장이 처음부터 이고은을 잘 봤기 때문에 그녀를 일부러 고생시키지는 않을 거라는 사실이었다.

'하긴, 악 부장도 남자인데 고은 씨 같은 미인을 왜 가까이 두고 싶지 않겠어. 게다가 똑똑하기까지 한데……'

한리더는 자신도 모르게 삐딱한 생각이 드는 것을 어쩔 수 없었다. 쉰이 훨씬 넘은 악 부장까지 경계하게 되는 것을 보면 자신이 이고은에게 빠져도 한참 빠졌구나 하는 생각도 들었다.

이러한 한리더의 고민을 아는지 모르는지 정작 이고은은 화장품팀에서 꽤나 적응을 잘하고 있다는 소식이 들려 왔다.

"요즘 애들 안 같아. 차분하고 배려심도 있고. 의외로 악 부장 비위도 잘 맞추는 것 같아.”

본의 아니게 이고은의 사수를 맡게 된 장혜수가 말했다.

“그런데 선배, 고은 씨랑 같은 대학원 등록했다며? 우연이야, 작업이야?”

장혜수가 눈을 흘기며 물었다.

“나도 너처럼 가방끈 좀 길게 하고 싶어서 그랬다.”

한리더는 애써 이고은의 이야기는 회피했다. 그런데 진짜 문제는 생각지도 못한 곳에서 터졌다.

한리더와 이고은 두 사람이 경영대학원에 진학한다는 소문이 퍼지자 얼토당토않게 화장품팀의 악 부장이 반기를 들고 나섰다. 사실 최근에 마케팅부서는 팀 단위뿐만 아니라 프로젝트 단위별로 업무가 추진되면서 부서가 매트릭스 조직으로 운영되고 있었기 때문에 악 부장의 영향이 한 리더에게까지 미칠 수 있었다.

“직속상관이 아니라도 엄연히 상관입니다. 마케팅본부에서 두 명이나 빠져나가는 건 용납할 수 없습니다. 특히 이고은 씨는 아직 업무 파악도 제대로 하지 못했는데……. 이고은 씨는 아직 젊은데 다음 학기나 다다음 학기 때 시작해도 되지 않나. 흠흠.”

이고은으로부터 악 부장의 이 같은 반대의사를 전해들은 한리더는 기가 막혔다.

“월권이라고 생각해. 이건 야간대학원이잖아. 나도 우리 팀장님께 보고는 드렸지만 일종의 통고였지 허가를 구하는 게 아니었어. 게다가 우리 팀장은 장기적으로 볼 때 회사에 도움이 될 거라면서 기뻐하셨는데 어떻게 이렇게 다를 수가 있지?"

"어떻게 하면 좋을까요?"

이고은이 곤란한 표정을 지으며 말했다.

"이럴 때 방법은 하나뿐이야. 따라와."

한리더는 이고은을 데리고 본부장실로 향했다. 여느 때와 같이 본부장은 밝은 얼굴로 한리더를 맞았다.

"어서 와. 그래 무슨 일이지?"

"사실은 이번 학기에 경영대학원에 등록했습니다. 내일부터 수업이 있습니다. 진작 말씀 드린다는 것이 본의 아니게 이렇게 늦어졌습니다."

한리더의 말에 본부장은 흔쾌히 동조를 해 주었다.

"잘 생각했어. 안 그래도 너 은근히 학력에 콤플렉스 있었잖아. 이번 기회에 확 날려 버리는 거야."

"그런데 문제가 하나 있습니다. 사실은 후배와 함께 등록을 했는데 악 부장님께서 허락을 안 해 주셔서……."

한리더가 이고은을 보며 말했다.

"으음……."

본부장은 이해가 간다는 듯 고개를 끄덕이면서 잠시 무언가를 생각하는 눈치였다.

"그래, 고은이는 화장품팀 일이 할 만하고?"

"네, 본부장님."

"그래, 다행이다. 갑작스런 결정에 놀랐을 텐데. 악 부장은 내가 알아들게 얘기해 놓을 테니 두 사람은 모른 척하고 열심히 학업에 매진해."

"감사합니다, 본부장님."

두 사람이 동시에 대답했다.

"그래 그래. 비즈니스맨은 언제 어느 때나 평생학습을 실천해야 해. 대학원뿐만 아니라 마케팅하고 관계된 잡지나 정기간행물들을 꾸준히 읽고 전문 컨퍼런스에 참석하는 것도 좋겠지. 회사에서 지원하는 기회들도 여럿 있다지만, 개인적인 차원에서도 자기 분야와 관련된 최신 기술이나 전문지식을 획득하기 위해 꾸준히 노력하는 건 정말 너무나 중요하다구. 어쨌든 너희들처럼 자발적으로 공부하려는 직원이 있으니 참 보기 좋다."

Y대 경영대학원 출신인 본부장은 지도교수에게 잘 부탁한다는 전화까지 넣어 주겠다는 말도 잊지 않았다.


다음 날이었다. 아침부터 악 부장이 이고은을 찾았다.

"고은 씨, 본부장님께 대학원에 대해 뭐 말한 거 있습니까?"

"글쎄요. 지난번에 지나가는 말로 이번 학기에 대학원 진학을 하게 되었다는 말씀을 드린 적은 있습니다만."

이고은이 뜨끔한 마음을 감추며 애써 태연하게 말했다.

"허허. 그래요. 이것 참, 어떻게 해야 하나."

이고은은 악 부장의 다음 말을 숨죽이며 기다렸다.

"본부장님께서 직원들이 자기계발을 하는 데 적극적으로 협조를 해 주라고 하시는데 고은 씨도 알다시피 지금 우리 팀 상황이 그렇지 않습니까?"

"……."

"자기계발을 하고 있을 상황이 아니라는 거죠. 참, 오전에 맡긴 보고서는 다 작성했나요?"

악 부장이 뱀처럼 가는 눈을 번뜩이며 말했다.

"그건 다음 주 초까지 제출하라고……."

"그랬었죠. 그런데 아무래도 내일 아침까지는 완성이 돼야 할 것 같아요. 내일 오전에 간부회의가 있는데 그 안건이 상정되어 있습니다. 대학원 수업을 듣는 것도 좋지만 일단 회사 일을 열심히 하면서 현장에서 배우는 게 우선 아니겠습니까?"

결국 대학원 수업에 가지 말라는 이야기였다.

"알겠습니다, 부장님."

자포자기한 심정으로 이고은이 대답했다. 어차피 악 부장이 작정하고 반대하는 이상 이번 학기 그녀의 대학원 진학은 그림의 떡이 될 게 뻔했다.

"후배, 안 가?"

퇴근시간이 다 되도록 자리에 앉아 있는 이고은을 보고 한리더가 물었다.

"저 아무래도 이번 학기는 어려울 것 같아요. 보시다시피……."

이고은은 악 부장이 잔뜩 던져 두고 간 서류더미를 한리더에게 보여 주며 한숨을 쉬었다.

"내일까지 다음 달에 출시할 신상품의 소비자 선호도 조사표를 완성해 놓으래요."

"정말 너무하는 군."

사무실의 책상들을 둘러보며 한리더가 말했다. 화장품팀의 다른 직원들은 이미 모두 퇴근한 후였다. 한리더는 이고은의 책상에 쌓인 서류 뭉치들을 정리해서 자신의 가방에 넣었다.

"일어나, 후배. 일단 오늘 수업 같이 듣고 숙제는 이따 수업 끝나고 같이 해 보자고."

"그래도 될까요?"

어차피 오늘 밤 혼자 사무실에 남는다고 해결될 일이 아니라는 것을 이고은도 잘 알고 있었다.

"저, 그럼 한 대리님만 믿을게요."

왠지 한리더라면 정말로 자신을 도와줄 수 있을 것 같다는 막연한 믿음으로 이고은은 자리에서 일어났다. 지하철을 타고 Y대 앞에 도착했을 때 한리더가 시계를 보며 말했다.

"수업 시작하려면 30분 정도 남았는데 우리 우동이나 먹고 갈까?"

그렇지 않아도 배가 고팠던 이고은의 눈에 구내식당이 들어왔다.

"그럼, 시간도 얼마 없는데 저기서 먹을까요?"

두 사람은 구내식당으로 향했다. 매점에서 식권을 사서 우동을 배식받자 왠지 대학시절로 돌아온 것 같은 느낌이 들었다.

"고마워요, 대리님. 저 거의 포기하고 있었거든요. 이렇게 Y대 구내식당에 앉아 밥을 먹다니 정말 꿈만 같아요."

"뭐, 꼭 가방끈을 늘이는 게 대수는 아니지만 자기 분야에서 전문가가 되려면 꾸준히 뭔가를 연마해야 할 것 같아. 난 마케팅 일이 좋고, 이 일을 계속하려면 이쪽으로 안테나를 계속 세워 둬야 할 것 같아서……."

한리더가 평소 지니고 있던 자신의 소신을 조금 드러내 보였다.

"우아. 멋있어요."

"정말? 정말 내가 멋있어?"

"네, 뭐……."

"그럼 우리 정식으로 데이트 한 번만 하면 안 될까?"

한리더가 농담 반, 진담 반으로 말했다.

"한 대리님!"

또다시 이고은이 정색을 하며 화를 냈다. 이제 제법 친한 사이가 되었다고 생각하는 한리더와 달리 이고은은 여전히 두 사람의 관계에 확실한 선을 그어두고 있었다.

"나라면 한번 해 주겠다. 혹시 알아? 나중에 내가 엄청 성공할지? 그때 가서 후회하지 말고 나에 대해서 좀 긍정적으로 생각해 봐. 알고 보면 괜찮은 놈이라구."

"대리님 혹시 저한테 대학원 수업 같이 듣자고 한 게 딴 맘 있으셔서 그런 거예요? 그렇다면 정말 곤란해요. 그렇지 않아도 악 부장 때문에 힘든데 대리님까지 그러시면 진짜 휴학을 하든지 자퇴를 하든지 고민해 봐야겠어요."

그녀의 강경한 태도에 한리더는 얼른 화제를 돌렸다.

"아우~ 아니야, 후배. 자, 우동 먹어. 다 불겠다."

대학원 수업을 마치고 공교롭게도 교수님과 뒤풀이를 하는 자리가 이어졌다. 입학 후 처음으로 갖는 술자리인데다 교수님까지 적극적으로 나섰기 때문에 두 사람은 꼼짝 못하고 따라갈 수밖에 없었다.

대학원 뒤풀이라 그저 형식적인 인사만 하고 끝날 것이라고 생각한 게 큰 오산이었다. 오히려 그 반대였다. 갓 대학을 졸업한 20대부터 50대의 회사 중역까지 다양한 사람들로 구성된 멤버들은 의외로 마음이 잘 맞았다. 그러다 보니 2차까지 가게 되었고, 결국 두 사람이 자리에서 일어선 시간은 새벽 2시가 다 되어서였다.

한리더는 빼지 않고 술을 잘 마시는 이고은의 모습을 보며 의외라고 생각했다. 오히려 술을 마시지 못한 사람은 자신이었다. 행여 술에 취하면 이고은을 데려다 줄 수 없을까봐 걱정된 탓이었다.

"후배, 집이 어디야? 내가 데려다 줄게."

"네에? 걱정 마세요. 택시 타고 가면 돼요."

기분 좋게 술이 취한 이고은이 웃으며 대답했다.

"안 돼. 요즘 부녀자 납치 사건 때문에 세간이 얼마나 떠들썩한데……."

'부녀자'라는 말에 이고은이 깔깔깔 웃었다.

"대리님, 너무 웃기세요."

이고은이 웃고 있는 동안 택시가 두 사람 앞에 섰고, 한리더는 이고은을 먼저 택시에 태우고 이어 자기도 올라탔다.

"후배, 집이 어디냐니까?"

"삼성동이요."

"삼성동으로 가 주세요."

한리더가 택시 기사에게 말했다.

"삼성동 어디야? 설마 드림파크는 아니지?"

한리더가 농담으로 말했다.

"어머, 어떻게 아셨어요. 거기 맞아요."

순간 한리더는 흠칫했다. 처음 봤을 때부터 부모님의 사랑을 듬뿍 받고 자랐겠다는 느낌은 있었지만 드림파크에 살 정도로 부잣집 딸일 거라고는 생각하지 못했던 것이다.

"뭘 그렇게 놀라세요? 저랑 결혼할 것도 아니면서."

어느새 술이 깬 이고은이 심드렁하게 말했다.

"기사님, 대치동 백마아파트로 가 주세요."

"뭐야, 거짓말이야? 깜짝 놀랐잖아."

"왜요? 제가 재벌 딸이라도 되는 줄 아셨어요? 그래서 실망하신 거예요?"

"실망은 무슨……. 사실은 그 반대야. 얼굴도 예쁜 후배가 집안까지 좋아 봐."

한리더의 얼굴에는 진심이 어려 있었다. 이윽고 택시가 백마아파트에 도착했다. 한리더는 이고은이 엘리베이터를 타고 무사히 올라가는 것을 보고서야 발길을 돌렸다.


"아니 말만 한 계집애가 이 시간에……."

이고은의 언니는 여동생의 갑작스러운 방문에 호들갑을 떨었다.

"집에 전화는 한 거야?"

"엄마 전화 안 왔어? 언니 집에서 자고 내일 바로 출근한다고 말씀 드렸는데……. 나 통금시간 전에 들어 온 거다."

딸만 둘뿐인 이고은의 집은 어려서부터 귀가 시간이 엄격했다. 고등학교 때까지는 엄마가 두 자매를 실어 날랐고 대학생이 된 이후부터 지금까지는 통금시간이 정해져 있었다.

"언니, 자다가 일어난 거야? 피곤하지 않으면 내 얘기 좀 들어 줘."

잠옷 바람의 언니는 오랜만에 찾아온 동생이 밉지는 않은지 졸린 눈을 비비면서도 계속 옆에 앉아 있었다.

"언니, 결혼해서 사니까 좋지? 나도 그냥 나 좋다는 남자 만나서 결혼이나 해 버릴까? 요즘 우리 부장 등살에 못 살겠어. 눈빛은 음침한 게, 아우, 너무 싫은 거 있지?"

"네 나이가 몇 살이라고 벌써 결혼이야? 그리고 요즘은 옛날이랑 달라서 남자들도 좋은 직장에서 일 잘하는 여자를 좋아하지, 얼굴 예쁘고 곱게 자랐다고 시집 잘 가던 시대는 지났어."

일찍 결혼을 해서 제대로 된 직장생활 한 번 못 해 본 언니는 늘 동생에게 결혼은 좀 늦게 해도 된다고 말하는 주의였다.

"알았어, 언니. 난 백 살쯤 결혼해야겠다. 나 별명이 백살공주잖아."

언젠가 조카가 그녀에게 보여준 '백살공주' 그림을 떠올리며 이고은이 웃으며 말했다. 아직 맞춤법을 다 익히지 못한 조카가 '백설공주'라고 그린 그림 옆에다 '백살공주'라는 이름을 써 놓았던 것이다.

"언니, 그럼 나 민아 방에 가서 잘게. 너무 졸린다."

이고은이 조카 방으로 건너가며 말했다. 일곱 살짜리 예쁜 조카는 벌써 꿈나라에 가 있을 것이다. 핑크빛으로 꾸민 조카의 공주 침대에 눕자마자 이고은은 자기도 모르게 곯아떨어졌다.

한편 자취방으로 돌아온 한리더는 가방에서 악 부장이 건넸다는 문서들을 펼쳐보았다. 그것들을 대략 요약해 본 바에 의하면 최근 화장품팀에서 계획하고 있는 신제품의 시장 출시 가능성을 조사한 후 마지막으로 소비자의 구매의사까지 보고하라는 것이었다.

이제 갓 입사해서 부서를 옮긴 지 이주일도 안 된 이고은에게 이런 일을 맡기다니 아무리 악 부장이지만 너무한다는 생각이 들었다. 그때 문득 전문가의 말이 생각났다.

"악 부장의 손아귀에서 벗어나는 길은 처음부터 기를 눌러 놓는 것 말고는 없어. 원래 그 사람이 강한 자에게 약하고 약한 자에게 강하잖아. 악 부장 밑에 있는 악 과장 봐라. 모두가 떠나가는 화장품팀에서 잘 버티고 있잖아. 그게 왜 그렇겠어. 어쨌거나 손 댈 것 없이 자기 일 잘하니까 악 부장도 뭐라고 못 하는 거잖아. 나핸섬만 해도 그래. 이미 악 부장을 구워삶아 놨다던데?"

한리더는 어떻게 해서든 악 부장의 손아귀에서 이고은을 구해내고 싶었다. 그래서 밤을 새워서라도 악 부장이 원하는 자료를 만들어 놓아야겠다고 생각했다. 다행히 화장품팀의 신제품은 생활용품팀에서 이미 시장조사를 한 바 있는 선크림 제품이었다. 생활용품팀에서 지난번 자외선차단 샴푸를 출시할 때 조사해 두었던 자료들을 잘 활용하면 의외로 일이 쉽게 풀릴 것도 같았다.

시간이 흘러 보고서 작성이 거의 끝났을 무렵 한리더는 놀라운 사실을 발견했다. 밤을 새워 일을 했건만 전혀 피곤한 기색이 느껴지지 않는 것이었다.

'사랑의 힘이란 게 이런 건가?'

한리더는 USB에 보고서를 옮겨 담은 후 서둘러 출근 준비를 했다. 지금 출발하면 회사 앞 해장국집에서 콩나물국밥을 먹을 시간은 있을 것 같았다.

# 검의 고수엔 검으로 승부하지 말라

　성공한 사람들의 공통점은 하나같이 남들과는 다른 차별화된 삶을 살았다는 점이다. 마케팅도 마찬가지다. 시장에서 히트한 상품은 다른 상품과 달리 특별한 뭔가가 있다. 똑같으면 삼류다.

　서울대 송병락 교수는 "검의 고수엔 칼로 덤비지 마라"는 말을 남겼다. 이어지는 내용을 인용한다.

　"일본의 사무라이들이 미국의 페리 제독 앞에 무릎을 꿇고 나라를 개방할 1853년 당시 세계에서 칼싸움을 제일 잘한 사람들은 아마 그들이었을 것이다. 만약 미국인들이 칼싸움으로 일본인들을 이기려고 했다면 이기지도 못하고 무수한 생명만 잃었을지도 모른다. 그러나 미국인들은 칼싸움 한번 하지 않고 사무라이들을 무릎 꿇게 했다. 어떻게 했던가. 자동권총으로 했다. 손자병법이 강조하는 전략은 싸우지 않고 이기는 부전승(不戰勝)의 전략이다. 당시 자동권총으로 싸우는 전략은 일본인이 아닌 미국인만이 할 수 있는 것이었다. 전략의 세계적 전문가인 마이클 포터 하버드대학 경영대 교수는 유행가에 나오는 말처럼 '아무나 할 수' 있는 것을 더 잘하는 것은 전략이 아니고, 나만이 할 수 있고 '부전승할 수 있는 전략'만이 참 전략이라고 했다.

미국 군인들이 베트남에서 월맹과 전쟁할 때 월맹 군인들에게 미국식 전쟁방식이 곧 글로벌 스탠더드이므로 전쟁을 이에 맞게 하자고 했다. 전쟁을 땅굴을 파고 게릴라식으로 할 것이 아니라 투명하게 하자고도 했다. 월맹군 내부에서도 이런 주장에 동조하는 군인들이 없지 않았다. 만약 월맹 군인들이 미국식으로 투명한 전쟁을 했더라면 '한 달'을 버티지 못했을지도 모른다. 자신들만이 할 수 있는 전략으로 세계 최강군대인 미군을 이겼던 것이다. 천하 최강의 적과 싸우더라도 '나만의 부전승 전략'을 찾을 수 있다는 것이 병법(兵法)의 요체다. 이런 전략도 없으면서 강한 적을 맞이해 적의 전략대로 싸움을 하는 것은 스스로 패배의 길을 걷는 것이다."

# 제휴
## 혼자서 다 해내려고 하지 말라


한리더가 사무실에 들어섰을 때 예상했던 대로 이고은이 자신을 기다리고 있었다. 그가 들어오는 것을 발견한 이고은은 자리에서 일어나 종종걸음으로 그에게 다가왔다.

"대리님, 오늘 따라 왜 이리 늦으셨어요. 아침부터 계속 기다렸단 말이에요. 혹시 서류는……?"

악 부장의 호출이 두려워 조바심을 내는 이고은을 보자 한리더는 장난기가 발동했다.

"무슨 서류? 아, 그거? 어떡하지? 집에 두고 와 버렸네."

"뭐라고요?"

놀라서 토끼눈이 돼 버린 이고은은 마치 기절이라도 할 것 같았다.

"겁도 없이 다짜고짜 술 마실 때 알아봤어. 자, 이거."

한리더가 자신의 휴대폰 고리로 달고 있던 USB를 떼서 이고은에게 내밀자 이고은이 눈을 동그랗게 뜨고 한리더를 쳐다보았다.

"뭐예요, 이게?"

"열어 봐. 마음에 들면 점심 때 해장국 한 그릇 사 주고."

한리더의 자신 있는 말투에 이고은의 얼굴이 환해졌다.

"한 대리님!"

마음 같아서는 엉덩이라도 두드려 주고 싶다는 표정으로 이고은이 한리더를 쳐다보았다. 하지만 당장은 악 부장에게 보고할 문서를 검토하는 것이 급선무였다.

"고맙습니다, 대리님. 이따 뵐게요."

자리로 돌아온 이고은은 한리더가 준 USB를 컴퓨터에 연결했다. 그리고 이동식디스크를 클릭하자 파일 하나가 눈에 들어왔다.

〈이고은^^한리더〉

유치한 파일명이라고 생각했지만 그런 생각은 곧 사라져 버렸다. 파일을 클릭하자 누가 봐도 눈에 쏙쏙 들어올 만한 근사한 파워포인트 파일이 그녀를 기다리고 있었다.

[신제품 선크림 기획안 '태양을 피하는 법']

제목도 재미있었지만 내용은 더욱 완벽했다. 마법사가 아니고서야 단 하룻밤에 이렇게 완벽한 보고서를 작성하는 것은 불가능했다.

'뭐야, 저 선배! 해리포터 아니야?'

엉뚱한 용기 하며, 어디서 나오는지 도무지 알 수 없는 순발력, 무엇보다 동료를 사랑하는 마음이 해리포터를 연상시켰다. 그리고 자신은 해리포터의 절친한 파트너 헤르미온느가 된 것 같았다. 헤르미온느가 아무리 지혜로워도 늘 운이 따라 주는 해리포터가 함께해야 더 빛을 보듯 이 순간만큼은 자신 역시 한리더의 덕을 톡톡히 보고 있다는 생각이 들었다.

해리포터에게 은혜를 갚는 일은 나중으로 미루고 일단 악 부장에게 보고서를 넘겨야 한다고 생각한 이고은은 인쇄 버튼을 누르고 프린트기 앞으로 다가갔다. 언제 왔는지 악 부장이 징그러운 웃음을 보이며 그녀 앞에 서 있었다.

"아이고, 우리 고은 씨. 어젯밤 고생 많았지?"

"네, 조금……."

이고은은 애써 화를 누르고 출력되는 문서들을 가지런히 정리해서 악 부장의 자리로 가져갔다.

이고은이 올린 보고서를 보자마자 악 부장의 얼굴에 믿을 수 없다는 표정이 그려졌다. 그러고는 곧 흡족한 얼굴로 팀원들을 향해 큰 소리로 외쳤다.

"자, 팀 회의 바로 진행하지. 고은 씨는 팀원 수대로 보고서 출력해서 들어오고."

이고은이 제출한 보고서를 토대로 한 팀 회의는 순조롭게 진행되었다. 모두들 보고서 내용에 만족했고, 보고서대로만 간다면 시장 선점은 시간문제라는 것이 모든 팀원들의 의견이었다.

팀 회의 후 악 부장은 보고서를 가지고 곧장 본부장실로 올라갔다. 보고서의 작성자는 어느새 악 부장의 이름으로 바뀐 채였다. 하지만 본부장은 한눈에 이 보고서의 작성자가 한리더라는 것을 알아봤다. 한리더의 파워포인트 실력은 회사에서도 알아주는 수준급이었기 때문이다. 어떻게 해서 악 부장이 이 보고서를 자신의 이름으로 제출했는지는 모르지만 그가 부하들의 공을 가로채는 일이야 어제오늘 일이 아니었으므로 별다른 추궁은 하지 않았다.

"수고했습니다. 지난주에 생활용품팀에서도 비슷한 컨셉으로 올라온 보고서가 있습니다. 어차피 동일 브랜드로 출시될 예정이니까 TF팀을 꾸려서 성공적인 론칭을 노려 봅시다. 특히 기능성 화장품의 경우 디자인이나 광고 못지않게 품질이 중요하니까 제품의 기술제휴에 가장 큰 힘을 싣도록 하세요. 판매원은 우리 회사가 되더라도 제조원은 그쪽 방면에서 가장 뛰어난 기술을 지닌 회사를 선택하세요. 요즘 소비자들은 똑똑해서 그런 것까지 꼼꼼히 챙겨 봅니다. 그리고 PR사도 마찬가지입니다. 아무리 좋은 제품을 만들어도 제품의 홍보가 제대로 되지 않으면 도루묵이 되는 것 알고 있지요? 요즘 가장 잘나가는 PR사로 다시 선정하세요. 앞으로 생활용품팀과 화장품팀의 긴밀한 공조관계가 필요할 것 같으니 악 부장이 직원 화합에 힘써 주시고."

A브랜드의 TF팀은 최현명을 팀장으로 해서 생활용품팀의 한리더, 화장품팀의 이고은과 나핸섬 그리고 장혜수, 이렇게 다섯 사람으로 꾸려졌다. TF팀은 매일 아침 회의를 하는 것을 시작으로 광고 제작, 드라마 PPL, 언론 PR 등 여러 가지 전략을 놓고 바쁘게 움직였다.

그런데 예상 못한 사건이 벌어졌다. TF팀 팀장을 맡은 최현명이 '아랫것들' 만의 비밀 회식을 잡았는데, 이유가 다름 아닌 그의 사직이었던 것이다. 충격적인 소식에 한달음에 몰려온 '아랫것들'은 모두 호기심을 숨기지 않으며 술렁거렸다. 잘나가는 회사로부터 좋은 조건으로 스카우트되어 간다는 소문도 들려왔다.

"안녕하십니까, 여러분!"

최현명의 인사에 사원들은 뜨거운 함성과 박수로 화답했다. 호프집 하나를 통째로 예약했기 때문에 다른 사람들을 의식할 필요가 없었다. 평소 회사생활을 잘하고 동료들과 교분이 짙었던 최현명이었기에 많은 사람들이 자리를 함께했다. 최현명이 말을 이었다.

"신입사원 시절부터 8년 동안 하루도 빠짐없이 CS(주)로 출근을 했는데 막상 떠난다고 하니 시원섭섭합니다. 특히 제 자식처럼 키워 온 A브랜드가 시장에 출시되는 걸 보지 못하고 가게 돼서 제일 아쉽습니다. 대신 한리더 대리를 비롯한 여러분들이 제 자식을 잘 키워 주시리라 믿어 의심치 않습니다. 지금 비록 이 회사를 떠나지만 마음은 항상 여러분과 함께 있다고 생각하고 언제라도 어려운 일 있으면 저 최현명을 찾아 주십시오."

후배들은 마지막 가는 길까지 자신이 담당했던 브랜드를 아끼는 최현명의 모습에 모두 감동한 얼굴이었다. 그 때 누군가 모두가 궁금해하던 질문을 던졌다.

"선배님, 이곳에서도 모든 사람들로부터 인정받으셨는데 이직을 하시는 이유가 뭔지 궁금합니다."

후배의 질문에 최현명이 여유 있는 미소를 보냈다.

"왜, 박수칠 때 떠나라는 말이 있지 않습니까. 여러분도 앞으로 경험하게 되겠지만 회사생활을 하다 보면 반드시 굴곡이 있습니다. 마치 주식시장에서 종합주가지수의 큰 흐름과 같다고 보면 되죠. 우리 자신을 상품이라고 생각해 보세요. 분명 몸값이 뛸 때와 떨어질 때가 있겠지요? 여러분 같으면 여러분의 가치를 언제 팔겠습니까? 누구라도 당연히 주가가 가장 높을 때 팔 겁니다. 저는 지금이 바로 이직의 타이밍이라고 생각했습니다."

후배들에게 자신의 이직 배경을 숨김없이 털어놓는 최현명을 모두 부러움 반, 존경 반의 눈길로 쳐다보고 있었다.

"그런데 선배님, 어떤 회사에 어떤 조건으로 가시는지 여쭤 봐도 될까요?"

쉽게 던지기 어려운 당돌한 질문이었다. 실제로 회사에서도 최현명의 행보에 대해서는 소문만 무성했지 실체를 아는 사람은 없었다.

"여기서 모든 것을 공개하기는 좀 그렇고, 천천히 이야기합시다. 다만 한 가지, 원하는 것이 있으면 적극적으로 도전하라고 강조하고 싶습니다. 여러분 중에는 분명 승진이나 이직을 희망하는 분들이 있을 겁니다. 그렇다면 적극적으로 시도해 보세요. 아직 준비가 되지 않았다면 지금부터라도 준비하면 됩니다. 자, 건배!"

최현명의 건배 제안에 모두들 잔을 부딪치며 술을 마시기 시작했다. 많은 인원이 모여서 함께하는 술자리였기 때문에 대부분의 사람들은 자리를 옮기며 이 사람 저 사람과 이야기를 나눴다.

하지만 한리더는 마음 편히 술을 마실 수가 없었다. 최현명 선배가 빠지고 나면 그 자리에 악 부장이 들어올 게 뻔했기 때문이다.

악 부장은 입사 때부터 한리더를 좋아하지 않았다. 한리더 역시 악 부장이 마음에 들지 않았지만 지금까지는 같은 팀이 아니었기 때문에 거의 부딪힐 일이 없었다. 하지만 이제 TF팀에서 함께 일하게 되면 사사건건 그를 못 살게 굴 것이 뻔했다. 한리더는 심란한 마음에 술이 어디로 들어가는지도 모르게 계속해서 잔을 들었다.

"어이, 친구. 아까부터 왜 그리 혼자 술을 드시나?"

전문가였다.

"최현명 선배가 떠난다니 섭섭하지? 너한테 잘해 줬는데……."

"회자정리지 뭐."

한리더가 애써 아무렇지도 않은 듯 말했다.

"그나저나 저 두 사람, 너무 가까운 것 같지 않냐?"

전문가가 맞은편에 앉아 있는 이고은과 나핸섬을 가리키며 말했다. 그제야 이고은과 나핸섬이 무척 친밀한 모습으로 술을 마시고 있는 것을 발견한 한리더는 순간 화가 치밀어 올랐다.

"자, 나핸섬은 그만 째려보고 2단계 작전으로 들어가자."

전문가가 한리더의 등을 툭툭 치며 말했다. 귀가 솔깃해진 한리더가 되물었다.

"지금부터는 머리싸움이야. 네가 이고은과 게임을 한다고 생각해. 게임에서 이기려면 한시도 방심해선 안 된다는 걸 알고 있겠지? 앞으로 공격과 방어를 동시에 해야 하는 고난도 게임이 펼쳐질 거야."

전문가가 자신 있는 목소리로 말했다.

"일단 여성을 공략할 때 쓰는 일반적인 방법부터 시도해 보자. 이른바 선물 공세. 너, 소비자들이 사은품에 약한 거 알지?"

"특히 우리나라 소비자들이 그렇지."

"그걸 노리는 거야. 우리나라 소비자들은 가격을 몇 푼 내리는 것보다 몇 푼 안 되는 사은품을 끼워 주는 걸 더 좋아해. 가격보다는 가치에 관심이 많다는 거지."

그는 왜 유통업계에서 가격이 싼 월마트가 철수하고 이마트가 부동의 1위 자리를 지키고 있는지에 대한 예를 들어 가며 소비자의 심리에 대한 얘기를 늘어놓았다.

"고은 씨도 마찬가지야. 나핸섬 저 녀석이 집안도 좋고 얼굴도 훤칠하지만 내가 볼 땐 네가 훨씬 더 가치가 있어. 그걸 어필해야지."

한리더는 그래도 친구라고 자기편을 들어 주는 전문가가 고마웠다.

"항상 생각하는 거지만 정말 고맙다, 친구. 잘해 볼게."

전문가가 화장실을 가느라고 잠시 자리를 비우자 이번에는 장혜수가 얼른 한리더의 옆자리로 다가와 앉았다.

"드디어 선배 옆에 앉았네. 아까부터 계속 기회만 엿보고 있었지 뭐야."

대학 때 같은 동아리에서 활동했던 장혜수는 사적인 자리에서는 여동생처럼 행동했고 말도 낮추었다.

"선배 오늘 되게 심란해 보여."

"그래, 이 오라버니가 오늘 무척 심란하다."

"고은 씨 때문이지?"

장혜수가 여우처럼 가늘게 눈을 뜨고 슬쩍 눈을 흘기며 물어보았다. 갑작스러운 그녀의 질문에 한리더는 적잖이 당황했다.

"괜찮아. 고은 씨 내가 봐도 매력 있는데 뭐. 그래서 말인데, 선배 우리 제휴 맺자."

"제휴?"

"선배한테만 말하는 건데……. 비밀 지켜. 나, 실은 나핸섬 좋아해. 그러니까 우리 저 두 사람 떼어 놓자."

한리더는 장혜수의 용기가 놀라울 뿐이었다. 자신보다 연하의 부하 직원을 좋아한다는 사실도 놀랍지만 거기에 굴하지 않고 당당히 쟁취 하려는 그녀의 모습에 존경심마저 들 지경이었다.

"일단 여기서 나가자. 어디 가서 둘이서 조용히 작전을 짜 보자고."

장혜수가 가방을 챙겨들며 말했다. 두 사람은 최현명에게 인사를 하고 밖으로 나갔다. 최현명은 한리더에게 따로 자리를 마련하자는 말로 그간의 친분관계를 다시금 확인시켜 주었고, 한리더 역시 꼭 그 렇게 하자며 최현명의 두 손을 꽉 잡았다.

한리더와 장혜수는 와플과 아이스크림이 나오는 아이스크림 가게 로 자리를 옮겼다.

"근데, 고은 씨도 여행 되게 좋아하나 보던데?"

"정말이야?"

"우연히 입사지원서를 봤는데 취미가 여행이래. 이미 유럽이랑 동 남아, 일본, 캐나다 등등 갈 만한 곳은 다 다녀왔던데?"

얌전하게 생긴 이고은에게 그런 면이 있을 줄은 전혀 몰랐기에 한 리더는 의외라는 듯 고개를 갸우뚱했다.

"고은 씨 영어도 되게 잘 한대. 국문과 출신이지만 영어 실력이 좋아서 뽑혔다잖아."

회사 정보통답게 장혜수는 이고은에 대해 모르는 게 없는 것 같았다.

"그리고 집안도 엄청 좋은 것 같던데? 선배 알고 있었어?"

"아냐, 고은 씨 평범한 집 딸이야. 내가 알아."

얼마 전 이고은을 집까지 바래다 준 것을 떠올리며 한리더가 말했다.

"어, 이상하다. 내 정보 라인은 되게 정확한데……."

그나저나 한리더는 장혜수가 어떻게 나햄섬을 차지할 생각을 했는지가 궁금했다.

"그런데 나햄섬이랑 진전은 있는 거야?"

"사실, 나햄섬은 나한테 관심이 없어. 지금은 고은 씨에게 빠져 있으니까."

그런 말을 하면서도 전혀 우울해 하거나 부끄러워 하지 않는 그녀가 한리더는 왠지 대단하게 느껴졌다.

"그런데 너는 괜찮니?"

"물론 안 괜찮지. 하지만 걱정 안 해. 지금은 비록 나햄섬이 고은 씨를 좋아하지만 언젠가는 나를 좋아하게 만들 테니까."

한리더는 그녀의 자신감에 다시 한번 혀를 내둘렀다. 그리고 보니 그녀는 대학 때부터 마음에 둔 남자들을 하나같이 자신에게 넘어오게 하고 마는 매력이 있었다.

"이번에도 두고 봐. 나햄섬이 꼭 내게 넘어오도록 할 테니까."

한리더는 자신만만한 장혜수가 부러웠다.

"혜수야, 대학 때부터 너한테 궁금한 게 있었는데……. 무슨 비결이 있니? 그러니까, 연애를 잘하는 비결 같은 거라도 있냐고?"

한리더의 조심스러운 말투에 장혜수가 웃으면서 대답했다.

"있지. 잘 들어, 선배. 그러니까 일단 자신감을 갖는 것이 가장 중요해. 나는 누군가에게 사랑을 받을 만한 가치가 있는 사람이라는 자기확신을 갖는 거지. 왜, 연애도 해 본 사람이 잘하잖아. 직장도 마찬가지야. 좋은 직장 다니다가 좋은 데로 옮기는 사람 보면 다음에도 또 좋은 데로 가잖아."

"맞아. L 녀석이 그랬지. 그다지 실력이 좋아보이지도 않는데도 옮겼다 하면 좋은 곳이잖아."

"내가 볼 때 사랑도 일이랑 크게 다르지 않은 것 같아. 자신감 있는 사람이 승리하고, 도전하는 사람이 쟁취하지. 물론 쟁취하기 위해서는 부단히 노력하고 머리를 써야겠지만."

"그럼 너는 항상 머리를 쓰는 스타일이니?"

이참에 한리더는 연애 전략이라는 것을 확실히 배워 둬야겠다고 굳게 마음먹었다.

"그렇지. 난 작전 짜는 걸 좋아해. 좀 전략적인 편이지. 일단 좋아하는 사람이 생기면 어떻게든 두 사람이 따로 만날 자리를 만들어. 물론 상대방이 처음부터 다 내게 호감을 갖는 것은 아니야. 하지만 시간이 지날수록 나를 좋아하게 돼. 왜냐하면 내가 그들을 길들이거든. 나 없이는 아주 못살게 만들어 버리고 마는 거지."

장혜수가 와플 위에 얹힌 아이스크림을 떠먹으며 말했다.

"어떻게?"

"처음에는 귀찮을 정도로 같이 있는 시간을 많이 만들어. 솔직히 상대가 좀 부담스러울 정도로. 하지만 나중에는 그게 익숙해져서 내가 없으면 허전해 해. 시간이 날 때면 나를 떠올리게 되지. 그러면 그 다음부터는 전세가 역전돼. 자기들이 나한테 연락을 해 오지."

장혜수의 말을 들으면서 한리더는 과연 이고은에게도 그런 전략이 먹힐까 몹시 궁금했다. 하지만 지금은 이것저것 따질 형편이 아니었다.

"그런데 이번에는 나 혼자 노력한다고 될 상황이 아닌 것 같아서 선배한테 말하는 거야. 나핸섬에게로 가는 길목에 고은 씨가 있으니 선배가 좀 데려가 줘. 우리 상호전략적으로 제휴를 맺어서 윈윈하자."

장혜수가 결연히 말했다.

"제휴라는 게 각각의 핵심역량을 찾아서 공동으로 싸우는 건데……. 내가 도움이 될지 모르겠네."

한리더가 자신 없는 목소리로 말했다.

"선배. 지금 그런 거 따질 때가 아니야. 내게 도움이 될 생각을 하지 말고, 선배와 나 두 사람 모두가 이기는 방법을 찾는다고 생각해."

장혜수가 눈을 초롱초롱 빛내며 말했다.

한리더는 왠지 둘 사이에 끈끈한 동지애가 생겨 난 것 같았다.

"선배, 지금부터 우린 동맹을 맺은 거다. 지금은 목표 달성만 생각하자. 언젠가 우리 네 사람이 부부 동반 모임을 하는 장면을 상상해 봐. 난 요즘 온통 그 생각뿐이야. 선배도 그것만 생각해. 알았지?"

# 적도 아군도 국경도 없는 디지털 컨버전스 시대다

다음(Daum)이 가장 두려워하는 것은 네이버(Naver)가 아니라 SK텔레콤이다. 이들은 신용카드 회사와도 신경전을 벌이고 있다. 백화점의 가장 큰 적은 다른 백화점이나 할인점이 아닌 홈쇼핑이다. 여기에 막대한 자금력으로 무장한 다국적 기업들의 적대적 M&A까지 겹친다. 즉, 전략적제휴가 21세기 기업의 생존을 좌우하는 핵심가치로 급부상하고 있다. 곳곳에서 전개되는 합종연횡(合從連橫), 즉 공동마케팅은 '꿩 먹고 알 먹자'는 상생(win-win)에 기반한다.

마케팅 전략 가운데 PPL(Product in Placement)이라는 게 있다. PPL은 영화나 드라마 같은 영상 속에 회사의 상품이나 브랜드 또는 서비스를 자연스럽게 등장시킴으로써 관객(소비자)들 무의식 속에 해당 상품에 대한 이미지를 각인시키는 마케팅 기법이다. 시청자에게 거부감을 주지 않으면서 상품을 친밀하게 인지시키는 간접광고인 셈이다.

매스미디어의 발전과 더불어 PPL이 급성장하고 있다. 이는 광고와 달리 비교적 적은 금액으로 고객에게 거부감 없이 다가설 수 있다는 이점 때문이다. 하지만 이러한 PPL은 해당 영화나 드라마의 흥행 여부에 지대한 영향을 받게 마련이므로 필연적으로 위험이 따른다.

영화 '007' 시리즈에 등장하는 모든 소품은 PPL 대상이다. 17번째 시리즈 「골든아이」에서 선보인 BMW Z3은 독일 BMW가 미국 시장을 겨냥해 최초로 미국 현지에서 생산한 모델로, 영화에서 벤츠(BMW와 업계 라이벌)를 탄 악당들의 추격을 물리치는 장면은 비교광고에 가까웠다는 평을 받았다.

분야와 시간과 공간을 초월하여, 또한 연령이나 성별과 관계없이 누가 나와 상생할 파트너가 될지는 아무도 알 수 없는 세상이다. 진정 나의 전략적제휴처(애인 혹은 업무)는 어디에 있는지 차분히 고민해 보자.

I Marketing | **3장** |

# 나를 디자인하라

# 커뮤니케이션
## 상대방과 코드를 맞춰라

✉ 안녕하세요? 산업용품팀 전문가입니다.

다름이 아니라 '아랫것들' 만의 시간을 가지려 합니다.

오는 주말에 을왕리 해수욕장으로 MT를 갑니다.

참석 대상자는 마케팅본부의 과장급 이하 아랫것들로 국한합니다.

이번 MT는 사회초년생인 35기를 위해 특별히 준비된 행사인 만큼

신입사원은 한 분도 빠짐없이 참석해 주시기 바랍니다.

본 내용은 사내 보안이며, 참석 여부를 내일까지 알려주시기 바랍니다.

전문가 보냄.

갑작스러운 전문가의 메일에 한리더는 적잖이 당황했다. '아랫것들' 만의 MT는 지금까지 한 번도 없었던 일이기 때문이다. 최현명이 퇴사를 한 후 아랫것들의 서열을 따지자면 전문가와 한리더가 일순위

였다. 그런데 자기에게 한마디 상의도 없이 무슨 꿍꿍이로 이런 행사를 마련했는지 궁금했다.

"이른바 인천상륙작전이지."

"인천상륙작전?"

"그래. 이번 기회에 구린 상사들 좀 배제하고 제대로 된 아이디어 좀 걷어 보려고. 회사에서 아무리 브레인스토밍을 해도 항상 윗선에서 잘리니까 매번 그 나물에 그 밥인 아이디어만 나오잖아. 그 책임은 결국 중간에 낀 우리가 짊어지게 되고. 35기도 들어오고 했으니 이제부터 우리도 제 목소리 내는 문화 좀 정착시키자."

그간 전문가가 얼마나 마음고생을 많이 했는지 알 수 있었다. 대기업의 특성상 상명하달식 지시가 많은데 이는 창의성이 생명인 마케팅 부서에서는 극약과도 같았다. 아무리 갓 잡아 올린 싱싱한 횟감도 썩은 물에서는 죽을 수밖에 없다는 것이 전문가의 논리였다. 한리더는 전문가의 의견에 적극 동의했다.

갑작스럽게 기획된 워크숍을 준비하는 과정에서 몇 가지 의사결정 사항이 있었다. 회사에는 비밀로 하고 비공개로 진행하는 방법을 생각했지만, 단체로 움직이는 모임이다 보니 언젠가는 들통 날 게 뻔했다. 따라서 두 사람은 정공법을 택하기로 했다. 전문가는 부서 팀장들에게 워크숍에 소요되는 후원금을 거두고, 한리더는 본부장에게 워크숍 진행에 대해 확답을 받는 역할을 맡기로 한 것이다.

한리더는 본부장의 비서에게 베이글과 커피를 사다 주며 개인적으로 본부장에게 보고할 사항이 있으니 가급적이면 본부장의 기분이 좋을 때 자신을 불러 줄 것을 요청했다.

뇌물이 통했는지 얼마 후 본부장이 사장 결재를 마치고 와서 기분이 좋아 보인다는 비서의 전갈이 왔다. 한리더는 미리 준비해 둔 신제품 실적표와 판촉품의서를 챙겨서 본부장실로 향했다.

"이번에 출시한 신제품 매출이 목표대비 30퍼센트를 초과해서 50억 정도로 마감할 것 같습니다. 그래서 이번에 한 번 더 강하게 드라이브를 걸 생각입니다."

"잘 했다. 비용은?"

"1억 정도 소요되고 추가매출은 15억 정도로 예상하고 있습니다. 매출 대비 6.7퍼센트 지원율로 손익도 양호한 편입니다. 들리는 정보에 의하면 경쟁사도 곧 프로모션을 준비하고 있다고 합니다. 그래서 우리가 기선을 제압할 목적으로 보름 정도 먼저 시작할 계획입니다."

"오케이. 그렇게 해라. 회사에서 마케터는 항상 자기 돈을 가지고 사업한다고 생각해야 한다. 내가 아는 경영학과 교수 중에 자기 사업을 시작한 사람이 있는데, 신문광고를 한번 낼 때마다 들어가는 수천만 원이 정말 효과가 있는지 몰라서 늘 막막했다고 하더라. 결국 쫄딱 말아먹고 다시 학교에서 학생들을 가르치고 있지만. 다시 한 번 강조하지만 회사에서 의사결정이 어려울 때는 '내 돈이라면 어떻게 할까?'라고 생각하면 답이 보인다. 여하튼 이번 프로모션은 한 대리가 힘을 써서 열심히 해 봐. 최현명이 빠진 자리가 크겠지만 너라면 할 수 있으리라 믿는다."

언제나 자신을 믿어 주는 본부장이 결재서류에 서명을 하는 것을 보면서 한리더는 조심스럽게 말을 꺼냈다.

"본부장님. 이번 주말에 사원들 워크숍을 가려고 합니다."

"가면 되잖아. 뭐가 문제지?"

"본부장님 승인이 필요할 것 같아서요."

"그것보다 필요한 게 따로 있어서겠지. 여기 있다, 법인카드. 알아서 긁어라."

뜻밖의 횡재였다. 본부장의 기분을 상하게 하지 않고 워크숍의 승인을 받는 것이 목적이었는데 법인카드라는 백지수표까지 얻게 된 것이다. 이렇게 되면 워크숍에 들어가는 비용은 해결된 것이나 다름없었다.

전문가와 한리더는 회사에 보고하기를 정말 잘했다며 좋아했다. 전문가도 팀장들에게 두둑한 찬조금을 받는 데 성공했고, 다행히 신입사원들도 모두 참석하겠다는 답장을 보내왔다.

금요일 오후, 평소보다 조금 일찍 업무를 마무리하고 CS(주)의 과장급 이하 직원들이 다함께 모여 워크숍을 떠났다. 을왕리까지 가는 리무진 버스가 있긴 하지만 오랜만에 배를 타 보고 싶다는 의견들이 많아서 인천까지 전철로 이동한 다음 부두에서 배를 타고 을왕리로 들어가는 코스를 선택했다.

배를 타고 바다를 가르자 모두의 입에서 탄성이 쏟아졌다. '아랫것들' 만의 워크숍이었기 때문에 상사들의 눈치를 볼 필요가 없다는 점에 대해 모두가 즐거워하는 분위기였다.

목적지에 도착한 일행은 우선 민박집에서 여장을 푼 다음 1시간 동안 자유시간을 가졌다. 탁 트인 바다를 바라보며 모두들 즐거워했고, 특히 신입사원들은 재기발랄한 모습으로 모래사장을 뛰어다니며 웃음꽃을 피웠다.

멀리서 신입사원들의 모습을 지켜보고 있던 한리더에게 전문가가 다가와 말했다.

"자, 지금부터 이 맥아더 장군의 활약상을 기대해도 좋아."

뜬금없는 전문가의 말에 한리더는 무슨 말인지 모르겠다는 표정을 지었다.

"아직도 인천상륙작전의 목적을 모르겠어? 오늘 MT의 절반은 너를 위한 거야."

그제야 한리더는 전문가가 굳이 아랫것들만의 워크숍을 기획한 의도를 알아차렸다. 그리고 친구의 성의를 생각해서라도 이고은과의 관계를 한 단계 더 진전시켜야겠다고 결심했다.

자유시간을 마치고 민박집으로 모인 일행은 'B브랜드의 포지셔닝 전략'을 주제로 자유토론을 가졌다. 사원들만의 모임인 만큼 자유롭게 자신의 아이디어를 이야기하고 누구도 다른 사람의 아이디어를 함부로 자를 수 없게 미리 못을 박아 놓았다. 먼저 B브랜드의 담당자인 한리더가 기조발제를 했다.

"B브랜드의 마케팅에 있어서 가장 중요한 것은 상반기 출시한 A브랜드와의 차별성입니다. A브랜드의 블루라벨 급이라고 생각하면 됩니다. 현재 A브랜드에 형성된 마니아층 가운데 좀더 고가의 상품이라도 기꺼이 구매하겠다는 의사를 가진 소비자층을 공략한 제품입니다. 경쟁상품으로는 최근 J사가 출시한 수분 라인이 있습니다. 우리는 여기에 비컬리 라인과 매직 라인을 양분해서 출시할 계획입니다. 두 회사 모두 명품 브랜드 G사의 헤어용품을 벤치마킹하는 건 마찬가지입니다. 다만 J사의 경우 수분라인이라는 컨셉은 좋았지만 제품 용기나 광고에서 차별화를 이루는 데는 성공하지 못했습니다. 우리는 이 점을 보완해서, 비록 명품 브랜드는 구매하지 못하지만 명품에 버금가는 우리 제품을 구매할 새로운 시장을 창출해내는 것이 목표입니다."

한리더의 기조발제가 끝나자 모두 박수를 보냈다. 이어서 사원들의 자유로운 토론이 이어졌다.

"제 생각에는 용기가 좀 작아졌으면 합니다. 물론 경제적인 측면을 생각하는 소비자들은 대용량 제품을 선호하겠지만 보통 명품 브랜드의 상품들이 매우 작은 용기에 출시된다는 점을 주목할 필요가 있습니다. 또 디자인만 따로 놓고 생각해도 용기가 작을수록 세련미가 돋보이게 됩니다."

신입사원 중 한 사람이 진지하게 제안을 하자 여기저기서 찬성의 목소리가 이어졌다. 이번에는 이고은이 의견을 개진하고 나섰다.

"주5일 근무가 보편화되고 있는 요즈음 대부분의 직장인이나 가족들이 여행을 생활의 일부로 받아들이고 있습니다. 그러나 기존의 샘플들은 겨우 일회용 정도라 너무 작은 경향이 있습니다. 따라서 우리는 역발상을 해서 제품의 정품 용량은 작게 만들고 샘플 용량은 크게 만들어 보는 것이 어떨까요. 확실한 차별화를 시도하는 겁니다. 이는 현재 대다수의 명품 화장품들이 구사하고 있는 전략이기도 합니다."

이번에도 여기저기서 박수갈채가 쏟아졌다. 이런 논의들 덕분에 B브랜드의 포지셔닝 전략은 점점 가닥이 잡혀 갔다. 한리더는 자신이 기획한 상품이 동료들로부터 좋은 반응을 얻자 무척 들뜬 마음이 되었다. 이 정도 반응이라면 하반기 생활용품팀의 매출도 승승장구할 것이 틀림없었다.

자유토론이 끝난 후에는 '커뮤니케이션의 기술'이라는 제목의 강연이 이어졌다. 강사는 Y대 커뮤니케이션학과의 B교수로 본부장이 특별히 주선을 해 주어서 마련된 자리였다.

B교수는 강의에 앞서 직원들에게 커뮤니케이션 기술과 관련한 동영상을 보여 주었다.

"최근 기업들이 사내 소통을 위해 직원들의 커뮤니케이션 능력 증진에 관심이 많다는 것은 여러분도 잘 알고 계실 겁니다. 이 비디오는 세계적으로 유명한 커리어 컨설팅 회사 AIM에서 교육용으로 제작된 영상물입니다. 외국의 사례이긴 하지만 많은 도움이 될 것입니다."

B교수가 보여준 비디오는 업무 능력 면에서 비슷한 수준을 가진 직원 두 명이 사내에서 엇갈린 평가를 받고 있었는데, 그 이유를 추적하는 과정에서 이 두 사람의 커뮤니케이션 능력이 극명하게 드러나는 모습을 보여 주고 있었다.

"보시다시피 A사원의 경우 자신의 전문 분야에서 두각을 나타내고 업무 능력도 뛰어나지만 다른 직원과의 소통 능력이 부족해서 항상 능력이나 노력만큼 성과가 나오질 않았습니다. 반면 B사원의 경우 자신이 협업자에게 해 줄 수 있는 것과 협업자가 자신에게 해 주기를 바라는 점에 대해 매우 정확하게 소통하는 능력을 가지고 있습니다. 덕분에 본래 자신이 가지고 있는 능력 이상의 것을 뽑아내는 결과를 가져오고 동료들로부터 항상 환영을 받았지요. 성공하는 사람과 실패하는 사람의 가장 큰 차이는 소통의 능력입니다. 자기 의사를 명확히 표현하고 상대방의 표현을 정확히 이해할 줄 아는 사람만이 성공할 수 있습니다."

B교수의 강의에 사원들은 모두 고개를 끄덕였다.

"최근 거의 모든 회사가 팀제로 운영되면서 팀원들간의 커뮤니케이션 기술이 무엇보다 중요한 능력이 되었습니다. 즉, 상통(相通)의 기술이 중요한 요소가 되었지요. 또한 상사에게 기안을 올리거나 상사가 지시한 일을 처리하는 과정에서도 커뮤니케이션 능력은 매우 중요하게 작용합니다. 여기에는 상통(上通)과 하통(下通)의 기술이 필요합니다. 일을 잘하는 직원의 경우 항상 상대와 자신의 호흡이 잘 맞는지 확인을 해 가며 일을 진행합니다. 그러나 커뮤니케이션 능력이 떨어지는 직원들은 자신의 모든 에너지를 던져서 일을 합니다. 그리고 그 결과를 가지고 이야기하려 하지요. 하지만 사전에 충분히 의사소통이 되지 않은 일은 아무리 열심히 해도 상대를 만족시키기 어렵습니다. 즉, 목표를 보지 않고 헛달린 꼴이 되고 마는 것이지요."

B교수의 강의에 직원들은 다시금 고개를 끄덕였다. 모두들 적극적으로 수긍하는 눈빛이었다.

"그렇다면 의사소통을 제대로 하지 않고 일을 처리하는 것은 릴레이 계주에서 바통을 잘못 전달한 것에 비유할 수 있겠군요."

전문가가 알은 체를 하며 말했다.

"바로 그렇습니다. 정말 좋은 비유입니다. 이어달리기 시합에서 본인이 아무리 열심히 뛰어도 다음 주자에게 바통을 잘못 전해 주면 아무 의미가 없어지지요. 이어달리기를 할 때 다음 주자가 어디에 서 있는지 정확히 보고 달려야 하는 것처럼 회사에서 업무를 처리할 때는 항상 협업이 잘되고 있는지를 확인하면서 일을 처리해야 합니다. 그래야 자신도 동료도 모두 편안하지요."

"저는 커뮤니케이션 기술이라고 하면 얼마나 말을 잘하느냐 하는 것인 줄 알았는데 그게 아니었군요."

이번에는 한리더가 질문을 던졌다. 그러자 B교수는 기다렸다는 듯 한리더의 질문에 대답을 했다.

"그 또한 중요한 커뮤니케이션 기술입니다. 자신의 의견을 상대에게 잘 전달하는 것은 커뮤니케이션의 출발점이라고 할 수 있지요. 특히 회사에서는 '역피라미드 방식'을 이용해서 자신의 의견을 말하는 것이 좋습니다. 즉, 결론부터 설명하는 방식이지요. 그리고 항상 상대방의 입장에서 생각을 하며 말해야 합니다. 상대방이 알아야 하는 중요한 사실을 먼저 말하고 이어서 자신이 하고 싶은 말을 하는 것이 좋습니다. 그리고 상대방의 말을 잘 들어주는 것도 중요합니다. 커뮤니케이션 능력의 핵심이 경청이라는 것도 잘 알아두시기 바랍니다."

"그런데 커뮤니케이션 능력은 타고나는 것입니까?"

이번에는 장혜수가 궁금한 표정으로 물었다.

"분명 어느 정도 타고나는 부분이 있습니다. 하지만 걱정할 필요는 없습니다. 많은 사람들과 어울리고 다양한 경험을 하는 과정에서 커뮤니케이션 능력은 길러지기 때문입니다. 즉, 사람들과 어울려 일을 하다 보면 자연스럽게 길러지는 것이 커뮤니케이션 능력입니다. 그러니 여러분들은 무슨 일이든 혼자 해내려고 하지 말고 반드시 동료들과 상의하고 협력하는 습관을 들이기 바랍니다."

B교수의 강의는 사원들이 평소 갑갑해 하는 부분을 해소하는 데 많은 도움이 되었다는 평가를 받았다. 특히 갓 사회에 발을 들여놓은 신입사원들에게 좋은 평가를 받았다.

강의가 끝나자 즐거운 식사시간이 기다리고 있었다. 신선한 생선회와 각종 해산물로 채워진 진수성찬을 보며 모두들 환호성을 질렀다.

"자, 지금부터 마음껏 먹고 마시면서 서로 즐거운 대화를 나누기 바랍니다. 눈치 볼 사람도 없으니 평소 하고 싶었던 얘기들을 다 털어놓아도 좋습니다. 선배들에게 궁금한 점도 개의치 말고 물어보세요."

전문가가 후배들에게 술을 한 잔씩 따라주며 이야기했다. 같은 회사에 다니는 사람들의 모임이다 보니 이야기의 주제는 주로 회사와 관련된 것들이 많았다. 그 중에는 업무에 대한 이야기보다 사람에 대한 이야기가 많이 나왔다. 회장 일가의 이야기부터 동료들의 이야기까지 그 어느 때보다도 편안한 대화가 오갔다.

술자리가 끝나갈 무렵 대학 MT처럼 일부는 큰 방에 모여서 게임을 하고 일부는 대화를 나누는 식으로 몇 개의 그룹이 지어졌다. 그 때 전문가가 할 말이 있다며 이고은을 불러내면서 한리더에게도 신호를 보냈다.

"근처에 야간 어획을 하는 배가 있는데 같이 가 보지 않을래?"

어디서 정보를 얻었는지 전문가가 솔깃한 제안을 했다.

"어머, 정말이요? 배를 타고 나가는 거예요?"

이고은이 호기심을 보이며 물었다.

"저쪽으로 조금만 가면 있어. 따라와."

세 사람은 해안도로를 따라 산책하듯 천천히 걸었다. 그러자 신기하게도 정말 선착장이 나왔다. 여객선이 아닌 고기잡이 배들이 출항하는 작은 선착장이었다. 밤이 깊었지만 서너 팀 정도가 출항 준비를 하고 있었고, 먼저 바다로 나간 팀들도 있는지 모터보트 소리도 간간히 들렸다. 전문가가 선원으로 보이는 한 남자에게 다가가 말을 건넸다.

"곽 씨 아저씨, 저 왔습니다."

그는 전문가의 오촌뻘 되는 아저씨로 을왕리의 주민이었다. 낮에는 면사무소에 다니고 밤에는 심심풀이로 동네 사람들을 따라 고기잡이를 하곤 한다고 했다.

전문가는 곽 씨 아저씨에게 한리더와 이고은을 소개했고, 세 사람은 곧 아저씨의 안내를 받아 배에 올랐다. 그 때 전문가의 휴대폰 벨이 울렸다.

"이거 어떡하지. 나는 민박집에 잠깐 가 봐야 할 것 같은데."

일부러 자리를 피해 주는 것이 확실했다. 이고은이 곤란한 표정으로 말했다.

"그럼 저도 다음에 탈게요. 갑자기 배를 타려니 좀 망설여지네요."

좀 전에 배를 탄다고 신나 하던 모습은 사라지고 불안한 기색이 역력했다.

"아니야. 이런 기회가 어디 흔해? 한 대리랑 구경 잘하고 와. 나는 종종 나가 봐서 괜찮아. 재밌을 거야. 그럼 리더야, 고은 씨 잘 부탁해."

전문가가 자리를 뜨자 이고은은 곤란한 표정으로 머뭇머뭇 보트에 올랐다. 하지만 막상 배가 출발하자 이내 밝은 얼굴로 돌아왔다. 모터를 단 고기잡이 배는 순식간에 바다를 가로질러 갔다.

"한 5분만 가면 되니까 너무 긴장들 하지 말아요."

두 사람의 모습이 못내 불안해 보였는지 곽 씨 아저씨가 저 쪽에서 소리쳤다.

"후배, 나랑 둘이 남으니까 무섭지?"

한리더가 달빛을 받아 한층 더 예뻐 보이는 이고은을 보며 말했다.

"무섭긴요. 저 사실 겁 하나도 안 나요."

"정말?"

"그럼요."

"그럼, 내가 후배랑 사귀고 싶다고 말하면 어떡할 거야?"

한리더가 용기를 내어 말했다. 그 순간 이고은의 얼굴에 당황해 하는 기색이 역력했다.

"한 대리님."

이고은이 결심한 듯 이야기했다.

"지난번에도 말씀 드렸지만 저는 대리님을 선배 이상으로 생각해 본 적이 없습니다. 그러니 대리님도 저를 후배 이상으로 생각하지 말아 주세요."

단호한 대답이었다. 예상은 했지만 이고은에게 또 한 번 가차없이 거절을 당하자 한리더의 마음은 심란해졌다. 전문가가 특별히 마련해 준 자리였는데 성과도 없이 돌아가게 되어 맥이 빠지는 것도 사실이었다.

"다 왔습니다."

곽 씨 아저씨의 말대로 배는 금방 어장으로 진입했다. 아저씨들이 미리 쳐 둔 그물을 거두어 배 위로 잡아 올리기 시작했다. 방금 전까지 어색했던 두 사람은 얼른 곽 씨 아저씨 앞으로 다가갔다.

"저도 돕겠습니다."

그물을 올리고 있는 아저씨들 사이로 한리더가 팔을 걷어붙이며 다가갔다.

"영차. 영차."

작은 배라 그물도 작을 줄 알았더니 생각보다 그물이 크고 길었다. 아저씨들의 구령 소리에 맞춰 한리더는 열심히 그물을 올렸다. 이고은이 옆에서 보고 있다고 생각하니 왠지 멋지게 보이고 싶어 열심히 그물을 잡아당겼다.

처음에는 빈 그물만 올라오더니 시간이 갈수록 물고기들이 하나 둘 그물에 걸려 올라오기 시작했다. 난생 처음 고기 잡는 모습을 구경한 이고은은 신기해서 어쩔 줄을 몰랐다. 어느새 자기도 모르게 한리더

옆으로 다가가서 응원까지 하기 시작했다.

"선배, 힘내요. 영차. 영차."

이고은의 응원에 더욱 힘을 얻은 한리더는 열심히 그물을 잡아당겼다. 이렇게 몸으로 하는 일은 그에게 힘들지 않았다. 그저 잡아당기기만 하면 되었기 때문이다.

'그물에 걸린 물고기. 그물에 걸린 물고기.'

한리더는 속으로 내내 이 말을 되뇌었다. 만약 자신이 이고은을 정말 원한다면 그녀가 자신의 인생에 걸려들도록 그물을 던져야 할 것이었다.

'그물을 던지자, 그물을……'

한리더는 다시금 전문가를 만나 전략을 짜 봐야겠다고 생각했다. 아무리 생각해도 이고은을 놓치기가 싫었다.


한리더로부터 이고은에게 보기 좋게 거절당했다는 말을 들은 전문가는 펄쩍 뛰었다.

"아니, 그렇게 갑자기 사귀자고 하면 어떻게 해?"

"그게……. 나도 모르게 그만 마음이 급해져서. 게다가 달빛 속에 서 있는 고은 씨를 보니까 정말 여신 같더라, 여신."

의외로 한리더가 웃으면서 말했다.

"그러니까, 여신에게 그렇게 들이대면 어떡하냔 말이야."

"괜찮아. 어차피 그렇게 쉽게 승낙할 거라고 기대도 안 했으니까. 어쨌든, 정말 고맙다. 이렇게까지 마음을 써 주고. 내가 다음에 고은 씨랑 잘되면 진짜 크게 한턱 쏘마. 나 고은 씨 그렇게 쉽게 포기 안 할 거야. 아까 배에서 결심했어."

"너 요즘 많이 변한 것 같다. 뭐랄까. 멋있어졌어."

전문가는 요사이 한리더가 몰라보게 담대해졌다면서 무슨 계기라도 있었느냐고 물었다.

"사실은 혜수의 영향이 컸지."

한리더는 얼마 전 장혜수를 만나 연애 코칭을 받은 일을 자세히 설명해 주었다.

"하긴, 혜수가 사람 마음을 얻는 데는 귀재지. 대학 때부터 남자애들이 혜수라면 사족을 못 썼잖아? 게다가 그 악랄한 악 부장 밑에서 승진하는 거 봐라. 가만 보면 걔는 이사 자리까지도 올라갈 것 같지 않냐? 광고대행사 직원들부터 사장님까지 모두 혜수에 대해 좋은 평만 하잖아."

전문가가 놀랍다는 듯이 말했다.

"혜수가 원래 아나운서가 되는 것이 꿈이라 신문방송학과에 진학했잖아. 그래서 그런지, 보면 애가 말을 참 예쁘게 잘해. 왜 언상(言相)이라는 것이 있잖아. 그게 사람의 인상을 좌우하는 데 큰 부분을 차지한대. 아마도 혜수가 항상 생각이 깊고 남을 배려해서 말을 하니까 어디서나 환영을 받는 것 같아."

한리더가 나햇섬과 나란히 앉아서 웃고 있는 장혜수를 보며 말했다.

"그나저나 혜수, 또 사고 칠 것 같다."

"무슨?"

"저 녀석한테 꽂혔나 봐."

한리더가 나핸섬을 가리키며 말했다.

"그거 호재인데……. 어쩌면 너 부전승으로 올라가겠어."

"하하. 이제 알겠어? 요즘 내가 담대해진 이유? 솔직히 혜수한테 거는 기대가 큰 게 사실이야. 하지만 이번 기회에 나도 제대로 좀 해 보려고. 인생이 달린 문제잖아."

한리더가 이번에는 멀리서 웃고 있는 이고은을 보며 말했다.

"자, 이제 돌아들 갑시다."

한적한 바다 풍경을 즐기고 있는 사원들을 향해 전문가가 소리쳤다.

# 기업은 왜 커뮤니케이션 능력이 뛰어난 사람을 선호할까

몇 년 전까지만 해도 기업에서 선호하는 인재상은 외국어 능력이나 국제 감각이 뛰어난 사람이었다. 하지만 최근에는 기업들이 가장 중요하게 생각 하는 인재의 요건 중 하나가 커뮤니케이션 능력으로 바뀌고 있다. 기업은 왜 커뮤니케이션 능력이 뛰어난 사람을 선호하는 것일까?

첫째, 회사에서 이루어지는 업무의 8,90퍼센트가 커뮤니케이션이기 때문 이다. 각종 보고, 회의, 프레젠테이션, 협상, 영업 등의 행위는 모두 커뮤니케 이션에 해당한다. 즉, 어떤 내용을 어떻게 전달하느냐에 따라 그 결과가 달라 지기 때문에 기업은 커뮤니케이션 능력에 비중을 두지 않을 수 없다.

둘째, 상사는 보고서를 들고 들어오는 부하직원의 태도만으로도 그 보고 서의 질을 가늠할 수 있다고 한다. 그만큼 회사에서는 자세와 절차를 중요하 게 생각한다는 이야기다. 커피를 마실 때 고급스러운 커피잔에 마시는 것과 사발에 마시는 것의 맛이 다르듯, 아무리 훌륭한 보고서라도 보고하는 사람 의 자세와 분위기가 그에 상응하지 않는다면 노력만큼의 평가를 받기는 어 려울 것이다.

셋째, 커뮤니케이션에서 가장 중요한 것은 상대방이 사용하는 언어의 해석을 맞추는 것, 그 뜻을 공유하는 것, 즉 코드를 맞추는 것이다. 따라서 커뮤니케이션에 능한 사람과 그렇지 않은 사람이 일을 할 때 빚어내는 결과는 다를 수밖에 없다. 즉, 커뮤니케이션 능력은 생산성과 직장 분위기를 결정하는 아주 큰 변수가 된다.

넷째, 커뮤니케이션 능력이 뛰어난 사람은 항상 자신감으로 똘똘 뭉쳐 있고 특유의 당당함이 몸에 배어 있다. 이런 사람들에게 더 많은 기회가 주어지고 더 많은 성취가 이루어진다는 사실을 기업은 이미 경험으로 알고 있다.

다섯째, 표정이나 옷차림 같은 몸가짐 역시 커뮤니케이션의 수단이 될 수 있다. 몸가짐은 곧 마음가짐이라고 할 수 있으므로 기업에서는 마음가짐까지 몸으로 표현해낼 수 있는 사람을 선호할 수밖에 없다.

# 정치력
## 백 명의 아군보다 한 명의 적이 무섭다


한리더는 사원 워크숍에 대한 결과를 보고하기 위해 본부장실로 올라갔다. 하지만 본부장의 굳은 표정을 보고 타이밍을 잘못 택했다는 것을 직감했다. 얼른 돌아서서 나가려고 했지만 이미 한리더를 발견한 본부장이 먼저 소리를 쳤다.

"왔으면 인사라도 하고 가야지 어딜 도망 가?"

한리더는 다시 고개를 돌려서 겸연쩍은 듯 인사를 하고 본부장 앞으로 다가갔다.

"심기가 불편해 보이십니다. 무슨 안 좋은 일이라도 있으십니까?"

"S상품의 재고가 창고에 가득하다던데? 알고 있었어?"

S상품이라면 생활용품팀장의 브랜드였다. 작년에 화장품팀과 TF팀을 만들어 론칭을 했지만 시장에서 참패한 제품이었다. 당시 TF팀장이었던 악 부장이 모든 것을 책임진다고 해서 S상품에 대해서는 까맣게 잊고 있었는데 이렇게 일이 불거져 나온 것이다.

"어떻게 아셨습니까? 그렇잖아도 그 문제로 팀장님께서 몇 번이나 본부장님을 찾아뵈려고 했는데⋯⋯."

"못난 놈들. 내가 누누이 말했거늘. 창고에 구상품을 그득 쌓아 놓고 또 신상품을 출시하겠다? 그래, 유지비는 유지비대로 들이고 이제 와서 돈 주고 폐기처분하겠다는 말을 하려니 두렵다 이거지?"

"죄송합니다. 워낙 많은 물량이라 감히⋯⋯."

"다른 놈들은 몰라도 한리더 너는 내가 라면 먹이면서 개인과외까지 했어. 모든 프로세스가 투명해야 올바른 경영을 할 수 있다고 몇 번을 말했어? 그리고, 뭐든 결정하기 힘들면 어떻게 하라고 그랬어? 내 돈이라 생각하라고 그랬지. 물론 처음엔 아깝겠지. 하지만 그대로 두면 더 돈을 먹는다는 사실을 왜 몰라? 당장 팀장 불러와."

불같이 화를 내는 본부장에게 꾸벅 인사를 하고 한리더는 급히 팀장을 찾아갔다. 사실 S상품의 재고 폐기 건은 한리더와 팀장이 악 부장에게 이미 몇 차례나 건의를 했었다. 그런데 굳이 자신이 책임지겠다며, 본부장에게 보고하는 것은 자신에게 맡기라고 말한 악 부장이었다.

'악 부장은 지금까지 대체 뭘 하고 있었단 말인가.'

한리더는 악 부장에게 심한 반발심을 느꼈다. 그래서 팀장에게 가야 할 것을 분을 참지 못하고 화장품팀으로 발길을 돌렸다.

평소와 달리 한리더가 씩씩거리며 곧장 악 부장 쪽을 향해 걸어 들어가자 화장품팀 직원 모두가 한리더를 주시했다. 특히 이고은은 한리더가 자기 팀에 웬일인가 하는 호기심이 발동했는지 아예 고개를 빼서 쳐다보고 있었다.

"부장님, 드릴 말씀이 있습니다."

"말해 보게."

악 부장이 특유의 독사 같은 눈을 번뜩이며 대답했다.

"여기서는 좀 그렇고, 잠시 회의실로 가시면 안 되겠습니까?"

한리더의 목소리에 어떤 비장함이 어려 있음을 감지한 악 부장이 자리에서 일어났다.

"좋아. 무슨 일인지 모르겠지만 들어나 보자고."

악 부장이 먼저 회의실을 향했고, 이어서 한리더가 뒤를 따랐다.

"그래, 한리더 대리. 무슨 일이기에 이토록 시건방진 표정으로 상사를 불러 앉힌 거지?"

"S상품 폐기 건 말입니다."

S상품 얘기가 나오자 악 부장이 움찔했다. 하지만 곧 거만하게 턱을 치켜세우고 한리더를 노려보며 말했다.

"그래, 그 건이 왜?"

"신상품 론칭 전에 모두 수거해서 폐기처분하기로 되어 있던 거 아닙니까? 본부장님 결제를 받으셨다고 하시지 않았나요?"

"어허, 왜들 이러시나. 생활용품팀장의 상품을 왜 화장품팀장인 나더러 처리를 하라고 하는지 도무지 모르겠구먼."

악 부장이 혀를 끌끌 차며 대답했다.

"부장님!"

화가 머리끝까지 오른 한리더가 자기도 모르게 언성을 높였다.

"우리 팀에서 알아서 처리하겠다는 것을 굳이 끼어들어서 방해하신 분이 누구신데요? 도대체 왜 그러신 겁니까?"

"자네, 지금 나를 추궁하는 건가?"

그제야 한리더는 자신이 상사에게 너무 과하게 소리를 지르고 있다는 사실을 깨달았다. 하지만 어차피 악 부장에게는 이 방법 외에는 통할 것이 없다고 생각했다.

"알겠습니다. 정 그러시다면 본부장님께 그간의 상황을 모두 다 있는 그대로 보고하겠습니다. 그때 가서도 생활용품팀 탓을 하실 수 있는지 두고 보겠습니다."

한리더는 자리를 박차고 일어나 회의실을 나갔다. 여전히 모든 이들의 시선이 자신에게 쏠려 있는 것을 느꼈지만 지금 그에겐 그들의 시선에 신경 쓸 여유가 없었다.


"한 선배 말예요. 용기는 좋은데 좀 심했죠?"

장혜수가 전문가에게 방금 전 사건을 전하며 걱정스러운 듯 말했다. 두 사람은 커피전문점에서 커피를 마시고 있었다.

"그러게. 아무리 직속 상사가 아니라지만 상사 눈 밖에 나서 좋을 게 없는데……."

전문가가 커피에 설탕을 넣고 스틱으로 저으면서 말했다.

"원래 한 선배가 평소에는 점잖은데 가끔 욱 하는 성격이 있잖아요."

"그렇지. 아마 방금 전의 행동은 생활용품팀장이 불이익을 받게 될까봐 그랬을 거야. 리더가 자기네 팀장 엄청 챙기잖아."

"악 부장한테 한 번 찍히면 회사생활 제대로 못한다는 말도 있는데 괜찮을까요?"

장혜수가 걱정스러운 눈빛으로 말했다.

"직속상사가 아니니까 당장 큰일이 나거나 하지는 않겠지만 사람 일이라는 게 그렇잖아. 언제 어떻게 될지 모르니까 가능하면 적을 만들지 않는 게 좋지."

전문가가 한리더에게 전화를 걸면서 말했다.

"안 받는데?"

두어 번 더 전화를 걸어도 한리더와 전화통화가 되지 않자 전문가는 포기한 듯 휴대폰을 탁자에 내려놓았다.

"참, 선배. 우리 팀에 김 대리 있잖아요. 이번에 모범사원상 받아서 일주일간 휴가 가요. 사실 김 대리가 요령만 좋지 모범사원이라고 불릴 위인은 못 되는데……."

장혜수가 갑자기 생각났다는 듯 말했다.

"나도 그 얘기 들었어. 솔직히 김 대리가 업무 면에서 그렇게 우수한 건 아니지. 그런데 악 부장은 김 대리 말이라면 무조건 오케이라며?"

전문가 역시 김 대리에 대해서 누구보다 잘 알고 있었다. 입사 동기이자 자신의 경쟁자이기도 한데 항상 승진이 빠르고 상사들에게 좋은 평가를 받고 있었다.

"저는요. 그런 거 보면 정말 사내정치라는 거 무시할 수 없구나 하는 생각이 들어요. 제가 알기론 김 대리도 악 부장에 대해서 그다지 좋은 감정을 가지고 있지 않아요. 그런데 신기한 게, 김 대리는 동료들끼리 모여도 절대 악 부장에 대해 나쁜 이야기를 하거나 험담 같은 것을 하지 않는다는 거예요. 그렇다고 대놓고 아부를 하는 스타일도 아니고. 정말 머리가 좋은 사람 같아요."

장혜수가 다소 부럽다는 듯 말했다.

"혜수, 너도 사내정치라면 밀리는 편 아니잖아?"

전문가가 의외라는 듯 물었다. 장혜수가 다른 동료를 부러워하는 것은 지금껏 처음 보았기 때문이다.

"사실 저도 사내정치가 중요하다는 건 알아요. 하지만 제가 뭐 정치인도 아니고 모든 사람들과 다 잘 지내야 한다는 강박 같은 것은 갖고 싶지 않아요. 그보다는 일로 승부해서 인정받고 싶죠. 하지만 선배들을 보면 그게 아니다 싶어요. 한 선배만 해도 그래요. 김 대리보다 훨씬 능력이 뛰어나지만 정작 대리 명함은 김 대리보다 1년이나 늦게 달았잖아요. 선배도 마찬가지고."

장혜수의 말에 전문가가 고개를 끄덕였다. 연차가 높아질수록 사내정치로부터 자유로울 수 없다는 것을 전문가 역시 피부로 절감하고 있었다.

"그래, 네 말이 맞아. 분명 회사라는 곳은 실력 하나만으로 인정받는 곳이 아닌 것 같아. 플러스 알파가 있는 곳이지……."

"그나저나 한 선배는 어디서 뭐하고 있는 걸까요? 전화도 안 되고……."

다시금 한리더의 행방이 궁금해진 장혜수가 휴대폰을 만지작거리며 말했다.

그 시간 한리더는 회사 옥상에서 담배를 태우고 있었다. CS(주)는 건물 전체가 금연구역으로 설정되어 있었기 때문에 가끔 담배가 생각날 때마다 올라오곤 하는 곳이었다.

다행히 옥상에는 아무도 없었다. 옥상에 도착하자마자 장혜수와 전문가로부터 번갈아 두어 번씩 전화가 왔지만 한리더는 누구의 전화도 받고 싶지 않았다. 지금 이 순간 자기 자신이 너무 싫었고, 자신을 이렇게 만든 악 부장은 더더욱 싫었다. 회사생활이라는 게 정말 만만하지 않다는 것을 그 어느 때보다 절실히 느끼는 순간이었다.

그로부터 일주일이 지났을 무렵, 격월로 진행되는 영업회의에서 한리더와 악 부장이 정면으로 부딪히는 사건이 또 터지고 말았다. 영업회의는 마케팅부서와 영업부서가 다음 달의 판매목표를 협의하는 회의로 각 브랜드별 마케팅 담당자와 영업기획 · 영업지원팀장, 물류팀장 등이 참석했다. 평소 영업회의는 마케팅본부장이 진행을 하는 것이 관례인데, 이날은 본부장이 생활용품팀장과 유럽으로 해외출장을 떠나고 없는 상황이어서 악 부장이 마케팅부서를 대표해 회의를 진행하고 있었다.

그런데 시간이 지날수록 악 부장의 태도에 뭔가 석연치 않은 구석이 있었다. 자신의 팀인 화장품팀의 경우 브랜드별로 목표 달성이 가능한 안정적인 목표를 할당하면서, 유독 생활용품팀에 대해서는 누가 봐도 지나치게 높은 목표치를 설정했던 것이다. 이렇게 되면 경쟁관계에 있는 생활용품팀이 피해를 볼 것이 자명했다.

회의에 참석한 생활용품팀의 브랜드 담당자들이 여기저기서 수군거리기 시작했다. 모두들 악 부장이 편파적으로 일을 처리하고 있다는 불만들을 쏟아 놓았다. 하지만 누구 하나 나서서 악 부장의 전횡을 지적하는 사람은 없었다. 괜히 나섰다가는 악 부장의 눈 밖에 날 것이 분명했기 때문이다.

"드릴 말씀이 있습니다, 부장님."

결국 이를 보다 못한 한리더가 정식으로 이의를 제기했다. 모두의 시선이 한리더를 향했고, 악 부장은 흥미롭다는 듯 그에게 발언권을 주었다.

"외람된 말씀이지만 저의 견해로는 생활용품팀의 다음 달 목표가 너무 과도하게 설정됐다고 생각합니다. 전년도의 경우 전월 대비 매출 신장율이 7퍼센트인데 올해는 18퍼센트로 현실적으로 달성이 어려운 목표입니다. 더군다나 다음 달은 전통적으로 비수기 시즌이 시작되는데……."

한리더의 말을 듣고 있던 악 부장이 한껏 비꼬는 태도로 그의 말을 끊었다.

"그래서 합의된 목표를 바꾸시겠다? 좋게 해석하면 용기가 가상한 거고 다르게 해석하면 상당히 기분 나쁘구만."

악 부장은 특유의 빈정거리는 말투로 주제에서 벗어난 이야기를 언급하기 시작했다.

"한 대리가 용감하다는 거 우리 회사에서 모르는 사람 아무도 없지. 목표 높여 주면 고맙다고 생각하고 덥석 받아 물 줄 알았는데 의외네."

지난번 사건 이후 내내 한리더에 대한 감정이 좋지 않았던 악 부장은 기회를 만났다 싶었는지 계속해서 그를 몰아붙이기 시작했다. 한리더 역시 악 부장에게 밀리지 않았다. 더군다나 그는 자신의 직속 상사도 아니지 않은가.

"부장님. 논점은 그게 아니라 팀별로 공정하게 달성 가능한 목표를 수립하자는 것입니다."

"그럼 내가 생활용품팀장이 없는 상황에서 사기라도 치고 있다는 말인가?"

"그게 아니라, 저희 팀장님께서 다음 달 목표에 대해 설정해 주신 수치가 있어서 그렇습니다."

생활용품팀장은 출장을 떠나기 전 이미 9퍼센트라는 신장율을 팀원들에게 제시하고 떠난 상태였다. 이는 팀장이 자의적으로 정한 숫자가 아니라 이미 팀 회의를 거쳐 달성 가능한 목표를 다 함께 정한 결과였다.

"허허. 꼬박꼬박 말대답이네."

이번만큼은 흥분하지 말자고 다짐했던 한리더지만, 더 이상은 참을 수가 없었다. 아무리 상사라 해도 업무와 관련 없는 말을 계속 삐딱하게 해대는 것을 용납할 수 없었다.

"부장님, 너무하시는 것 아닙니까? 그 정도밖에 안 되시면서 어떻게 그 자리까지 가셨습니까?"

결국 감정을 이기지 못하고 자기도 모르게 자리에서 벌떡 일어난 한리더가 다시는 주워 담을 수 없는 말을 뱉어 버리고 말았다. 순간적인 감정을 억제하지 못하고 돌이킬 수 없는 상황을 만든 것이다.

회의실 분위기는 그야말로 찬물을 끼얹은 상태였다. 아니 급냉각 상태였다. 한리더는 마음 같아서는 당장 회의실을 박차고 뛰쳐나가고 싶었다. 하지만 그의 이성 한 구석에서 그래서는 안 된다는 신호를 보냈다. 계속 이렇게 흥분한 채로 무례하게 굴 경우 결국 불리한 것은 자신이라는 사실을 모를 리가 없었다.

결국 그는 최소한의 이성을 되찾고 잠시 침묵하고 있었다. 이윽고 긴 침묵을 깨뜨린 사람은 바로 영업기획팀장이었다.

"부장님, 괜찮으십니까? 계속 진행할까요?"

"……"

악 부장이 받은 충격은 생각보다 컸다. 평소의 그라면 당장 이 자리에서 한리더를 내쫓거나 자신이 나가 버렸을 텐데, 그는 의외로 침착하게 다음 말을 이어나갔다.

"괜찮습니다. 회사에서 일을 하다 보면 이런 일도 있고 저런 일도 일게 마련이지요. 하지만 역시 지금껏 직장생활 해 오는 동안 오늘 같은 일은 처음이라 무척 당황스럽군요. 오늘 회의는 더 이상 진행하기 어려울 것 같고, 조만간 다시 날을 잡아서 목표를 정하도록 합시다."

"그러시지요."

영업팀장과 물류팀장이 동시에 대답했고, 그와 동시에 마케팅부서 이외의 사람들은 모두 회의실을 빠져나갔다. 모두들 이런 분위기에서 빨리 벗어나고 싶은 기색이 역력했다.

다른 부서 직원들이 모두 자리에서 나가자 악 부장은 회의를 마무리했다.

 "여하튼 내게도 잘못한 점이 있을 것이고 한 대리도 잘못한 점이 있습니다. 그러나 오늘 일은 깨끗이 없었던 일로 하겠습니다. 이것으로 회의를 마치겠습니다."

 악 부장이 회의실을 나가자 누군가 한리더를 질책하는 말을 던졌다.

 "한 대리, 당신 오늘 크게 오버한 거야. 우리도 악 부장님을 마냥 존경하는 건 아니야. 회사니까 어쩔 수 없어서 따르는 거지. 요즘 영웅심에 너무 들떠 있는 것 같은데 나중에 어떤 결과가 나오는지 두고 보자고."

 악 부장의 오른팔이라고 불리는 악 과장이었다. 자리로 돌아온 한리더는 악 부장의 호출을 기다렸지만 악 부장으로부터의 호출은 끝내 없었다.

 다음 날 한리더는 악 부장을 찾아가 용서를 구했지만 악 부장은 계속 할 말이 없다는 태도로 일관했다. 그 뒤로도 몇 번이나 찾아갔지만 악 부장은 계속 한리더와의 대화를 거부했고, 결국 그로서도 더 이상 어쩔 도리가 없다는 결론을 내렸다.

 일주일 후 생활용품팀장이 해외출장에서 돌아왔다. 한리더는 팀장에게 영업회의 때 일어났던 일을 자세히 보고했다. 다행히 팀장은 한리더의 어깨를 두드리며 너무 신경 쓰지 말라고 위로를 해 주었다. 그러면서 회사 선배로서의 충고도 아끼지 않았다.

 "회사에서는 '100명의 아군보다 1명의 적이 무섭다' 는 말이 있습니다. 회사생활을 하다 보면 다른 사람 때문에 자신이 손해를 보게 되는 일이 종종 있는데, 이럴 때는 너무 괘념치 않는 것이 좋습니다. 아무리 잘한 일이라도 너무 집착하면 오히려 반감을 사는 경우가 생기기 때문이지요. 특히 자신의 의견과 반대되는 의견을 솔직하게 밝힌 사람에게 유감을 가져서는 안 됩니다. 그런 동료에게 괜히 인상을 쓴다든가 무시하는 태도를 취하면 결국 적이 되고 맙니다. 그러니까 회사에서는 웬만한 일은 그냥 웃어넘기세요. 적을 만드는 데 시간을 낭비할 필요가 없잖아요?"

그 일이 있은 이후로 한리더는 근신하지 않을 수 없었다. 모두들 쉬쉬했지만 소문은 순식간에 회사에 퍼져 갔고, 그러한 분위기는 한리더를 더욱 위축되게 만들었다. 자연히 일에 대한 열정도 떨어질 수밖에 없었다. 그는 입사 후 처음으로 사직서를 쓸까 하는 고민에 빠지게 되었다.

하지만 마음에 걸리는 것이 하나 있었다. 사직서를 쓴다는 것은 다시는 이고은을 보지 못할 수도 있다는 것을 의미했다. 그 때문에 한리더는 이러지도 못하고 저러지도 못하는 악몽 같은 나날을 보내고 있었다.

## 정치력, 부당한 대우를 받지 않기 위해서라도 꼭 필요하다

    로마의 유명한 장군이자 정치가였던 시저는 "정치란 열심히 성실하게 살아 온 사람들이 부당한 대우를 받지 않는 것"이라고 말했다.

    이 말은 사내정치에 대해 관심을 갖고 지혜롭게 대처하는 것이 얼마나 중요한 일인지를 단적으로 알려 준다. 실제로 회사에서는 묵묵히 일만 열심히 하는 사람보다 상사나 동료들과의 대인관계가 뛰어난 사람들이 더 높은 평가를 받는 경우가 많다.

    『성공한 사람들의 정치력 101』이라는 책에 '정치'와 관련해 음미해 볼 만한 구절이 있다.

    "정치력이 뛰어난 사람들은 환경을 파악하는 탁월한 감각을 지니고 있다. 말로 표현되지 못하는 사소한 움직임, 대화 흐름의 변화, 순간적인 감정 표현을 그들은 놓치지 않는다. 대부분의 사람들이 사소하게 여기는 정보가 직관적인 사람들에게는 대단히 중요한 경우도 있다. 철저한 노력을 기울이는 진정한 스타는 자신들의 행동을 결정하기 위해 스스로 정보를 찾고 이용한다. 반면에 정치 초심자들은 이곳저곳에서 전략을 구하려 애쓰며 어둠 속에서만 움직이지만, 자신의 주변에서 벌어지는 일들을 실제로 보지 못하기 때문에 아무리 전략을 세워도 실질적인 효과를 발휘하지 못한다."

기억하라. 어리석은 사람은 정치력을 무슨 뒷거래쯤으로 여기거나 자신의 욕망을 채우는 데만 급급한 나머지 엇나간 결과를 낳곤 하지만, 현명한 사람은 정치력을 남보다 멀리, 그리고 많이 바라보는 데 활용한다.

정치, 잘못하다가는 오히려 큰코다칠 수 있다.

# 자기확신
긍정과 자기확신은 나를 거인으로 만들어 준다

주말 오후, 가뜩이나 우울한 나날을 보내고 있는 한리더에게 반갑지 않은 손님이 찾아왔다. 한리더가 살고 있는 옥탑방의 주인이었다.

최근 한리더가 살고 있는 동네가 뉴타운으로 지정되면서 집값이 천정부지로 치솟기 시작하더니 결국 한리더에게까지 불똥이 튀고 말았다. 주인은 당장 방을 빼 주던지 월세를 20만 원 더 주던지 양자택일을 하라고 했다.

"아니, 너무하신 것 아닙니까? 이 작은 방에 갑자기 월세 20을 얹어 달라는 것이?"

한리더가 펄쩍 뛰었지만 주인은 막무가내였다. 어차피 말이 통하지 않겠다고 생각한 한리더는 주인을 돌려보낸 후 방법을 모색하기 시작했다.

'언제까지고 옥탑방에 살 수는 없는 노릇이다. 그렇다면 이번 기회에 깨끗한 원룸을 하나 얻어서 이사를 하는 것이 어떨까. 아니면 이참

에 누나 집으로 들어갈까. 적어도 누나 집에 들어가면 밥 걱정은 하지 않고 살 수 있을 텐데.'

이런저런 생각들이 꼬리에 꼬리를 물고 이어지다가 한리더는 갑자기 엉뚱한 생각이 떠올랐다.

'혹시라도 고은 씨와 잘되어서 그녀가 우리 집에 놀러오기라도 한다면? 그렇다면 근사할 필요까진 없어도 너무 후진 곳은 곤란하지 않을까?'

이고은과의 사이에 무슨 특별한 진전이 있는 것도 아니건만 한리더는 이고은에 대한 생각을 배제할 수가 없었다.

'맞아. 행여 회사 동료들이 집들이라도 오면, 그 때 고은 씨도 함께 올 수 있을 테고. 그러면…….'

생각이 이고은에게까지 미치자 한리더는 원룸으로 이사하기로 한 생각을 확실하게 굳혔다. 이고은에 대한 생각만으로도 갑자기 기분이 좋아진 한리더는 지난번 워크숍 때 직원들과 함께 찍은 사진파일을 열어보았다. 을왕리 바닷가를 배경으로 다함께 찍은 단체사진 속에서 이고은은 환하게 웃고 있었다. 그러자 갑자기 그의 머릿속에 번쩍 하는 아이디어가 떠올랐다.

"맞아. 내가 왜 그 생각을 못했지? 대치동! 대치동으로 이사하는 거야."

언젠가 대학원 수업을 마치고 이고은을 바래다주던 일을 떠올리며 한리더가 소리쳤다. 그가 만약 대치동으로 이사를 간다면 이고은과 가까워질 수 있는 기회가 더욱 많아질 것이다. 퇴근할 때, 특히 회식을 마치고 귀가할 때 이고은과 나란히 집으로 향할 수 있고, 재수가 좋으면 이고은의 차로 카풀도 할 수 있을 것이다.

이런저런 생각들로 괜스레 마음이 들뜬 한리더는 당장 서랍 구석에 처박아 뒀던 마이너스 통장을 꺼내 보았다. 최근 술자리를 삼가서 그런지 마이너스 통장도 제법 플러스로 돌아서고 있었고, 한 달 후면 매달 불입하고 있던 적금도 만기가 되었다.

'적금 2천만 원에다 옥탑방 전세금 2천만 원을 더하면 4천만 원……'

이 정도 금액이면 큰 평수는 아니지만 작은 평수의 원룸 하나는 구할 수 있을 것 같았다. 한리더는 당장이라도 이사를 할 태세로 인터넷을 통해 원룸을 알아보았다. 하지만 그의 바람과는 달리 시세가 너무 높았다. 특히 이고은이 살고 있는 집 주변의 원룸은 거의 1억 원에 육박했다. 낙담한 그는 컴퓨터를 끄고 방바닥에 대자로 누워 옥탑방 천정을 바라보았다. 그날따라 자신의 방이 더욱 궁색해 보였다. 게다가 이런 처지에 이고은에게 프러포즈하는 공상만 하고 있던 자신이 왠지 초라하게 느껴졌다.

한참을 그렇게 누워 있는데 밖에서 누가 부르는 소리가 들렸다.

"리더야~!"

한결이었다. 신기한 일이었다. 한결은 항상 그가 외롭거나 쓸쓸할 때면 불쑥 나타났다. 반가운 마음을 숨기고 한리더는 타박하는 말투로 친구를 맞이했다.

"앞으론 연락 좀 하고 다녀라. 이렇게 불쑥불쑥 나타나지 말고. 나

어쩌면 이사할지도 모른다."

한리더는 조금 전에 주인이 찾아왔던 이야기와 대치동 쪽으로 원룸을 구해 볼까 하는 계획을 들려주었다.

"이야, 멋지다. 한리더. 드디어 강남으로 입성하는 구나!"

한결은 한리더의 용기에 박수를 보냈다.

"계획은 그런데, 아까 방값을 알아보니 미수로 그칠 것도 같고……."

한리더가 한숨을 쉬며 말했다.

"그쪽에서 얼음공주 컨셉으로 일관하는데도 불구하고 꺾이지 않는 너의 그 나무꾼 정신! 멋지다. 멋져, 한리더."

한리더의 속사정을 모르는 한결은 여전히 신이 나서 떠들었다.

하지만 잠시 후 한결은 어딘지 모르게 시무룩한 얼굴로 새로운 뉴스를 전해 왔다.

"리더야. 실은 나, 휴직했다."

"뭐?"

"너도 알잖아. 우리 회사 일 빡센 거. 그래서 아예 퇴사를 할까 하다가 무턱대고 그만두긴 그렇고 해서 1년 정도 휴직 신청을 했어. 호주에 좀 다녀오려고."

한결은 머리도 식히고 어학연수도 할 겸 형님이 있는 호주에 1년 정도 머물 거라고 했다.

"회사에서 휴직 처리는 해 준대?"

"얘기 다 됐어. 다음 주 화요일에 출국하는데, 떠나기 전에 너랑은 꼭 한잔해야 할 것 같아서 이렇게 갑자기 들이닥쳤다."

한리더는 갑작스러운 친구의 작별 통보에 서운함을 숨길 수 없었다. 10년 동안 동고동락한 친구인데 한동안 떨어져 지내야 한다고 생각하니 명치 끝이 아파 왔다. 그 날 두 사람은 코가 삐뚤어져라 술을 마시고 다음 날 아침까지 한리더의 원룸에서 같이 지냈다.

"당분간은 이렇게 둘이 앉아서 해장 라면을 끓여 먹을 일도 없겠구나."

한리더가 섭섭한 목소리로 말했다. 한결 역시 몹시도 서운한 얼굴이었다.

"참, 이건 우리 아버지가 내게 남긴 유언이나 다름없는 것인데, 너에게도 꼭 전해주고 싶었다."

한결은 '생활훈'이라고 적힌 메모지를 한리더에게 건넸다.

"아버지가 사장으로 재직하실 때 여러 가지 명언들을 모으셨는데, 그 중에서도 핵심적인 것만 간추려서서 이렇게 생활훈을 만드셨어. 나는 제대로 실천하지 못하며 살았지만 너라면 잘할 수 있을 것 같아."

CEO 출신이던 한결의 아버지는 몇 년 전 지병으로 돌아가셨다. 살아 계실 때 한리더를 무척 귀여워 해 주신 분이었다. 그런 분이 남긴 명언이라고 생각하니, 한리더는 한 구절 한 구절 읽을 때마다 마음으로부터 깊은 감동에 사로잡혔다.

한리더는 한결이 건네준 생활훈을 액자로 만들어야겠다고 생각했다. 그래서 원룸으로 이사를 가면 벽에 걸어두고 좌우명으로 삼아 열심히 살아야겠다고 마음먹었다.

<생활훈>

1. 천천히 가는 것을 두려워 말고 가다가 멈추는 것을 두려워하라.

2. 열등감은 인간의 혼을 얼어붙게 하고 재능을 죽인다.

3. 인간의 가치는 외형에 있는 것이 아니라 내면의 정신세계에 있다.

4. 상대의 자존심에 상처를 입히는 것은 그를 자신의 적으로 만드는 것이다.

5. "아니오"를 적절히 구사하는 의지력이 자기개성을 확립해 준다.

6. 실패를 두려워 말라.

7. 자기의 능력보다 뛰어난 사람과 경쟁하는 가운데 자기발전이 있다.

8. 할 수 없기 때문에 포기하는 것이 아니라 포기하기 때문에 할 수 없는 것이다.

9. 생각이 깊으면 성공, 행복, 실패의 방향을 안다.

10. 정에 연연해서는 성공할 수 없다. 철저히 냉정할 줄도 알아야 한다.

그 무렵 반가운 소식이 들려왔다. 하반기 마케팅본부 워크숍이 공고된 것이다. 한리더는 드디어 기회가 찾아왔다고 생각했다. 이번만큼은 무슨 일이 있어도 이고은과의 관계에 일대 전기를 마련하고 싶었다.

"들었어? 하반기 워크숍에는 사장님이 직접 참석하실 예정이라는 소문이 있어. 그리고 본부장님이랑 팀장들은 간부 워크숍이 겹쳐서 불참한대. 아마도 지난번 사원 워크숍이 성공리에 끝난 것을 보고 회사에서 사원들을 믿고 일임하는 것 같아."

어디서 들었는지 전문가가 자세한 상황을 전해 주었다.

"이번 경쟁 PT 주제는 정해졌어?"

한리더가 호기심을 감추지 못하고 물었다.

"이번 주제는 사장님이 직접 정했대."

이례적인 일이었다. 지금까지 경쟁 PT의 주제를 정하는 일은 모두 본부장이 도맡아 왔다.

"이번엔 악 부장 브랜드야. 지금 악 부장이 준비 중인 신제품이 있는데, 이 제품의 기발한 판매 아이디어를 찾는 것이 경쟁 PT의 주제야."

"혹시 BB크림 아니야?"

"맞아. 어떻게 알았어?"

"지난번에 혜수한테 얼핏 들었어. BB크림은 이제 한물가는 정서인데 악 부장이 자꾸 신제품으로 밀어붙이는 이유를 알 수가 없다고."

"그래?"

"어쨌든 이번에도 만반의 준비를 해서 후배들에게 부끄럽지 않은 PT를 보여 줘야지."

그날 오후부터 한리더는 BB크림에 대한 시장조사 분석서를 집중적으로 훑어보았다. 경쟁업체부터 외국기업 사례까지 두루 훑어보고, 마케팅 전략이 가장 좋았던 상품들의 리스트도 뽑아 놓았다. 그런데 조사를 거듭할수록 과연 악 부장의 브랜드가 시장에서 먹힐까 하는 의문이 깊어졌다. 언젠가 본부장이 함께 라면을 먹으면서 한리더에게 들려줬던 말이 생각났다.

"마케팅에서 마켓은 시장이 아니라 소비자의 마음속이다. 소비자의 마음을 움직이는 상품만이 시장에서 성공할 수 있어."

아무리 생각해도 악 부장이 출시하고자 하는 브랜드는 소비자의 마음을 움직이기에는 역부족으로 보였다. 설사 기발한 판매 아이디어를 찾아낸다고 해도 소비자의 마음속에 BB크림은 더 이상 신선할 수 없을 터였다.

'어떻게 차별화를 하란 말인가.'

워크숍을 앞두고 한리더는 BB크림을 어떻게 시장에 내놓을 것인지 고민하고 또 고민했다. 하지만 고민이 계속될수록 악 부장의 브랜드에 대한 반감만 커질 뿐 획기적인 시장 판매 아이디어는 떠오르지 않았다.

결국 한리더는 이 상품이 더 이상 시장에서 경쟁력이 없다는 판단을 내렸다. 차라리 이 상품을 대체할 수 있는 전략적인 상품을 다시 개발하는 것이 장기적인 관점에서 회사에 이득이 될 것 같았다.

한리더는 당장 자신의 생각을 정리해서 보고서를 만든 후 팀원들에게 돌렸다. 팀원들과 브레인스토밍을 해 본 후 모두의 의견이 자신과 같다면 과감하게 악 부장의 상품을 내리자고 제안할 계획이었다. 물론 악 부장이나 회사에서 이 사실을 알면 노발대발할 것이 뻔했다. 하지만 한리더에게는 아직 신입사원 때의 호기가 남아 있었다. 깨질 때 깨지더라도 한번 부딪혀 보자는 생각이 든 것이다. 어차피 악 부장의 눈 밖에 난 이상 두려울 것도 없었다. 그는 최악의 경우 이직까지도 염두에 두었다. 마케터로서 이 정도는 부딪히고 경험해 봐야 한다는 오기가 발동했다.

드디어 워크숍이 열리는 날, 콘도에 도착한 부서원들은 여장을 풀고 바로 팀별 브레인스토밍에 들어갔다. 모두 세 팀으로 나누어진 가운데 각 팀이 경합해서 가장 좋은 판매 아이디어를 낸 쪽에서 악 부장에게 보고하기로 되어 있었다.

"지난번과는 달리 이번에는 스케줄을 좀 빡빡하게 잡았습니다. 저녁식사 전까지 팀별로 경쟁 PT에 대한 브레인스토밍을 마쳐 주시기 바랍니다. 그런 후 저녁식사를 하고 곧바로 경쟁 PT 시간을 갖겠습니다."

이번 워크숍의 진행을 맡은 전문가가 팀원들에게 일정을 설명했다. 다만 사원들에게는 저녁에 사장이 깜짝 방문할 거라는 사실을 비밀로 해 두었다. 그럴 경우 너도나도 경직된 모습으로 워크숍에 임할 수 있기 때문에 보안을 유지하기로 한 것이다.

한리더는 그간 자신이 조사한 BB크림에 대하여 팀원들에게 기조발제를 했다. 그리고 BB크림에 대한 기발한 판매 아이디어를 찾는 것이 좋겠는지, 아니면 차라리 BB크림을 대체할 만한 새로운 신상품을 개발하는 것이 낫겠는지에 관해 먼저 팀원들의 의견을 물었다.

물론 이 모든 것에 대한 기본적인 시장조사 자료는 워크숍 일주일 전에 이미 모든 팀원들에게 이메일을 통해 알린 상태였다. 그간에 팀원들 역시 한리더의 의견에 전적으로 동의한다는 내용의 답신들을 보내왔는데 이 시간에 서로의 의견을 좀더 개진해 보기로 한 것이다.

결국 한리더의 팀은 BB크림을 포기하고 새로운 상품 전략을 짜는 것으로 의견을 모았다. 물론 다른 팀의 판매 아이디어가 기발하고 시장점유율을 높일 수 있겠다는 판단이 들면 자신들의 의견을 철회하고 깨끗이 승복하겠다는 약속도 했다. 대신 자신들의 의견을 다른 팀에서도 적극적으로 동의해서 일이 계획대로 된다면 모든 책임은 한리더 자신이 지겠다고 총대를 메었다.

브레인스토밍을 먼저 끝낸 팀의 순서대로 저녁식사가 이어졌다. 생활용품팀이 가장 먼저 식당으로 향했고, 화장품팀, 산업용품팀이 뒤를 이었다.

한리더는 다른 두 팀원들의 얼굴을 살펴보았다. 만약 브레인스토밍 결과 기발한 판매 아이디어를 찾아냈다면 모두의 얼굴에 의기가 살아 있을 것이었다. 하지만 어느 팀에서도 그런 기운은 찾아볼 수 없었다.

저녁식사를 간단히 마친 사원들은 개별적으로 커피 타임을 잠깐씩 가지고 바로 경쟁 PT에 들어갔다. 분위기는 한리더가 예상한 그대로였다. 산업용품팀과 화장품팀에서 내놓은 판매 전략은 말 그대로 조금도 기발한 구석이 없었다. 기존에 이미 '제 살 깎아먹기'라는 평가를 받고 있던 원 플러스 원 판매전략, 디자인의 고급화, 마트 판매대 앞 진열, 쿠폰 발행 등 이미 지겹도록 들은 판매 아이디어들만 쏟아냈다. 발표를 하는 사람도 확신 없어 하는 모습이 역력했다. 그나마 화장품팀에서 선글라스를 사은품으로 내걸었다는 점이 참신하다면 참신했지만, 단가를 따져볼 때 현실 가능성은 없어 보였다.

덕분에 한리더는 자신의 결정에 더욱 자신감을 가지고 팀 회의에서 나온 내용들을 발표할 수 있었다.

"신제품은 회사의 미래입니다. 신제품은 회사 관점에서가 아니라 철저하게 소비자 관점에서 기획되고 출시되어야 한다고 생각합니다. 따라서 우리는 출시될 신제품에 대한 판매 아이디어를 찾기보다는 장기적인 차원에서 회사를 위해 무엇이 중요한지 진지하게 의견을 모아 봤습니다. 그 결과 시장에서 히트할 수 있는 신제품을 발굴하기로 했습니다."

한리더가 자신에 찬 표정으로 발표를 해 나가자 여기저기서 공감의 눈빛을 보냈다. 하지만 역시 반대 의견을 피할 수는 없었다.

"이의 있습니다. 이미 BB크림의 부자재 생산을 끝마친 것으로 알고 있는데 지금 상황에서 BB크림을 내린다는 것은 현실적으로 불가능하지 않습니까?"

화장품팀 김 대리였다.

"물론 그럴 수 있겠지요. 하지만 전략이 잘못되었다면 지금이라도 제대로 된 전략을 수립하고 그 대안을 찾는 것이 장기적인 관점에서 회사에 이익을 가져다주는 일이라고 생각합니다. 이미 시장이 형성되어 경쟁사가 선점까지 한 마당에 우리가 3등으로 진입해서 무엇을 얻겠다는 거지요? 백전백패가 자명합니다."

한리더의 명쾌한 논리에 그 누구도 더 이상 이의를 달지 못했다. 하지만 그렇다고 해서 모두 한리더의 의견에 동의를 하는 것은 아니었다.

발표가 진행되는 내내 한쪽에서는 마치 찬물을 끼얹은 듯한 분위기가 연출되었다. 그들 대부분은 악 부장과 호의적인 관계를 유지하고 있는 소위 악 부장 라인의 사람들이었다.

그러나 다른 한편에서는 '속이 시원하다', '정확히 지적했다' 는 반응도 많았다. 결국 서로의 의견이 팽팽하게 맞서게 되자 사회자인 전문가가 중재자로 나섰다. 그리고 거수로 결정을 하기로 했다. 결과는 8 대 2의 비율로 한리더의 압승이었다.

회의실이 조금 술렁이긴 했지만 워낙 표 차이가 많이 났기 때문에 그 누구도 결과에 대해 이의를 제기하는 사람은 없었다.

"그럼, 생활용품팀의 기획안을 최종안으로 확정지으면서 이것으로 경쟁 PT를 마치겠습니다."

전문가의 힘찬 목소리였다. 그 때였다. 갑자기 회의실 문이 열리면서 사장실 비서실장이 들어왔고, 뒤이어 사장이 성큼성큼 걸어 들어왔다.

예상치 못한 사장의 등장에 깜짝 놀란 직원들은 놀란 표정을 감추지 못하고 너도나도 자리에서 일어나기 시작했다. 평소와 달리 넥타이를 매지 않고 등산복 차림을 한 사장은 밝은 표정으로 사람들에게 앉으라는 손짓을 했다.

"수고들 많습니다. 근처 용문산을 등산하고 내려오는 길에 잠깐 들렀습니다."

그러자 누가 먼저랄 것도 없이 반가운 마음으로 박수를 쳤고, 사원들의 열렬한 환호에 오히려 당황한 사장이 다시 한마디 했다.

"마케팅본부 워크숍이라고 해서 그냥 단합대회 정도로 생각했는데 밖에서 보니 아주 열심들이더군요. 놀랐습니다. 그리고 한리더 대리!"

순간 한리더는 간담이 서늘했다. 사장이 도착한 사실조차 모르고 있었는데 밖에서 자신의 발표 내용을 다 듣고 있었다고 생각하니 걱정이 앞섰다.

"어디 한번 들어봅시다. 한리더 대리가 생각하는 '무늬만 신상품'이 아니라 '진짜 신상품'은 어떤 것입니까?"

한리더는 사장의 갑작스러운 지시에 얼마간 당황했지만 곧 자신감을 회복했다. 그리고 며칠 동안 내내 고민해 왔던 신상품에 대한 아이디어를 쏟아내기 시작했다.

"제가 마케팅부서에 처음 왔을 때 본부장님으로부터 귀에 못이 박히도록 들은 말이 있습니다. 마케팅은 고객의 마음속에 브랜드의 가치를 공감시키는 행위라는 것입니다. 기업이 생각한 가치를 결코 고객에게 주입시키려 해서는 안 된다는 것이었지요. 그리고 또 하나, 고객이 정말 원하는 것은 '황홀한 경험'이라는 것입니다. 그런데 기존에 이미 쫙 깔려서 3,40대 여성이라면 누구나 하나씩 가지고 있다는 BB크림으로는 더 이상 고객에게 황홀한 경험을 안겨 줄 수 없다는 것이 제 생각의 출발입니다."

여기까지 이야기한 한리더는 사장의 표정을 조심스럽게 살폈다. 다행히 사장은 매우 흥미로운 얼굴로 그의 말을 경청하고 있었다. 자신감을 얻은 한리더는 계속 발표를 해 나갔다.

"그래서 제가 생각한 것은 AA크림입니다. AA크림은 입가의 팔자

주름과 목주름에 관심이 많은 여성들을 대상으로 기획된 제품으로, 제가 조사한 바에 의하면 40대 이상의 모든 여성들이 팔자 주름을, 25세 이상의 거의 모든 여성들이 목주름을 고민하는 것으로 나왔습니다. AA크림이 론칭에 성공하면 곧 이어서 생활용품팀에서 목베개를 출시할 생각입니다. 한때 베개 업계를 강타했던 메모리폼 베개처럼 목을 받쳐주면서 여성의 피부 미용까지 생각하는 기능성 베개를 개발하는 것이지요. 기존의 찜질방 목침과는 차원을 달리하는 제3의 베개를 만들어내는 것입니다. 목주름을 고민하는 여성 소비자층을 겨냥해서 고급스러운 소재와 세련된 디자인으로 승부한다면 충분히 승산이 있다고 봅니다. 실제로 피부과에서도 얼굴의 팔자 주름과 목주름만큼은 시술이 어렵다고 합니다. 따라서 더 이상 이런 주름이 늘어나지 않도록 여성들의 고민을 해결해 주는 것이 이번 AA크림의 마케팅 전략입니다. 이 상품이 론칭에 성공할 경우 신상품 개발 아이디어 또한 무궁무진하다고 봅니다. 입가와 목 주변 전용 스킨부터 로션, 에센스, 팩, 수분스프레이까지 말입니다. 이들 상품을 공동 브랜드로 묶어서 마케팅 전략을 개발할 경우 더욱 큰 시장을 차지할 수 있다는 것이 제 생각입니다."

한리더의 발표가 끝나자 잠시 침묵이 이어졌다. 모두가 숨을 죽이고 한리더를 쳐다보았고, 일부 직원은 사장의 눈치를 살피고 있었다.

그 때였다.

"짝짝짝."

사장이 환하게 웃으며 박수를 쳤고, 이어 비서실장도 따라서 박수를 보냈다. 그러자 직원들도 하나 둘 박수를 치기 시작했고, 장내 분위기가 화기애애하게 흘렀다.

"훌륭합니다, 한리더 대리. 돌아가는 대로 AA크림에 대해 적극 검토해 보라고 본부장에게 지시하겠습니다. 그리고 BB크림의 출시는 당분간 보류해 둡시다. 다들 수고 많았습니다."

본부장도 팀장들도 없는 자리에서 사장의 전폭적인 지지를 받은 한리더는 하반기 워크숍에서 가장 주목할 만한 사원으로 떠오르게 되었다. 동료들의 부러움 어린 시선이 여기저기서 쏟아졌다.


사원 워크숍에서 사장의 호평을 받은 AA크림은 몇 가지 과정을 거쳐 곧바로 시장에 출시되었다. 그간 악 부장의 엄청난 반발과 노골적인 적대감 속에 어려움을 겪긴 했지만 한리더 개인으로서는 AA크림의 탄생이 꿈만 같았다.

마케터에게 있어 자신이 개발한 상품은 곧 그의 경력이 된다. 따라서 그 상품의 시장 반응이 어떤가에 따라 그 자신의 가치가 매겨지는 것이 이 바닥의 생리다.

AA크림의 경우 처음부터 사장의 후광을 등에 업고 출시된 상품이었기 때문에 시장접근법부터 달랐다. 대대적인 광고와 프로모션이 이루어졌고 모델도 특A급으로 선정되었다. 따라서 AA크림에 대해 회사에서 거는 기대는 남달랐고 시장조사를 맡은 리서처들도 꽤나 들떠 있었다. AA크림이 하반기의 히트상품이 될 것이라고 미리 내다본 것이다.

시장의 반응 또한 예상대로 뜨거웠다. 처음 출시한 전 상품이 매진

되었고 예약주문이 폭주해 콜센터의 업무가 마비될 지경에 이른 것이다. 회사에서는 당장 AA크림의 추가 생산 및 후속제품 출시에 만전을 기하라는 특명이 내려졌다. AA크림을 블랙라벨, 퍼플라벨, 블루라벨 등으로 차별화해서 후발업체의 진입을 애초에 봉쇄하라는 것이었다.

후속제품들의 출시로 눈코 뜰 새 없이 바빠진 한리더는 시간이 어떻게 가는지도 모르고 일에 빠져 살았다.

그런데 그보다 더 놀라운 일이 일어났다. AA크림과 연계해서 개발한 목베게 '엔쿠션(n-cushion)'이 국내는 물론 국외에서까지 선풍적인 인기를 얻은 것이다. 국내의 유명 디자이너에게 디자인을 의뢰해 만든 엔쿠션은 나이와 취향에 따라 고를 수 있도록 6개의 제품을 생산했는데 모두 폭발적인 인기를 거두었다. 일본, 대만, 홍콩 등 아시아 국가로의 수출 계약이 계속되었고, 유명 명품 브랜드의 담당자들이 뉴욕과 파리에서 날아와 로열티를 약속하며 기술제휴를 제안하였다.

그 덕분에 엔쿠션의 매출액은 생활용품팀이 지난 3년간 올린 매출액과 거의 맞먹는 수준에 육박했고, 온 나라가 불황 속에 시름하는 가운데서도 CS(주)의 주가만큼은 연일 상한가를 기록할 수 있었다.

그렇게 훌쩍 몇 달이 지나가는 동안 한리더는 회사에서 작은 영웅이 되어 있었다. 만나는 사람마다 그에게 칭찬의 목소리를 아끼지 않았고 상사들로부터도 특별대우를 받았다. 그럼에도 불구하고 정작 한리더 자신은 그러한 주변의 반응이 달갑지만은 않았다. 시간이 갈수록 점점 지쳐 가면서 극도로 신경이 예민해지기 시작했다. AA크림이 불티나게 팔리는 동안 과도한 업무에 시달리느라 제대로 쉬지 못한

까닭이었다. 그러던 어느 날 인사부장이 그를 호출했다.

"한리더 과장."

과장이라니, 순간 한리더는 자신의 귀를 의심했다.

"어차피 연말 인사 때 발표할 거지만 한 과장은 특별히 치하를 하라는 사장님의 특명이 있었습니다."

인사부장은 한리더에게 봉투 하나를 내밀었다.

"이건……?"

"진작 전해졌어야 했는데 사장님이 계속 해외출장 중이셔서 결제가 늦었습니다. 특별 상여금입니다. 물론 연말 상여금은 다른 직원들과 같은 시기에 다시 지급될 거고, 이건 그야말로 '특별' 상여금입니다. AA크림과 엔쿠션 덕분에 회사에서 회수한 돈이 엄청납니다. 어떤 식으로 포상을 할까 생각하다가 한리더 씨가 미혼이라는 점을 감안해서 신혼집 전세금 정도만 넣었습니다. 앞으로도 계속 회사를 위해 열심히 뛰어 주세요."

한리더는 이게 꿈인가 생시인가 종잡을 수가 없었다. 그렇지 않아도 이사 문제로 골치를 앓고 있었는데 일이 이렇게 쉽게 해결되다니, 정말 꿈만 같았다. 무엇보다 이제 이고은과 가까운 곳에서 살 수 있다는 생각이 그를 흥분하게 만들었다.

"초고속 승진이라는 게 있지요. 올해는 과장이지만 내년에는 과장 꼬리표 떼야지요. 그리고 혹시 골프 좋아합니까?"

한리더는 드디어 올 것이 왔다는 생각을 했다. 회사에서 임원으로 승진하고 싶으면 골프를 배우라는 선배들의 말이 현실로 다가오고 있었던 것이다.

"예. 좋아하지만 아직 미숙합니다. 앞으로 연습 시간을 좀더 많이 가지려고 합니다."

인사부장이 흐뭇한 미소를 띠우며 한 마디를 더 얹었다.

"기회는 언제 어디서 찾아올지 모릅니다. 뭐든 평소에 만반의 준비를 해 두는 게 좋겠지요. 그럼 열심히 하세요."

인사부장의 의미심장한 말을 가슴에 새기며 한리더는 자리에서 일어났다. 상여금 봉투를 가슴 주머니에 집어넣자 자기도 모르게 심장이 쿵쿵 뛰기 시작했다. 상여금 자체만으로도 믿을 수 없이 기뻤지만, 회사에서 자신을 인정해 주고 소위 '낙점'이라는 것을 받았다는 사실이 그를 한없이 흥분되게 만들었다.

한리더는 자리로 돌아와 봉투를 열어보았다. 거기에는 수표가 한 장 들어 있었다. '억 소리가 난다'는 것이 이런 것일까. 한리더는 정신이 몽롱해져서 한동안 멍하니 창밖만 바라보고 있었다.

# 생각대로 이루어지는 놀라운 법칙

국내 첫 인상학자로 유명한 원광대 주선희 교수의 일화이다.

어느 날 강연을 나간 주 교수에게 한 중소기업 CEO가 물었다.

"교수님, 저는 돈을 얼마나 많이 벌 것 같습니까?"

그러자 주 교수가 되물었다.

"사장님 생각에는 얼마나 버실 것 같습니까?"

"저는 그다지 돈을 많이 벌지는 못할 것 같습니다. 돈 벌어서 직원들 월급 주고 사업체 운영하고…… 그저 그렇게 굴러갈 것 같습니다."

중소기업 CEO가 대수롭지 않게 대답했다. 그러자 주 교수가 고개를 끄떡이며 말했다.

"제 생각도 똑같습니다. 사장님은 돈을 그다지 많이 못 버실 것 같습니다. 돈 벌어서 직원들 월급 주고, 회사 운영하고 그럭저럭 사실 것 같습니다."

주 교수는 왜 이런 대답을 했을까. 그는 팔자는 타고나는 것일지 몰라도 인상은 자신의 노력과 의지에 따라서 바뀌는 것이 인상학의 핵심이라고 말한다. 그리고 그 인상을 결정짓는 변수 가운데 하나가 '자기확신' 이라고 강조한다.

위 중소기업 CEO의 경우 스스로 돈을 많이 벌지 못할 것이라고 생각하고 있었다. 그렇다면 그 사람은 실제로 그렇게 될 수밖에 없다는 것이 주 교수의 생각이다. 자신은 돈을 많이 벌 수 없을 것이라고 스스로 부정적인 자기확신을 하는데 어떻게 돈이 굴러오겠느냐는 것이다.

"저는 돈을 아주 많이 벌 것 같습니다. 지금은 그럭저럭 회사를 운영할 정도지만, 앞으로는 돈을 많이 벌어서 사회에 봉사도 하고 재벌 소리 들으며 살 것 같습니다."

주 교수가 중소기업 CEO에게 기대했던 대답은 바로 이런 것이었다.

# 나를 프로모션하라

# 네트워크
## 인적 네트워크가 나의 또 다른 능력이다

　해마다 새해가 시작될 무렵이면 대부분의 회사는 위기를 강조하면서 인사를 단행한다. CS(주)도 신년을 맞아 인사발표를 마쳤다.

　사전에 과장 승진 통보를 받은 한리더는 자신 이외에 누가 또 승진 대상자 명단에 올랐는지 궁금해 회사 홈페이지에 접속했다. 그리고 사내 게시판을 확인한 한리더는 자신의 눈을 의심하지 않을 수 없었다. 그토록 싫어하던 악 부장이 샐러리맨의 별이라고 할 수 있는 이사로 승진을 하면서 고급 승용차까지 제공받은 것이다. 그가 입사 동기보다 빨리 과장으로 승진하는 특진을 얻은 것보다 훨씬 더 파격적인 일이었다.

　한리더는 올해 히트상품을 두 개나 개발했고 매출목표도 초과 달성했다는 가시적인 성과가 있었다. 하지만 악 부장의 경우 히트상품은 커녕 계속 조직에 걸림돌이 되는 상품들만 개발하려다 모두 무산됐는데 어떻게 이사 자리에 오를 수가 있는지 한리더는 도무지 이해가 되지 않았다. 조직에서 제아무리 일을 잘하고 성과가 좋아도 인사권자인 상사가 알아주지 않으면 승진이 어렵고, 그 반대의 경우라도 줄만 잘 서면 출세에 유리하다는 선배들의 냉소가 뼈저리게 와 닿는 순간이었다.

이번 인사에서 또 한 가지 아쉬운 점은 생활용품팀장이 승진 대상에서 누락되었다는 점이다. 부하직원을 어떻게 해서든지 빨리 승진시키기를 원하는 리더가 있고, 부하직원의 공을 가로채거나 자신의 승진에만 관심이 있는 리더가 있는데, 생활용품팀의 팀장과 악 부장이 바로 각각 이를 대변하는 리더였다. 모두들 생활용품팀장이 승진에서 밀려난 것에 아쉬움을 토로하고 악 부장이 승진한 것에 대해 유감을 표시했다.

인사 발표가 끝나고 연말연시로 어수선할 때 팀장으로부터 이메일이 도착했다. 팀장은 가끔씩 메일을 통해서 자신의 솔직한 마음을 팀원들과 공유하곤 했었다.

✉ **제목: 한 해 동안 수고하셨습니다.**

사랑하는 팀원 여러분께.

두려움과 기대 속에서 시작한 한 해가 벌써 지나가고 있습니다.

매출목표 3,000억 원, 시장점유율 35%라는 이상적인 목표에 대한 부담감이 늘 우리를 짓누르고 있었음에도 불구하고 좋은 분위기를 유지하면서 목표를 달성해낸 여러분의 수고로움에 깊은 감사를 표합니다.

제가 최근에 참 좋아하게 된 말이 있습니다. '생각하는 대로 살지 않으면, 사는 대로 생각한다'는 말입니다. 제가 저를 돌아볼 때 생각하는 대로 산 것이 별로 없다는 후회가 남기 때문입니다. 윗사람이 뭐라 하든, 옆 동료가 뭐라고 비난하든, 맞는 것은 맞는 것이고 틀린 것은 틀린 것이지요. 마케팅도 '이렇게 하는 것이 맞다는 확신이 들면 이렇게 해 보는 것'이고요.

그 동안 직장생활을 해 오면서 참 많은 시간을 다른 사람들에게 맞추기 위해 살았다는 생각이 듭니다. 그런데 뭔가 생각해내고, 또 그 생각대로 살려고 노력하지 않으면 사는 대로, 다시 말해서, 다른 사람의 생각대로 살아가게 되고 마는 것 같습니다.

저는 모든 팀원이 하나의 방향, 하나의 방법대로만 일하는 것은 원치 않습니다. 자신의 업무 영역에서 자신의 방식대로 일하기를 기대하고 있습니다.

올해도 여러분께 케이크를 하나씩 준비했습니다. 가족들에게 전해 주시고, 일 년 동안 우리가 열심히 일할 수 있도록 뒤에서 지원해 준 데 대한 고마움을 표시해 주십시오. (케이크 종류는 알려주는 대로 준비하겠습니다.)

승진 인사가 발표된 이후 승진자들은 사내를 돌아다니며 동료나 다른 팀 직원들에게 승진에 대한 감사 인사를 하고 다녔다.

한리더는 악 부장에게 인사를 하는 것이 좋을지 아닐지 몰라 잠시 고민을 하다가 아무래도 인사를 하는 편이 낫겠다는 판단을 내렸다. 이사 정도의 높은 자리에 승진했다면 예전 일 정도는 눈감아 줄 수 있는 아량이 생기지 않을까 하는 기대도 있었고, 거절을 당하더라도 어쨌든 인사를 하는 편이 예의라고 생각되었다.

"이사님, 승진 축하 드립니다."

한리더는 다른 직원들이 함께 있는 자리에서 정중하게 승진 축하 인사를 했다. 악 부장의 표정은 그다지 밝지 않았지만 다른 직원들의 시선을 의식할 수밖에 없었기 때문에 그의 인사를 받아주었다.

"한 과장도 축하합니다. 그나저나 섭섭하겠습니다. 본부장님이 많이 아끼셨는데……."

한리더는 악 부장이 무슨 말을 하는 것인지 전혀 알아듣지 못하고 고개만 갸우뚱했다.

"그럼 가 보세요. 앞으로 자주 보게 될 테니 자~알 부탁합니다."

무슨 연유인지 악 부장은 연신 빈정거리는 태도였고, 한리더는 그런 그에게 불쾌한 마음을 숨길 수가 없었다.

오후가 되자 마케팅부서에 이상한 소문이 돌기 시작했다. 지금까지 마케팅부서를 이끌었던 본부장이 회사를 그만둘 예정이며 그의 후임으로 악 이사가 거론되고 있다는 내용이었다. 본부장의 거취에 대해서는 소문이 무성했다. 억대 연봉으로 더 좋은 회사로 스카우트되어 간다는 소문, 사장과 업무스타일이 맞지 않아 회사로부터 버림을 받았다는 소문 등 확인되지 않은 말들이 무성했다. 한리더는 그 어떤 소문도 믿고 싶지 않았다.

마음 같아서는 당장 본부장에게 달려가 묻고 싶었지만 혹시나 안좋은 이유로 회사를 그만두게 된 것이라면 실례가 될 것 같아 그러지도 못하고 답답한 상황이었다.

그러던 중 본부장과 대면할 수 있는 기회가 생겼다. 팀장이 한리더가 작성한 보고서를 본부장에게 직접 결재받아 오라고 지시를 내린 것이다.

"한 과장 왔구나. 그렇지 않아도 할 말이 있었는데."

평소와 달리 문서 내용을 보지도 않고 결재를 마친 본부장이 자리를 권했다.

"저도 여쭤보고 싶은 것이 있습니다."

"내가 그만둔다는 소문 들었니?"

한리더는 아무 말도 하지 않고 본부장의 다음 말을 기다렸다.

"그만두기로 했다."

소문이 사실로 확인되자 한리더는 하늘이 무너지는 것만 같았다. 아니기를 간절히 바랐건만 이미 모든 것이 기정사실이나 다름없었다.

한리더와 마찬가지로 섭섭함을 감추지 못하는 본부장의 등 뒤로 '리더와 보스'라는 제목의 액자가 눈에 들어왔다. 한리더가 처음 입사했을 때 "리더는 축구 경기에서 감독이 아니라 주장이 되어야 한다"며 액자 문안을 하나씩 설명해 주던 본부장의 모습이 떠올랐다.

당신은 보스인가, 리더인가?

A Chief says 'I', But A Leader says 'We'.

(보스는 '내가'라고 말하고 리더는 '우리들'이라고 말한다.)

A Chief knows 'How to do', A Leader teaches 'How to do'.

(보스는 방법을 알고 있지만, 리더는 방법을 가르쳐 준다.)

A Chief scolds 'Fault', A Leader corrects 'Fault'.

(보스는 잘못을 꾸짖기만 하고, 리더는 잘못을 고쳐 준다.)

A Chief depends on 'Authority', A Leader depends on 'Cooperation'.

(보스는 권위에 의존하고, 리더는 협동에 의존한다.)

A Chief makes a man 'work', A Leader takes the 'Lead'.

(보스는 부하를 부리려고만 하고, 리더는 앞장서서 솔선수범한다.)

A Chief makes work 'Hard', A Leader makes 'Fun'.

(보스는 일을 고역스럽게 만들고, 리더는 일을 재미있게 만든다.)

A Chief asks 'Obedience', A Leader inspires 'Respect'.

(보스는 상사에 대한 무조건적인 복종을 원하고, 리더는 존경심을 불러일으킨다.)

"내가 회사를 그만두는 이유가 궁금하지?"

마침 본부장이 먼저 이야기를 꺼냈다.

"너도 과장이 됐으니까 알아야 할 것 같아서 말해 준다. 회사라는 조직은 피라미드 구조로 되어 있기 때문에 위로 올라갈수록 줄이나 라인이라는 게 있다. 그것은 혈연이나 학연, 지연이 될 수도 있고 다른 어떤 특별한 관계에 의해서 만들어지기도 하지. 나는 이곳에 올 때 회장님을 통해서 왔기 때문에 회장님 라인으로 분류가 되었고, 그 때문에 사장님 라인의 사람들로부터 늘 경계가 있어 왔지. 그런데 그런 경계가 갈수록 심해지는 것만 같아서 고민 끝에 과감히 떠나기로 한 거다. 더 이상 야합과 줄 세우기 문화에 놀아나기는 싫다."

"그건 본부장님의 의도와 관계가 없잖아요."

"그게 위로 올라갈수록 자의 반 타의 반으로 자기도 모르게 그렇게 분류가 되는 경우가 많아. 네가 의도적으로 나와 가까워진 게 아닌데도 너의 동료들이 너를 내 라인이라도 생각하는 것과 같은 이치지. 그러니까 사회생활을 할 때는 항상 자신이 어떤 네트워크에 걸려 있는지 안테나를 세워 두는 게 좋아. 물론 스스로가 전략적으로 네트워크를 만들 수 있다면 더욱 좋겠지."

본부장은 마지막으로 한리더에게 악수를 청했다.

"다행히 나는 유망한 기업에 아주 좋은 조건으로 가게 되었다. 거기서 틀림없이 사람이 필요할 거야. 내가 먼저 가서 자리를 잡은 다음 너를 부르마."

그날 이후 본부장은 더 이상 출근하지 않았다. 며칠 동안이나 허전한 마음을 달래지 못한 한리더는 자신의 생활에 변화를 줘야겠다는 결심을 했다. 비록 본부장이 떠났지만 그가 약속한 대로 언젠가 자리를 잡고 자신을 불러 줄 때 준비된 사람으로 본부장 앞에 서고 싶다는 생각이 들었다. 그렇게 하기 위해서는 지금보다 더 열심히 자기 자신을 연마하지 않으면 안 되었다. 그렇게 새롭게 출발하는 마음으로 자신을 둘러싼 모든 것들에 대한 재정비에 들어간 한리더는 그 출발점으로 제일 먼저 이사를 결심했다.

'그래. 고은 씨와 같은 동네로 당장 옮기자.'

한리더는 지금 자신에게 가장 시급한 문제는 이고은과의 관계를 정립하는 것이라고 생각했다. 예전의 그는 일에 집중하는 것 이외의 큰 고민은 없었다. 하지만 이고은을 만난 이후 그의 열정이 일과 사랑으로 양분되면서 여러 가지로 몸과 마음에 불협화음을 초래했다. 더 이상은 연애 문제로 질질 끌려다니지 말고 무언가 결정적인 기회를 만들어서 이고은과의 관계에 전환점을 새겨야겠다고 한리더는 생각했다.

다행히 그에게는 사장으로부터 받은 상여금이 있었다. 그 금액이면 지난번에 알아본 고급 원룸을 구하는 데도 무리가 없을 것 같았다.

'쇠뿔도 단김에 빼랬다고 오늘 당장 알아보자.'

내친 김에 인터넷을 통해 당장 집을 알아본 한리더는 이고은이 살고 있는 백마아파트와 근접한 곳에서 적당한 원룸을 찾을 수 있었다.

'기다려라, 고은아. 오빠가 간다.'

이고은과 같은 동네에 살게 된다는 상상만으로도 몹시 행복해진 한리더의 입가에 미소가 번졌다.


본부장이 떠난 후 마케팅부서는 여러모로 달라졌다. 본부장의 자리가 공석이 되면서 불안하고 들뜬 분위기가 계속되었고, 직원들의 관심은 오직 누가 본부장의 후임에 오르느냐 하는 것뿐이었다. 서열로 따지면 악 이사가 그 자리에 오르게 되어 있었지만, 이제 갓 이사 명함을 단 그에게 본부장 자리는 아직 무리라는 의견이 지배적이었다. 따라서 외부인사를 영입하는 쪽으로 가닥이 기울어 간다는 소문도 들려왔다.

한리더는 설마 악 이사가 본부장 보직에 임명되기야 하겠느냐며 스스로를 위로했다. 다른 동료들도 모두 같은 생각을 하고 있었지만, 만약에 악 이사가 본부장에 임명될 경우 가장 큰 피해자는 역시 한리더가 될 터였다. 불안한 마음으로 하루하루를 보내던 한리더는 제발 악이사가 본부장에 오르지 않게 해 달라고 간절한 기도라도 하고 싶은 기분이었다.

하지만 그의 바람은 보기 좋게 무너지고 말았다. 결국 악 이사가 마케팅본부장의 자리에 오른 것이다. 예상치 못한 조직개편으로 하루아침에 악 이사가 자신의 직속상사가 되자 한리더의 마음은 말할 수 없이 참담했다.

악 이사는 본부장의 자리에 오르자마자 부서원들을 불러 모았다. 그러고는 20여 분 넘게 계속된 승진 사례의 말미에 이런 말을 덧붙였다.

"부족한 제가 여러분의 도움으로 본부장 보직에 임명될 수 있었습니다. 저는 미래지향적인 사람입니다. 과거의 불미스러운 일은 모두 잊고 앞으로 활기찬 분위기를 만들어 가도록 함께 노력합시다. 이상입니다."

악 이사가 말하는 내내 한리더는 그의 눈을 똑바로 쳐다볼 수가 없었다. 과연 그가 공언한 내용을 언제까지 지켜나갈지 솔직히 의문이었다. 직원들은 모두 박수로 화답했지만 모두의 머릿속에 어떤 생각들이 있을지는 알 수 없는 노릇이었다.

팀장에서 중역으로 승진한 악 이사에게는 개인비서와 사무실이 제공되었고, 업무 범위가 커지면서 그는 몹시 바빠 보였다.

그렇게 한 달 정도의 시간이 흘렀을 무렵 악 이사의 비서로부터 한 리더를 찾는 전화가 걸려왔다. 월 마감 매출액을 가져오라는 지시였다. 한리더는 미리 준비해 둔 마감보고서를 들고 이사실로 올라갔다. 혹시라도 흠 잡히지 않으려고 숫자 하나하나까지 철저하게 점검을 마친 보고서였다.

보고서에 결제를 한 후 악 이사가 실눈을 번뜩이며 그에게 물었다.

"그래 이고은 씨와는 의논해 봤어?"

"네?"

"어제 고은 씨한테 얘기했는데 아직 못 들은 모양이군."

한리더는 악 이사가 도대체 무슨 말을 하는지 이해할 수 없었다.

"두 사람 사귀는 거 아니야?"

황당한 말이 아닐 수 없었다.

"그건 아닙니다."

"자네, 이고은 씨 좋아하지 않나?"

자신이 이고은을 좋아하는 것은 사실이지만 왜 그 사실을 악 이사에게 추궁받아야 하는지 납득할 수 없었던 한리더는 슬슬 화가 나기 시작했다.

"외람된 말씀이지만, 이사님께서 왜 그런 질문을 하시는지 잘 모르겠습니다."

"어허~ 이것 참. 아직도 분위기 파악을 못하고 있구먼."

무슨 꿍꿍이속인지 악 이사는 연신 빈정대는 말투로 이야기했다.

"어제 고은 씨에게 말했네. 사내 커플이 같은 부서에서 근무하는 것은 아무래도 민폐가 아니겠냐고. 두 사람 중 한 명은 다른 부서로 가든가 아니면 회사를……."

"그만두라고 하셨습니까?"

악 이사의 말을 더 이상 듣고 있을 수 없었던 한리더가 물었다.

"나는 그만두라고 말한 적은 없습니다."

말로는 그런 적이 없다고 하지만 이미 고은 씨에게 뭔가 압박을 넣은 것이 분명했다. 한리더는 자신에 대한 악감정을 이런 식으로 복수하는 악 이사가 한없이 비겁하게 느껴졌다.

"이사님, 정말 너무하십니다. 감정이 있으시면 제게 말씀을 하십시오. 왜 죄 없는 고은 씨에게……."

"이봐요, 한리더 씨. 회사는 일을 하는 곳입니다. 사랑놀음을 하는 곳이 아니란 말입니다."

한리더로서는 기가 막힌 노릇이 아닐 수 없었다. 차라리 자신이 이고은과 정식으로 사귀기라도 한다면 이렇게까지 억울하지는 않았을 것이다.

"이런 말까지는 안 하려고 했는데, 정말 너무하십니다. 지금까지 이런 식으로 부하직원들을 내쫓으신 겁니까? 이제야 그 친구들의 마음이 이해가 되는군요."

이렇게 된 이상 더 이상 악 이사 밑에서 일할 수 없다는 것을 깨달은 한리더는 이미 마음속으로 사표를 던졌다.

"아니, 이 무슨 돼먹지 못한……."

악 이사 역시 충격이 만만치 않았는지 얼굴이 누르락붉으락해졌다.

악 이사의 사무실에서 나와 자기 자리로 돌아온 한리더는 당장 사직서를 쓰기 시작했다. 홧김에 단숨에 써내려가긴 했지만 막상 다 쓴 사직서를 봉투에 넣고 나니 그제야 두려운 마음이 들기 시작했다. 사회생활을 시작한 이래로 처음 써 보는 사직서였고, 회사를 그만둔 다음에 무엇을 할지도 막막했기 때문이다.

아무리 생각해 봐도 지금 사직서를 던지는 것은 경솔하다는 판단이 들었지만, 그렇다고 계속 악 이사의 눈총을 받으며 회사를 다닐 수는 없는 노릇이었다. 게다가 혹시나 자기 때문에 이고은이 피해를 입기라도 한다면 정말 큰일이었다.

'아참, 고은이…….'

사직서를 쓰느라 이고은 생각을 못했던 한리더는 당장 화장품팀으로 달려갔다.

"고은 씨 오늘 휴가야."

장혜수의 말이었다.

"혹시 어제 고은 씨한테 무슨 일 없었어?"

한리더가 물었다.

"무슨 일?"

오히려 자기가 궁금하다는 듯이 장혜수가 되물었다.

"아니야."

"선배, 고은 씨랑 진도 좀 내 봐. 선배 덕 좀 보자."

장혜수가 눈짓으로 건너편 책상에 앉아 있는 나핸섬을 가리키며 말했다.

"왜, 이번에는 잘 안 되니? 오히려 내가 무인승차 좀 하려고 했는데……."

"시간이 좀 필요할 것 같아. 나햇섬, 꽤 진지한가 봐. 아까는 혹시 고은 씨 주소 모르냐고 물어보던데?"

"그래서?"

"모른다고 딱 잡아뗐지."

장혜수가 눈을 내리깔며 말했다.

"그럼, 알고 있다는 말이구나."

"그건 아니고, 인사부 최 대리한테 물어보면 금방 나오잖아."

그녀는 다시금 나햇섬 쪽을 보며 말했다.

"하여간 대단해. 언제 최 대리까지 사귀었니?"

한리더는 다시금 장혜수의 인맥에 놀랄 따름이었다.

"인사부에 내 편 하나 심어 두는 건 네트워크 관리의 기본 중에 기본이야. 잘 사귀어 두면 언젠가 인사부장이 될 거 아니야? 선배는 그런 계산 안 하고 살지?"

장혜수가 손으로 계산기를 두드리는 시늉을 했다.

"나는 너 하나만 관리해도 차고 넘칠 것 같다. 가만 보면 혜수 너 스파이더맨이 부럽지 않겠어. 모르는 사람이 없다니까. 하여간 알아봐 줄 수 있지? 내가 오늘 고은 씨를 꼭 만나야 하거든."

한리더가 다급한 듯 말했다. 그런 그의 마음을 읽었는지 장혜수는 당장 알아봐 주겠노라고 했다.

"이따가 문자로 넣어 줄게. 걱정 말고 가 있어. 선배, 우리 지난번에 동맹 맺었잖아. 대신 고은 씨 빨리 처리해 줘."

장혜수가 장난스레 말했다.

"그래, 고맙다."

한리더는 언젠가 들었던 고구마 넝쿨 이론이 생각났다. 굵직한 고구마를 하나 캐면 그 고구마의 넝쿨에는 그것과 같거나 그보다 큰 고구마들이 줄줄이 엮여서 나온다는 이론이었다. 따라서 사람도 괜찮은 사람을 한 명 사귀어 두면 그 사람 주변의 훌륭한 사람들까지 줄줄이 함께 사귈 수 있다는 말이었다.

적어도 지금의 한리더에게는 장혜수만큼 고맙고 굵직한 고구마가 따로 없었다.

**I marketing Tip**

# 인맥은 나를 지켜 주는 든든한백

성공에는 재능과 행운이 모두 필요하다. 그런데 '행운'이란 어떻게 보면 다른 사람의 도움을 받는 것과 통한다. 자신의 목표를 세우고 실력을 쌓기 위해 애쓰는 것처럼 사람들과의 관계에서도 전략적인 노력을 기울여야 하는 이유가 여기에 있다.

요즘처럼 사회가 정보화될수록 인적 네트워크의 중요성은 점점 더 커질 수밖에 없다. 네트워크 지수가 그 사람의 경쟁력을 좌우한다고 해도 과언이 아니다. 다양한 채널을 통해 정보를 수집하는 능력, 소중한 사람들과 함께 자기계발을 도모하는 능력 등이야말로 다채롭고 풍요로운 삶을 만들어 주는 원동력이 된다. 사람이 재산인 시대다.

그런데 인맥이라고 하면 학연이나 지연 등 부정적인 의미로 받아들이는 경우가 많다. 하지만 비즈니스의 세계는 철저하게 사람에서 시작해서 사람으로 끝나는 경우가 많다. 실제로 직장에서 혼자만의 힘으로 할 수 있는 일은 지극히 드물다. 인간관계야말로 직장생활의 핵심이다.

미국의 한 조사기관의 연구에 따르면, 내가 모르는 누군가에 대해서도 '6단계'의 인맥만 거치면 상대방을 알게 된다고 한다. 그런데 한국의 경우

6단계가 아니라 평균 4.6단계만 거치면 누구나 아는 사람이 된다고 한다. 그만큼 우리를 둘러싼 인적 네트워크는 촘촘하다. 따라서 막연히 부정적인 인식만으로 인맥을 터부로 삼을 것이 아니라, 어차피 우리의 삶 자체가 인맥이라면 지혜롭게 사귀고 진실성을 바탕으로 윈윈관계를 만들어 가는 것이 좋지 않을까.

# 디스플레이
## 위치 선점이 중요하다

　퇴근시간 무렵 장혜수로부터 이고은의 주소를 건네받은 한리더에게 믿을 수 없는 일이 벌어졌다. 이고은의 집주소가 최근 자신이 이사한 원룸의 주소와 같았던 것이다.

　며칠 전 대치동의 원룸으로 자리를 옮긴 한리더는 자신이 마치 팬트하우스에라도 사는 것 같은 행복감을 느끼고 있었다. 옥탑방에 살다가 고급 원룸으로 이사를 하고 보니 마치 자신이 마법에서 풀려난 개구리 왕자 같다는 생각이 들 정도였다. 그런데 자신이 살고 있는 바로 그 원룸에 이고은도 살고 있다니 도무지 믿을 수가 없었다.

　'이거 완전 개구리 왕자의 궁전에 공주가 살고 있는 격이잖아.'

　한리더는 당장 이고은에게 전화를 걸었다. 지난번에 분명 백마아파트에 데려다 줬던 것이 생각나 궁금해서 참을 수가 없었다. 하지만 그녀의 휴대폰은 전원이 꺼져 있었다.

　한리더는 한참을 생각한 후에 일단 자신의 원룸으로 발길을 옮겼다. 그리고 곧바로 건물 1층의 우편함을 향했다. 303호에 정말 이고은이 살고 있는지 확인을 해 볼 참이었다. 하지만 303호 우편함은 텅 비어 있었다.

한리더는 여전히 의심을 떨치지 못하고 곧장 엘리베이터로 향했다. 그리고 3층에서 내려 303호 문 앞에 서서 다시금 이고은에게 전화를 해 보았다. 하지만 이번에도 그녀는 전화를 받지 않았다. 이제 그가 할 수 있는 일은 초인종을 눌러 보는 것뿐이었다.

'두드려라. 그리하면 열릴 것이다.'

한리더는 눈을 질끈 감고 303호의 초인종을 눌렀다.

잠시 후 놀란 눈의 이고은이 문을 열고 나왔다. 그녀는 흰색 티셔츠에 짧은 청바지 차림을 하고 있었다.

"한 대리님!"

"아니, 정말 여기가 후배 집이야?"

"네. 그런데 어떻게 아셨어요?"

갑자기 찾아온 한리더를 보며 이고은은 크게 당황한 기색으로 물었다.

"후배, 우리 어디 가서 얘기 좀 해."

한리더가 오늘 악 이사를 만난 사실을 떠올리며 단호하게 말했다.

"괜찮으시면 들어오세요. 근처에 마땅히 갈 곳도 없고 그냥 여기서 얘기하세요."

잠시 갈등하던 이고은이 결심한 듯 입을 열었다. 뜻밖의 제안이었다. 이고은의 원룸은 마치 인테리어 잡지 속의 한 장면을 옮겨다 놓은 것만 같았다. 벽지며 가구가 모두 고급스러워 보였고 가전제품도 모두 최신 제품으로만 갖추어져 있었다. 자신의 원룸과 구조는 똑같았지만 전혀 다른 곳에 와 있는 기분이었다.

"이사한 지 일주일밖에 안 됐어요. 한 달 전에 아버님이 영국 지사로 발령이 나면서 어머니와 함께 건너가셨거든요. 잠깐 언니 집에 얹혀 있었는데 그게 좀 불편하더라고요. 그래서 이참에 독립을 해 보자 싶어서 이곳으로 이사하게 되었어요."

아직도 원룸의 이곳저곳을 살펴보는 한리더를 보며 이고은이 설명해 주었다.

"후배 나도 여기 원룸 살아."

"네?"

이고은이 믿기지 않는다는 얼굴로 말했다.

"정말이야. 나도 이사 온 지 얼마 안 됐어. 704호야. 꼭대기층. 와, 우리가 진짜 보통 인연은 아닌가 봐."

"그러게요. 그렇지 않아도 저 대리님 때문에 사표 내게 생겼어요."

그제야 한리더는 이고은을 찾아온 본래의 목적을 기억해냈다.

"후배, 정말 미안하게 됐어. 안 그래도 그것 때문에 아까 화장품팀에 갔는데 후배가 휴가를 냈다고 해서 걱정이 되어 찾아온 거야."

한리더는 진심으로 미안한 표정을 지으며 말했다.

"대리님이 악 이사에게 저랑 사귄다고 말씀하셨어요?"

"아니야. 내가 왜 그런 말을 하겠어?"

"그런데 왜……."

이고은은 도무지 이해가 안 된다는 표정을 지었다.

"글쎄. 나도 왜 그런 소문이 났는지는 모르지만. 솔직히 전혀 근거 없는 이야기도 아니라 따질 수 있는 입장이 아니었어. 여하튼 나 때문에 미안하게 됐어. 악 이사한테는 내가 알아서 얘기할 테니 후배는 나만 믿고 아무 걱정하지 마."

한리더의 확신에 찬 말을 들으며 이고은은 다소나마 안심했다.

"참, 내 정신 좀 봐. 대리님, 커피 한잔 드시고 가세요."

이고은이 주방 쪽으로 가며 말했다.

"어떤 커피 좋아하세요?"

"그냥 아무거나."

한리더가 겸연쩍은 듯 말했다.

잠시 후 커피전문점에서나 들을 수 있는 기계음이 들리더니 원룸 가득 커피향이 진동을 했다. 이고은이 에스프레소 커피를 만들고 있었다.

"우와, 그런 것도 할 줄 알아?"

"예. 원룸 건너편에 커피전문점이 있긴 하지만 너무 비싸잖아요. 그래서 아예 집에서 기계를 가지고 왔어요. 그럼 대리님은 그냥 라떼로 드시겠어요?"

이고은이 냉장고에서 우유를 꺼내며 말했다. 이고은의 모습을 지켜보고 있던 한리더는 이 모든 일이 다 꿈만 같았다. 낮에만 해도 악 이사의 등쌀에 세상이 까맣게 보였는데 지금 이곳에 앉아 이고은이 만들어 주는 커피를 기다리고 있으니 세상이 천국처럼 보였다.

"후배, 다음에도 종종 놀러올 테니 이렇게 커피도 좀 타 주고 그래."

탁자에 커피를 내려 놓는 이고은에게 한리더는 기회다 싶어서 농담처럼 말을 건넸다.

"글쎄요. 다른 분들이랑 같이 오시면 타 드릴게요. 대신 혼자서는 오지 마세요."

이고은이 여우처럼 말했다. 말로는 혼자 오지 말라고 했지만 그다지 싫지 않은 표정이었다.

"그런데 정말 여기 원룸 사시는 것 맞아요?"

"그럼!"

"정말 신기하다. 혹시 저 따라 이사 오신 거예요?"

"그렇다고 할 수도 있고, 아니라고 할 수도 있고."

한리더가 애매하게 대답했다.

이고은은 아직도 한리더가 자신과 같은 원룸에 살고 있다는 사실이 믿어지지 않는지 연신 고개를 갸웃거렸다.

"다음에는 내 방으로 놀러와. 이렇게 멋지지는 않지만."

한리더가 신이 나서 말했다. 이고은과 둘이서 이렇게 사적인 시간을 갖고 있다는 사실이 너무 좋았다.

"아무리 생각해도 너무 잘한 것 같아."

한리더가 밑도 끝도 없이 불쑥 말했다.

"뭐가요?"

이고은이 쳐다보았다.

"이곳으로 이사 온 거 말이야. 사실 대학 때 자타공인 연애박사 친구가 있었는데, 그 친구의 말이 생각나. 그 친구에게 연애 잘하는 비결을 물으면 꼭 이런 대답이 돌아왔지. 연애에 성공하는 가장 빠른 길은 그녀의 집 앞으로 이사하는 것이다."

한리더는 한껏 고조되어 말을 이어 나갔다.

"일을 할 때는 인맥이 가장 중요하지만 연애를 할 때는 노선이 가장 중요하다는 거야. 지하철 노선, 버스 노선, 그리고 택시 노선. 그런 의미에서 우리 앞으로 퇴근은 같이 하는 거 어때?"

"아휴, 대리님. 이제 그만 좀 하세요. 저 오너드라이버거든요."

더 이상은 못 듣겠다는 듯 이고은이 말했다. 그러자 곧장 한리더가 소리쳤다.

"바로 그거야! 후배, 우리 카풀 하면 안 될까?"

한리더가 뻔뻔스럽게 얘기하자 이고은이 커피잔을 들고 일어서며 말했다.

"커피 다 드셨으면 이제 일어나시죠. 너무 오래 계신 것 같아요."

퉁명스러운 듯해도 그 목소리에는 분명 장난기가 배어 있었다. 한리더는 왠지 그녀에게 어떤 허가증 같은 것을 받은 듯한 느낌이 들었다. 지금까지 그에게 내밀었던 접근 금지 표지판을 거두고 앞으로는 자신에게 접근해도 좋다는 허가증 같은 것 말이다.

"후배, 저기……."

이고은의 타박에도 굴하지 않고 한리더는 계속 소파에 앉아서 말을 이었다.

"아이참. 이제 그만 가시라니까. 저 할 일 많아요."

이고은이 귀찮다는 듯 한리더의 팔뚝을 잡아끌며 말했다.

"사실은 오늘이 내 생일이야. 그래서 말인데 나랑 와인 한 잔만 하면 안 될까?"

"생일이요?"

이고은이 깜짝 놀라서 물었다.

"응. 생일인데 미역국 끓여 주는 사람도 없고 같이 밥 먹자고 하는 사람도 없고 정말 쓸쓸해. 요 앞에 새로 생긴 와인바 있잖아. 가 봤어? 거기서 딱 한 잔만 같이 먹자. 아, 죽은 사람 소원도 들어준다는데 생일인 사람 소원 한 번만 좀 들어주라."

생일인데 같이 밥 먹을 사람도 없다는 한리더의 말을 들으니 이고은은 잠시 망설여졌다.

"음……. 좋아요. 그럼 딱 한 잔만이에요."

이고은이 다짐을 받아 두려는 듯 말했다.

"그래, 그래. 일잔. 우리 딱 일잔만 하자."

한리더가 최대한 불쌍한 표정을 지으며 말했다.


집 앞 와인바로 자리를 옮긴 두 사람은 칠레산 와인을 주문하고 나란히 앉았다.

"그거 아세요? 와인에 대해서 잘 모르면 무조건 칠레산 와인을 주문하면 되는 거."

이고은이 어색한 분위기를 깨며 말했다. 막상 한리더를 따라서 오기는 했지만 두 사람이 단둘이 술자리를 함께하는 것은 처음이라 어색한 분위기가 연출되었다.

"정말이야? 그럼 앞으로 칠레산만 먹어야겠는 걸."

"정확한 건 아니고요. 그냥 친구들에게 들은 말이에요. 대충 싼 걸 시켜도 다 맛있대요."

잠시 후 종업원이 와인과 함께 모짜렐라 치즈와 토마토가 예쁘게 꾸며진 샐러드 안주를 가져왔다.

"선배, 생일 축하해요."

이고은은 편하게 "선배"라고 부르며 와인잔을 들고 건배를 제안했다.

"고마워. 후배와 함께 생일 축하주를 먹게 될 줄이야. 이게 꿈이야 생시야."

한리더가 감격에 겨워 하며 말했다.

"생일 선물이 없네. 어떡하죠?"

이고은이 미안한 표정으로 말했다.

"받고 싶은 선물이 하나 있긴 한데……."

한리더가 안주를 만지작거렸다.

"뭔데요?"

이고은이 눈을 동그랗게 뜨고 물었다.

"회사에서 말고 밖에서 만날 때는 오빠라고 불러주면 안 될까?"

한리더가 이고은의 눈을 보며 말했다.

"오빠요? 낯간지럽게……."

"어려운 부탁도 아니잖아."

"하지만 오빠는 왠지 너무 가까운 사이 같잖아요."

이번에는 이고은이 포크로 토마토를 만지작거렸다.

"그리고 난 그냥 고은이라 부를게. 솔직히 이름 놔두고 후배, 후배 하는 것도 우습고."

한리더가 한술 더 떠서 말했다.

"몰라요. 조금 생각해 보고 대답할게요. 그나저나 여기 진짜 괜찮다, 그죠?"

야외 테라스에 자리를 잡은 두 사람은 도심 속에 이렇게 예쁜 와인바가 있다는 사실에 매우 만족했다.

"여기서 이러고 있으니까 옛날 생각나요. 예전에 유럽 배낭여행 갔을 때 노천카페에서 혼자 맥주 마시던 거."

유럽의 노천카페를 그대로 옮겨 놓은 듯한 와인바의 분위기에 취한 탓인지 이고은은 한 잔만 먹기로 한 와인을 금세 한 병을 다 비웠다.

"칠레산 와인은 이게 문제예요. 맛있다고 꼴깍꼴깍 먹으면 취하는지도 모른다니까. 선배 우리 딱 한 병만 더 시킬까요?"

이고은의 제안에 한리더는 두 말 않고 웨이터를 불렀다. 그리고 이번에는 또 다른 칠레산 와인을 주문했다.

"칠레라는 나라는 가 보지도 못했지만 되게 고맙네."

한리더가 웃으며 말했다. 한리더의 농담에 이고은은 아까부터 연신 생긋생긋 웃고 있었다.

"선배, 저 사실은 술 되게 약해요. 그런데 오늘은 술이 왜 이렇게 맛있죠? 악 이사 그 사람 때문인가? 저는요, 정말 회사생활 잘할 자신 있었거든요. 그런데 그게 참 마음대로 안 되네요. 그런데 그게 어쩌면 잘됐다 싶기도 해요."

술기운이 올라오는지 이고은은 계속 혼자서 주저리주저리 떠들고 있었다.

"아, 기분이다. 그냥 오빠라고 할게요. 오빠, 건배~. 이제 생일 선물 준 거예요. 알았죠?"

갑자기 이고은으로부터 오빠라는 호칭을 들은 한리더는 날아갈 것만 같았다.

"고은아, 고은아. 한 번만 더 불러 봐. 오빠라고."

"아휴, 그게 뭐 그리 어렵다고. 오빠."

그렇게 계속된 두 사람의 술자리는 새벽까지 이어졌고, 와인에 취한 두 사람은 영업시간이 끝났다는 종업원의 알림을 듣고서야 자리에서 일어났다.


"새벽바람 정말 좋다."

이고은이 두 팔을 벌리며 말했다. 하지만 이미 제법 취한 이고은은 몸을 비틀거렸고, 그녀만큼이나 취한 한리더가 가까스로 그녀를 부축했다. 두 사람은 걸어서 원룸까지 가기로 했지만 술이 취해 골목길에서 방향을 잃고 계속 헤매었다.

"안 되겠어요. 좀 쉬었다 가요."

이고은이 골목 한켠에 주저앉다시피 하며 말했다.

"오빠도 앉아요."

이번에는 아예 한리더의 팔을 끌어서 자기 앞에 앉혔다. 얼떨결에 이고은의 손에 끌려 그녀의 곁에 앉은 한리더는 정신이 없었다. 술도 많이 취했지만 워낙 그녀에게 취해 있었기 때문에 정신이 몽롱했다.

나란히 앉은 두 사람은 서로의 어깨에 기대서 간신히 몸을 가누고 있었다. 그리고 얼마 후 누가 먼저랄 것도 없이 서로의 입술이 닿았다.

잠시 후 정신을 차린 두 사람은 황급히 입술을 떼고 주변을 둘러보았다. 키스를 하는 동안 술이 깨 버린 두 사람의 눈에 그제야 집으로 가는 길이 들어왔다.

"아! 아이참, 아까는 왜 그리 길이 헷갈렸지?"

이고은이 아무 일 없었다는 듯 자리에서 일어서며 말했다.

"고은아."

이번에는 한리더가 이고은의 손을 잡아끌어 앉혔다. 그리고 그녀의 눈을 똑바로 보며 천천히 입술을 포갰다. 조금 전보다 더 깊은 키스였다.

잠시 동안 가만히 앉아 있던 두 사람은 손을 잡고 일어섰다.

"아참, 오빠. 저 오늘은 언니 집에서 자기로 했는데……. 먼저 가세요. 저는 택시 타고 언니네로 갈게요."

이고은이 어색한 침묵을 깨고 말했다.

그녀가 잡고 있던 손을 놓자 한리더는 어찌할 바를 몰랐다.

"같이 걷는 게 어색해서 그러는 거라면 먼저 가. 이 시간에 언니 집을 어떻게 가?"

한리더가 그녀의 속마음을 읽고 말했다.

"아니에요. 지난번에도 새벽에 들어가는 거 보셨잖아요. 백마아파트, 우리 언니집이에요. 아, 저기 택시 온다. 오빠 저 먼저 갈게요."

이고은이 택시 쪽으로 뛰어가며 손을 흔들었다.

"고은아. 내일 회사에서 봐."

한리더가 애써 아무렇지 않은 듯 말했다.

그녀가 탄 택시가 이내 시야에서 사라지자 한리더의 가슴에는 커다란 구멍이 뚫린 것만 같았다.

'여자의 마음은 갈대라더니 사랑스럽게 굴 때는 언제고 저렇게 도망가 버리다니……'

한리더는 종잡을 수 없는 그녀의 행동을 어떻게 해석해야 할지 몰랐다. 하지만 애써 스스로를 위안했다.

'어쨌든 오늘은 그녀와의 진한 추억 하나를 더한 셈이잖아.'

# 회사에서 나를 어떻게 디스플레이할 것인가

시장에는 하루에도 수백 개의 상품이 탄생하고 소멸한다. 이들은 저마다 히트상품의 기대를 안고 출시되지만, 모두 소비자의 사랑을 받을 수는 없다. 프로야구 상위권 선수의 타율은 최소한 3할은 넘지만 히트상품 성공률은 1할에도 훨씬 미치지 못한다. 브랜드가 시장에서 성공하려면 다양한 요건들이 맞아떨어져야 하는데, 그 중 하나가 고객이 물건을 구매하는 접점, 즉 디스플레이이다.

디스플레이는 우리가 일반적으로 알고 있는 '상품을 매장에 전시하는 것' 이상의 특별한 의미를 지닌다. 그것은 전략적인 관점에서 매장 내 고객의 동선을 분석해서 차별화함으로써 고객들로 하여금 구입하고 싶은 충동이 생기도록 해야 한다. 즉, 판매자(자기 자신) 입장이 아닌 고객의 입장에서 과학적으로 설계되고 운용되어야 한다.

구매 시점에서 디스플레이가 중요한 이유는 진열이 열세하면 판매도 열세하다는 이른바 '진열=매출' 이라는 상관관계 때문이기도 하다. 동일한 매장에서도 디스플레이 방법에 따라 매출액이 크게 달라지는 것이다.

그런가 하면, 디스플레이는 고객과의 가장 훌륭한 커뮤니케이션 수단이

다. 제품의 얼굴에 해당하는 자사 브랜드를 잘 보이도록 진열함으로써 브랜드인지도나 호감도를 개선할 수 있는 간접적인 광고효과를 누릴 수 있기 때문이다.

위의 글 가운데 '고객'이라는 단어를 지금 당신이 풀어야 할 과제로 대치해서 읽으며 자신만의 디스플레이 전략을 고민해 보는 것은 어떨까.

디스플레이는 마케팅 활동에서 고객과의 최후접점에 해당하므로, 가히 '화룡점정(畫龍點睛)'이라 할 만하다. 그렇다면 결정적인 시점에서 당신에게 날개를 달아 줄 당신만의 화룡점정 전략은 과연 무엇인가.

# PR
## 자신이 원하는 바를 적극적으로 알리라

집으로 돌아온 한리더는 도무지 잠을 이룰 수가 없었다. 조금 전 이고은의 향기와 얼굴이 계속 어른거려 머릿속이 하얘지고 말았다. 완전히 그녀의 포로가 되어 버린 것이다.

'내일 아침 고은이는 어떤 모습으로 나를 대할까. 과연 이제 서로를 연인이라고 말할 수 있을까.'

이런저런 생각에 잠 못 이루던 그의 눈에 갑자기 사직서가 들어왔다. 오늘 낮에 쓰다 만 것이었다. 지금까지 그가 사직서를 제출하지 못한 것은 회사를 그만둘 경우 더 이상 이고은을 보지 못할지도 모른다는 불안감 때문이었다. 하지만 이제는 안심이 되었다. 그녀가 지척에 살고 있고, 술김이긴 했지만 키스까지 한 사이니 상황이 달라졌다.

하지만 한리더는 누구보다도 애정을 가지고 회사생활을 해 왔기 때문에 사직을 결정하기란 그리 쉬운 일이 아니었다. 아직 하다 만 일이 많았고 앞으로 하고 싶은 일도 많았다. 그러나 지금처럼 악 이사가 자리를 지키고 있는 한 자신의 미래는 없어 보였고, 따라서 더 이상 선택의 여지가 없었다.

밤새 고민한 끝에 한리더는 결심을 굳혔다. 그리고 다음날 아침 바로 팀장에게 회사를 그만두겠다고 말했다. 팀장은 신입사원 채용 시부터 본인이 직접 가르쳐 온 직원이 갑자기 사직서를 내밀자 충격을 받았다. 그리고 곧 한리더를 데리고 회의실로 들어갔다.

"악 이사가 그렇게 하라고 했습니까?"

"……."

"방법적으로 이건 아닙니다. 내가 다시 얘기해 볼 테니 조금만 기다리세요. 직장은 절대로 감정적으로 그만두는 곳이 아닙니다. 이런 때일수록 냉철한 판단이 필요합니다. 지금까지 이런 식으로 회사를 그만둬서 잘 풀린 사람을 본 적이 없어요. 그런데, 그만두고 뭘 할 건지 생각은 하고 이러는 겁니까?"

"다른 회사를 알아봐야겠지요. 사실 생각해 둔 곳도 있습니다."

한리더는 자신도 모르게 전임 본부장의 얼굴을 떠올리며 말했다. 그러나 한리더의 대답을 들은 팀장은 펄쩍 뛰었다.

"그렇다면 더더욱 안 됩니다. 다음 직장이 확실히 정해진 것도 아니고 생각해 둔 곳이 있는 정도라니……. 그것만으로는 부족합니다."

팀장은 그가 무턱대고 회사를 그만두는 것이 얼마나 무모하고 리스크가 큰지 설명하기 시작했다. 지금 한리더의 처지에서는 마케터의 경력을 충분히 발휘해 팀장 이상의 경력을 쌓은 후에 다음 항로를 개척하는 것이 옳은 수순이라는 것이 요지였다.

팀장의 말이 구절구절 옳다는 것은 한리더도 모르는 바가 아니었다. 또한 마케터의 일이 싫어서 떠나는 그도 아니었다.

"팀장님. 하지만 어떡합니까. 어느 날 갑자기 악 이사님이 제 직속 상사가 돼 버렸고, 아시다시피 저는 그 분께 완전히 찍혔는 걸요. 부서를 옮길까도 생각해 봤지만 그렇다고 상황이 크게 달라질 것 같진 않습니다."

"어쨌든 이 사직서는 받을 수 없습니다. 다른 방도를 찾아봅시다."

그러면서 팀장은 그가 보는 앞에서 사직서를 찢어 버렸다. 단순히 직장 상사라기보다 인생의 선배로서 자신에게 진심 어린 충고를 해 주는 팀장의 모습을 보며 한리더는 눈시울을 적셨다. 이렇게 자기를 아껴 주는 상사가 있다는 사실 하나만으로도 위안이 되었다.

팀장은 악 이사를 만나 보겠다며 먼저 자리에서 일어섰다. 한리더는 왠지 사무실에 앉아 있기가 답답해서 옥상으로 올라갔다. 옥상에는 언제 와 있었는지 이고은이 저만치서 빌딩숲을 바라보며 서 있었다.

두 사람 사이에 잠깐 어색한 기운이 흘렀지만 그 시간이 지나자 예전보다 훨씬 친밀한 기운이 두 사람 사이를 감싸고 돌았다.

"어제 언니 집에는 잘 들어갔어?"

이고은은 고개를 끄덕이며 대답을 대신했다.

"오빠, 저 많은 빌딩 속에서 다들 무슨 일인가를 열심히 하면서 살아가는 걸 보면 세상이 참 신기하다는 생각이 들어요. 그 많은 사람들이 아침이면 어디론가 출근했다가 저녁이 되면 모두 집으로 돌아가잖아요?"

"듣고 보니 그렇구나."

"그래서 말인데요. 꼭 여기가 아니라도 내가 있어야 할 자리는 어딘가에 또 있을 것 같아요. 어젯밤 곰곰이 생각해 봤는데……. 저 회사 그만두기로 결심했어요."

이고은에게 예상치 못한 역습을 받은 한리더는 머리를 한 대 얻어맞은 기분이었다.

"어제 일 때문에 그러는 거 아니에요. 사실 평소부터 생각하고 있던 거예요. 악 이사 밑에서는 더 이상 배울 게 없다는 생각이 들어요. 하지만 그보다 더 큰 문제는 이 일이 평생의 업이라는 확신이 안 든다는 거예요."

단지 악 이사 때문이라면 몰라도, 이고은의 고민이 자신의 진로에 대한 것이라는 속내를 듣고 나니 한리더는 당장 대꾸할 말이 떠오르지 않았다.

"오빠, 저 일단 부모님이 계신 영국으로 건너갈 생각이에요. 가서 부모님 뵙고 재충전의 시간을 가지려고요. 그리고 나서 정말 제가 원하는 일에 올인해 볼 생각이에요."

그녀가 갑자기 머나먼 곳으로 떠날지도 모른다고 생각하자 한리더는 정신이 멍해졌다.

"무슨 소리야, 고은아. 어제 내가 얼마나 행복했는데……. 앞으로 너하고 하고 싶은 게 얼마나 많은데 어딜 간단 말이야. 앞으로는 귀찮게 안 할게. 사귀자는 말도 안 할 테니 그냥 지금처럼 곁에만 있어 줘. 그리고 회사를 그만둬도 내가 그만둬야지 네가 왜."

한리더는 간절한 마음을 담아 그녀를 붙잡았다. 하지만 그녀의 결심은 확고했다.

"오빠에게는 미안해요. 저를 얼마나 아껴 주는지 알고 있어요. 사실 그냥 오빠 옆에서 편하게 지내는 건 어떨까 하는 생각도 했어요. 하지만 그래선 안 될 것 같아요. 그리고 오빠는 여기 계속 남든 다른 회사로 옮기든 계속 마케팅 일을 할 사람이잖아요. 하지만 전 좀 달라요. 이번 기회에 저의 진정한 내면의 소리에 귀를 기울이고 싶어요. 지금의 생활이 싫어서라기보다 더 좋아하는 일을 선택하고 싶어서 그러는 거예요."

"무슨 소리야?"

"지난번에 대학원 그만둘 때도 말했잖아요. 저는 마케팅 일이 안 맞는 것 같다고."

한리더는 그 어떤 말로도 그녀의 마음을 되돌릴 수 없다는 사실을 직감했다.

"영국에 가면 언제 돌아올 거야?"

"아직 구체적인 계획을 세운 건 아니지만 아마도 그쪽에서 대학원을 알아본 후 진학을 하게 될 것 같아요."

구체적인 계획을 세운 게 아니라면서 유학까지 생각하고 있는 이고은을 보자 한리더는 더욱더 참담해졌다. 마치 겨우 품안으로 들어온 새가 다시 창밖을 향해 날아가 버린 심정이었다.

"건강히⋯⋯. 잘 지내시구. 저는 그냥 잊어 버리세요⋯⋯."

작별인사를 건넨 이고은은 더 이상 한리더의 얼굴을 보지 못하고 먼저 돌아서 내려갔다. 그녀의 뒷모습을 바라보며 차마 붙잡지 못하는 한리더의 마음은 찢어지는 것처럼 아파왔다.

그날 이후 이고은은 더 이상 출근하지 않았다. 그녀가 사직서를 제출했다는 소문이 순식간에 사내에 퍼져 나갔다. 입사 때부터 능력 있고 당차기로 유명했던 이고은이 사표를 쓰자 여직원들 사이에서 좋지 않은 소문이 돌았다. 악 이사와 사이가 좋지 않은 한리더에게 튈 불똥이 이고은에게 튀었다는 식이었다. 결국 사내연애의 피해자는 여자가 될 수밖에 없다며 수군대는 여직원들의 모습을 보며 한리더는 이중삼중의 고통을 겪어야 했다.

여전히 보류 중인 자신의 사직서를 처리하지 못하고 있는 문제, 그 와중에도 계속 독사 같은 눈을 번뜩이며 그를 쫓아낼 궁리만 하는 악이사, 그리고 결국 영국으로 떠나 버린 이고은에 대한 그리움. 이런 여러 가지 고민을 한꺼번에 짊어져야 했던 한리더는 한시도 편안히 잠을 이룰 수가 없었다.

마음 같아서는 모든 것을 잊어버리고 고향집에 내려가 쉬고 싶었지만, 현실은 녹록지 않았다. 사실 그가 과감하게 사표를 내지 못하는 가장 큰 이유는 최현명의 충고 때문이었다.

"절대로 사표를 먼저 써서는 안 돼. 일단 만나자. 만나서 얘기해."

지난 주 한리더가 전화로 사직 준비를 하고 있다는 말을 전하자 최현명이 한 말이었다. 그리고 일주일 후인 오늘 두 사람은 퇴근하고 최현명의 회사 앞에서 만나기로 약속을 했다.

자리에 앉자마자 최현명은 그간 얼마나 마음고생이 심했냐며 위로의 말을 전했다. 아 이사가 자신의 마음에 들지 않는 부하들에게 횡포를 부리고 있다는 소문을 진작부터 들었다고 했다. 건강을 생각해서 요즘은 독한 술은 마시지 않는다는 최현명은 한리더에게도 맥주를 권했다. 두 사람의 대화는 자연스럽게 한리더의 이직 문제로 흘러갔다.

"경력사원이 이직을 준비할 때는 무슨 일이 있어도 현직에 있으면서 다른 회사를 알아봐야지 무작정 사표부터 쓰고 보면 큰일 나. 몸값이 반 이상 떨어져 나가거든. 뭐니 뭐니 해도 샐러리맨에게 회사라는 백그라운드는 무시하지 못할 가치인 셈이지. 그러니 좋은 회사로 옮기고 싶으면 지금 다니는 회사에 조용히 있으면서 치밀하게 이직을 준비해야 돼. 무작정 사표부터 던지고 보는 무책임한 사람은 어떤 직장에서건 사절이야."

최현명의 말을 들으면서 한리더는 비로소 최현명 선배도 본부장도 모두 사표를 쓰기 전에 먼저 갈 곳을 정해 놓았다는 사실을 떠올렸다.

"그리고 이직에 대해 너무 걱정하지 마. 요즘 청년실업은 심각하지만 경력자들의 이직은 의외로 많이 쉬워졌어."

최현명은 이에 대한 근거로 헤드헌팅 회사들의 폭발적인 증가를 손꼽았다.

"옛날에는 헤드헌팅 회사 하면 고급 두뇌들을 빼 가는 곳이라는 인식이 많았는데, 요즘은 대부분의 경력자들이 헤드헌팅 회사를 통해서 이직하는 것이 보편화되어 있어. 또 인터넷을 통해 수시로 채용정보를 제공하는 업체들도 많아져서 새로운 회사에 지원하기가 한층 수월해졌지. 더구나 요즘은 경력사원 공채를 하는 곳도 많아졌으니까 도전해 볼 만할 거야."

경력사원의 이직이 예전에 비해 쉬워졌다는 말을 들은 한리더는 일단은 안심이 되었다.

"하지만 뭐니 뭐니 해도 가장 확실한 방법은 '지인추천'을 통한 이직이야. 흔히들 줄이니 끈이니 하는 말을 쓰는데, 검증된 사람을 채용하기 위한 가장 확실한 방법은 역시 지인추천이거든."

최현명의 충고는 다음의 세 가지로 정리할 수 있었다.

'헤드헌팅 회사, 경력사원 공채, 지인추천.'

한리더는 어떤 방법이 자신에게 가장 맞을지 생각하고 또 생각해 보았다. 그러던 중 갑자기 그의 뇌리에 본부장이 스쳐 지나갔다.

'맞아. 내게는 본부장님이라는 인맥이 있었지.'

'지인추천'이라는 대목에서 왠지 본부장이 떠오르면서 한리더는 뭔가 일이 잘 풀릴 것 같은 예감이 들었다. 들리는 소문에 의하면 본부장은 국내 최고의 정보통신사 전무로 자리를 옮긴 후 최근에는 꽤 높은 자리까지 올라가서 사내에서 확고한 입지를 구축했다고 한다.

'먼저 가서 자리 잡은 후 내 꼭 너를 부르마.'

본부장이 떠나면서 그에게 남긴 말을 떠올리며 한리더는 용기를 내어 본부장에게 전화를 걸었다.


"우아~ 반갑다, 한 과장. 잘 지내고 있지?"

자신을 여전히 반갑게 맞아주는 본부장의 목소리를 들으니 한리더는 힘이 솟았다. 그래서 거두절미하고 바로 용건을 꺼냈다.

"본부장님. 사실은 회사를 옮기려고 이렇게 염치 불구하고 전화를 드렸습니다."

"때마침 잘됐다. 안 그래도 적당한 자리가 하나 났는데……. 일단 이메일로 이력서부터 보내라. 내 다시 연락할 테니까."

타이밍이 좋았던 것일까. 본부장은 흔쾌히 그를 도와주려는 액션을 취했고, 그런 본부장의 확신에 찬 목소리에 한리더는 기대가 커졌다. 더군다나 본부장이 다니는 회사는 국내 굴지의 정보통신 기업으로 누구나 선망하는 회사였다.

그러나 상황은 그리 호락호락 풀리지 않았다. 불행히도 운명의 여신은 그의 편이 아니었다. 며칠 뒤 본부장으로부터 어렵겠다는 연락이 온 것이다.

"미안하다. 이곳의 기업문화가 외부 경력사원을 꺼리는데다 인사 원칙도 확실해서 아무리 사장이라고 해도 자기 사람을 데리고 들어올 수는 없다는 구나."

미안해서 어쩔 줄 몰라 하는 본부장에게 한리더는 오히려 자신 때문에 본부장의 입장이 난처해진 것을 사과했다. 그러자 본부장은 더욱 미안해 하며 다른 회사를 한 곳 추천해 주었다.

본부장이 소개해 준 회사는 대기업은 아니었지만 업계에서 알아주고 매출 규모도 상당한 중소기업이었다. 그러나 솔직히 잘나가는 대기업에 몸담고 있던 한리더에게 썩 내키는 회사는 아니었다. 하지만 하루라도 빨리 악 이사로부터 벗어나고 싶었던 한리더는 겸손한 마음으로 면접 준비에 들어갔다.

드디어 면접 날이 되었을 때 한리더는 회사에 휴가를 내고 인터뷰 장소로 향했다. 하지만 처음부터 예감이 좋지 않았다. 면접을 보기로 한 회사의 중역은 약속 장소에 30분이나 늦게 나타나고도 미안해 하는 기색이 전혀 없었다. 오히려 지인의 부탁을 거절하지 못해서 마지못해 인터뷰를 해 준다는 인상을 숨기지 않았다. 그런 그의 모습에 불쾌했지만 한리더는 본부장의 체면을 생각해서 최선을 다해 면접에 임했다.

다행인지 불행인지 그 회사 역시 한리더의 채용이 어렵겠다는 연락을 해 왔다. 그 정도 회사라면 어렵지 않을 거라고 생각했고, 게다가 지인의 추천이 있던 터라 이변이 없는 한 채용될 줄 알았는데 이번에도 실패하자 한리더는 크게 낙담했다. 이직의 벽이 높게만 보였다.

그러던 중 한리더에게 충격적인 사건이 터지고 말았다. 악 이사가 그를 영업부서로 보내기로 결정했다는 소문이 들려온 것이다.

"미안합니다. 막아 보려고 했지만 역부족이었어요."

마치 자신의 잘못이기라도 한 양 팀장이 미안해 하며 말했다.

"한 달 후에 있을 영업부 인사발령 때 부서를 옮길 준비를 해야 할 겁니다."

한리더는 어의가 없었다. 어차피 회사를 그만두기로 결심한 상태였지만 그럼에도 불구하고 분한 마음이 가시질 않았다. 요즘이 어떤 세상인가. 직장보다는 직종이 중요한 세상이 아닌가. 입사 때부터 계속

해 온 마케팅 업무를 관두고 전혀 다른 영업 업무를 맡기려는 악 이사의 저의는 누가 봐도 불순했다.

한번 직장은 평생직장이라는 개념이 사라지면서 평생직종이라는 개념이 새롭게 자리 잡고 있는 상황에서 이런 일이 생기다니 한리더는 분통이 터졌다. 만약 부서를 옮기게 되면 이직에도 악영향을 미칠 것이 분명했다.

결국 가장 좋은 방법은 한 달 안에 새로운 직장을 구하는 것이었다. 하지만 아무 것도 보장할 수 없었기에 한리더는 답답하기만 했다. 그렇다고 작정하고 그를 내보내려는 악 이사에게 달려가 따지고 싶지는 않았다. 이제 더 이상 악 이사와는 싸우고 싶은 마음도 없었다.

한리더는 지푸라기라도 잡고 싶은 심정으로 최현명에게 전화를 걸어 만나 달라고 이야기했다. 신세한탄이라도 하고 싶었다. 다행히 최현명은 선약까지 취소하면서 그를 만나 주었다.

"고마워요, 선배. 바쁘실 텐데 옛 직장 후배까지 챙겨 주시고."

한리더는 진심으로 감사의 마음을 전했다. 그리고 최현명에게 그간 두 번이나 이직에 도전했지만 실패한 이야기와 악 이사가 그를 영업부서로 대기발령시켜 놓았다는 소식들을 상세히 들려주었다.

"그러게 내가 늘 강조했지. 회사 조직개편은 어떻게 될지 아무도 모른다고. 너와 라인이 전혀 달랐던 악 부장이 네 상사가 될지 누가 알았겠어? 그래서 조직에서는 모든 인간관계가 다 중요한 거야."

"직접 당하고 보니까 조금 알 것 같아요."

이제 와서 후회해도 소용없지만 솔직히 자신이 좀 숙이고 지냈다면 일이 이렇게까지 커지지는 않았을 것이라고 한리더는 생각했다.

"어쨌든 지난번에도 말했지만 너무 걱정하지 마. 적어도 대학 졸업하고 처음 직장을 구할 때보다 수십 배는 쉬울 테니까."

"정말 그럴까요?"

최현명의 말에 다소 마음이 놓인 한리더가 조심스레 물었다.

"솔직히 경력만 괜찮으면 요즘은 회사를 골라서도 갈 수 있어. 넌 아직 경험이 없어서 모르겠지만 엄연한 사실이야. 대부분의 사람들이 회사를 떠나기 전에는 그곳이 전부라고 생각하지. 하지만 다른 곳에 가 보면 비로소 깨닫게 돼. 흔한 말로 '우물 안 개구리'였구나 하는 생각을 하는 거지."

한리더는 최현명 선배의 말을 들으며 한편으론 안심이 되었지만 여전히 자신을 짓누르고 있는 불안감은 어쩔 수 없었다.

"선배, 혹시 추천할 만한 헤드헌팅 회사가 있으면 좀 소개해 주세요. 무작정 찾아가기도 좀 그렇고……."

한리더가 머리를 긁적이며 말했다.

"내가 몇 군데 알려줄 테니 걱정 말고 이력서 준비나 잘 해 둬."

최현명과 헤어져 돌아오는 길, 한리더는 어쩌면 지금부터가 시작일지 모른다는 생각이 들었다. 그 동안은 어떻게든 악 이사의 손아귀에서 벗어나기 위해 회사를 그만두는 것이 목표였지만, 이제 그의 목표는 달라져 있었다. 지금이야말로 자신의 적성과 비전을 깊이 있게 고민할 수 있는 기회로 삼고, 장기적으로 자신의 커리어에 도움이 되는 좋은 회사로 옮겨야겠다고 마음먹었다.

# PR, 피(P)할 것은 확실히 P하고 알(R)릴 것은 제대로 R린다

광고가 비용을 지불해서 신문이나 언론매체 지면을 사는 데 비해 PR은 별도의 비용 없이 언론사에서 편집자가 객관성을 검증하고 스스로 기사화하는 것이다. 따라서 사람들은 객관적으로 검증된 PR기사를 광고주가 일방적으로 던지는 메시지보다 더 신뢰한다. 이러한 이유로 최근 능력 있는 홍보맨들의 몸값이 하늘을 찌르고 있다. 이들은 "이제 광고잔치는 끝났다. 지금은 포스트광고 시대다. 그 대안이 PR이다"라고 말한다.

몇 년 전 화제가 되었던 '선영아 사랑해'라는 현수막 캠페인을 기억하는가. 과거 매체광고에서 탈피, 게릴라식 티저 캠페인 시도와 선거기간과 맞아떨어진 PR기법으로 각광받았다. 외국은 베네통이 유명하다. 이들은 제품 대신 '키스하는 신부와 수녀', '수갑 찬 흑인과 백인' 등과 같이 충격적인 장면들을 그대로 광고에 활용하였다. 사회적 이슈를 팔면 그 다음은 매스컴이 다 알아서 해 준다는 전략이었다.

국내에서 PR을 가장 성공적으로 수행한 기업으로는 유한킴벌리를 꼽을 수 있다. 이들은 1984년부터 '우리강산 푸르게 푸르게'라는 캠페인을 집중적으로 홍보함으로써 마케팅 사관학교라 일컬어지는 세계의 P&G를 제압하고 있다. PR의 힘이 아닐 수 없다.

한편, PR은 '제대로 알리는' 것뿐만 아니라 '피할 것은 효과적으로 피하는' 것까지 포함한다. 부정적인 보도내용을 사전에 차단하는 위기관리 능력은 기업홍보실의 핵심 업무이다. 기업의 홍보담당자들이 이를 중시하는 이유는 위기관리를 제대로 해내지 못하면 흔한 말로 짐을 싸야 하기 때문이다.

단, 모든 일에는 타이밍이 중요한 법. PR 아이디어의 실행 유무 또한 타이밍이 지배한다는 것을 유념하라. 기자들이 가장 좋아하는 말은 '특종', '단독', '최초'이다. 버스가 지나간 뒤에 2,3위로 손들아 봐야 아무도 쳐다보지 않는다.

# 이벤트
## 일단 눈에 띄어라

"한리더 씨, 사장님 비서실입니다."

한리더가 컴퓨터로 자신의 이력서를 다듬고 있을 때 사장실 비서로부터 전화가 걸려 왔다.

"네?"

사장이 과장급 사원을 개인적으로 호출하는 것은 이례적인 일이었기에 한리더는 자신의 귀를 의심했다.

"오늘 점심을 함께할 수 있는지 물어보셨습니다."

비서가 공손한 말투로 물었다.

"네, 물론입니다. 당연히 가야지요."

아직도 얼떨떨한 한리더가 대답했다. 사장실 비서는 약속 장소와 시간을 알려준 뒤 소요시간이 약 2시간 정도 될 거라고 말했다. 장소는 K대학 근처의 레스토랑으로 언젠가 한리더도 한번 가 본 적이 있는 곳이었다.

약속 장소에 들어서자 대학생들 속에 파묻혀 유쾌하게 웃고 있는 사장의 얼굴이 보였다.

"오전에 대학생들을 대상으로 강연을 하고 오셨습니다. 강연이 끝나고 대학생들 몇 명과 환담을 나누는 시간을 갖기로 했는데 갑자기 한 과장을 부르라고 하시더군요."

사장실 비서가 자리를 안내하며 설명을 해 주었다. 한리더는 일단 사장과 독대를 하는 자리가 아니라서 안심했다. 회사를 그만두기로 결심한 처지에 자신을 신망해 주는 사장님을 뵐 면목이 없었기 때문이다.

"여어! 이리 와요, 한 과장."

멀리서 한리더를 발견한 사장이 반갑게 그를 불렀다.

"하하. 내가 대학생들이 선호하는 명강사 10위에 들었다나. 그래서 오늘 '청년의 열정과 패기'라는 제목으로 강연을 했어. 그런데 출근하면서 생각해 보니 대학생들의 역할 모델로 자네가 적임자라는 생각이 드는 거야. 나야 뭐, 다 늙어서 대학생들과는 한참 갭이 있지만 자네는 같은 세대니까 대화가 될 것 같아서 불렀네."

사장은 먼저 한리더에게 그를 부른 배경을 설명하고 이어서 대학생들을 향해 말했다.

"자, 여러분. 여기 한리더 과장을 소개합니다. 현재 우리 회사에서 가장 촉망받는 인재입니다. 제 얘기는 이미 두 시간 동안이나 들었으니 이제부터 실전 회사생활과 관련해 궁금한 사항이 있으면 이 선배에게 질문하세요."

사장의 말이 끝나자 여기저기서 "와~" 하는 환호 소리와 함께 박수갈채가 쏟아졌다.

지난번 사원 워크숍에서 그에게 특별 상여금을 내리고 과장 승진까지 안겨 줬던 사장이 이번에는 이런 자리까지 마련해 주며 자신을 추켜올리자 한리더는 몸 둘 바를 몰랐다. 사직서는 없었던 것으로 하고 자신을 알아주는 사장을 위해 충성을 다하며 끝까지 이 회사에 남고 싶다는 생각이 들 정도였다.

대학생들 사이에 둘러싸여 있는 사장은 평소의 엄격한 모습과는 달리 매우 밝고 젊어 보였다. 사장실 비서는 오늘 이 자리에 참석한 대학생들은 강연이 끝난 후 질의응답 시간에 질문을 한 학생들로 이루어져 있다고 귀띔해 주었다.

"제가 특별히 여러분들과 이런 이벤트를 마련한 것은 다른 학생들에게 경종을 울리기 위해서입니다. 강연이 끝나고 질의응답 시간이 주어졌을 때 질문을 하는 학생들은 대개 용기가 있고 도전정신이 강한 학생들입니다. 그래서 평소에는 그런 학생들에게 작은 기념품을 나누어 주지요. 물론 우리 회사에서 만든 화장품 같은 것들입니다만."

유머 섞인 사장의 말에 학생들은 때맞춰 웃어 주었고, 잠시 후 사장이 말을 이어 나갔다.

"옛말에 '우는 아이 떡 하나 더 준다'는 말이 있습니다. 그리고 '두드려라, 그러면 열릴 것이다'라는 말도 있습니다. 여러분, 여러분은 어떤 회사에 취직하기를 희망합니까? 저는 이 자리에서 이렇게 말하고 싶습니다. '이왕이면 최고의 것을 기대하라', '최고의 것을 가질 수 있다는 용기를 지녀라' 라고."

사장의 그 말은 함께한 대학생들은 물론 한리더의 가슴에도 인상 깊게 새겨졌다.

'최고의 것을 기대하는 용기를 가져라.'

좌중을 둘러보던 사장은 마지막으로 한 마디를 더했다.

"기대는 긍정적인 사고와 확신의 합작품입니다. 원하는 것이 이루어지리라는 긍정적인 자기 암시만이 꿈을 현실로 만들어 줍니다. 여러분은 이미 '큰 바위 얼굴' 의 일화를 잘 알고 있을 겁니다. 원하는 것을 향해 매일 기대하는 마음을 가지고 그것을 구체적으로 그려 낼 줄 알아야 합니다. 정말로 원하는 것이 있으면 온 우주가 자신을 도와준다는 말도 있지 않습니까? 여러분은 이 사실을 꼭 믿어야 합니다. 이미 앞서 성공한 많은 선배들이 이를 경험하였습니다."

사장의 말이 끝나자 다시금 열광의 박수가 이어졌다. 그리고 그 이후 대학생들은 한리더에게 소소하지만 실질적인 질문들을 던지기 시작했다.

"선배님은 CS(주)에 입사하실 때 합격을 확신하셨습니까?"

사장님의 연설에 대한 검증이라도 받으려는 듯 대학생 한 명이 질문을 던졌다.

"글쎄요. 콕 집어 CS(주)를 생각한 것은 아니었지만 대학 때부터 대기업 사원이 되는 것 이외에는 다른 생각을 해 본 적이 없습니다. 제가 원래 학교 다닐 때부터 규율도 잘 지키고 그래서 시스템이 잘 갖추어진 회사가 맞을 거라고 생각을 했던 것이죠."

한리더는 최선을 다해 그들의 질문에 대답해 주었다.

"요즘 50대가 되기 전에 조기 퇴직하는 분들도 많은데 선배님은 그런 걱정은 안 하십니까?"

똑똑해 보이는 대학생이 예리한 질문을 던졌다.

"저도 한때는 그런 생각을 많이 했습니다. 그런데 최근에 자신감이 많이 생겼습니다. 누구와도 대체할 수 없는 나만의 경쟁력을 가진다면 나이가 들어도 두려울 것이 없다는 생각이 들었죠. 그래서 나름대로 노력을 많이 하고 있습니다. 가끔은 회사에서 눈에 띄기 위해 이벤트를 만들기도 합니다. 예를 들어 프레젠테이션을 할 때도 남들보다 눈에 띄는 제목을 설정한다든지 파워포인트 자료를 만들 때도 남들과는 확연하게 차이를 두고 만들려고 노력하는 편입니다. 여러분도 한번 해 보세요. 무한 경쟁 시대에서 살아남기 위해서는 일단 눈에 띄는 것이 필요합니다. 언제 어디서나 자신을 이벤트화할 필요가 있지요."

그것은 한리더 자기 자신에게 하는 말과도 같았다. 그는 대학생들과 대화를 나눌수록 힘이 솟아나는 것을 느꼈다. 그들의 질문에 대답을 할수록 점점 잊고 지냈던 자신의 열정에 대한 확신도 되살아나는 듯했다. 깜짝 이벤트 같았던 사장의 호출이 그간 침체되어 있던 한리더를 벌떡 일어나게 해 주었다.

사장과의 점심 약속에 다녀온 후 한리더는 그 동안 작성해 두었던 이력서를 보며 여러 가지 생각을 하고 있었다. 그 동안은 자신이 생활용품팀에서 근무한 경력을 살려 주로 동종업계로의 이직만을 생각했었다. 하지만 동종업계 중 대기업은 두세 곳에 불과했다. 그런데 이들 기업은 당분간 경력사원 공채가 예정되어 있지 않다는 정보가 있었고, 그렇다고 '지인 추천'을 통해 뚫을 만한 인맥도 없었다.

그래서 한리더는 마음을 바꾸어 먹었다. 이제 더 이상 동종업계로의 이직만을 생각하지 않기로 했다. 어느 업종에 투신하든 몸을 사리지 않고 자신에게 주어진 일을 해낼 수 있다는 용기가 생겼다. 이렇게 결심한 한리더는 사장이 말한 대로 두드릴 수 있는 문 중 가장 큰 문을 두드리기로 결심했다. 생각해 보니 지금까지 자신이 회사에서 이룬 성과라면 어딜 가도 모자라다는 말은 듣지 않을 자신도 생겼다.

한리더는 일단 최현명이 소개해 준 헤드헌터들에게 전화를 걸어 이력서를 보내고 자신이 원하는 분야를 설명했다. 지금까지 몸담아 온 생활과학업계를 비롯해서 금융권, 정보통신 분야, 유통업계를 가리지 않고 마케터로서 열정을 태울 수 있는 곳이라면 어디든 도전해 보겠다는 말도 잊지 않았다.

그리고 며칠 후 한리더는 최현명이 소개해 준 커리어 컨설턴트로부터 한 통의 전화를 받았다. LK(주)에서 젊은 감각의 팀장을 찾고 있는데 최현명이 말한 것처럼 그가 열정적이고 적극적인 캐릭터의 소유자인지 직접 만나서 확인을 해 보고 싶다는 것이었다.

LK(주)라면 누구나 선호하는 우량기업이었다. CS(주)의 경우 업계에서는 알아주는 기업이지만 규모나 인지도 면에서 LK(주)와는 비교가 되지 않았다. 더구나 업종도 금융이었기 때문에 연봉이나 기타 처우 면에서 지금보다 훨씬 좋은 조건을 기대할 수 있었다.

헤드헌터와의 미팅을 앞두고 한리더는 내내 자신이 LK(주)의 사원이 된 모습을 상상했다. TV 광고에 LK(주)가 나와도 자기 회사인 듯 기뻐했고, 길을 가다 LK(주)의 지점 간판만 봐도 제집처럼 반가워 했다.

다행히 한리더를 만나 본 헤드헌터는 매우 만족스러워 했다. 하지만 돌다리도 두드려 보고 가야 한다며 그에게 레퍼런스 체크를 준비하라고 했다. 한리더는 당장 최현명에게 SOS를 요청했다.

"아, 레퍼런스 체크? 다른 말로 평판조회라고도 하지. 최근 거의 모든 경력사원 공채에서 레퍼런스 체크를 시행하고 있어. 이력서에는 나와 있지 않은 그 사람의 성과나 됨됨이를 보려는 거지. 실제로 그가 어떤 사람인지 이전 직장의 사람들에게 물어봐서 그 사람의 성격이나 인간성, 성과, 장단점 등을 체크하는 거야. 요즘은 평판조회가 취업의 당락을 좌우한다고 해도 과언이 아닐 정도로 많은 비중을 차지하고 있어."

"무섭군요. 그러면 그 사람이 어떤 사람인지 거의 노출이 되겠네요?"

"그렇지. 평소 자기관리를 잘해 온 사람은 괜찮지만 반대의 경우는 무척 당황스럽겠지. 하지만 너라면 괜찮지 않아?"

그러면서 최현명은 자신이 레퍼런스 체크를 도와주겠다고 자청했다.

"두 사람에게 체크를 부탁했다고 했지? 그럼 나 말고 다른 한 명은 본부장님이 어떨까? 그 분이라면 너에 대해 좋은 평가를 내려주시지 않을까? 또 본부장님처럼 높은 자리에 있는 분의 보증이라면 그 회사에서도 너를 매우 미더워 할 거야."

최현명의 말을 들은 한리더는 천군만마라도 얻은 기분이었다.

헤드헌팅 회사와의 접촉은 급물살을 탄 듯 빨리 진행되었다. 2주 만에 이력서와 레퍼런스 체크가 무난히 통과되었고, LK(주)의 인사부장 및 마케팅본부장과의 인터뷰도 성공리에 끝났다. 남은 것은 LK(주)의 중역과의 최종 인터뷰였다.

막상 최종 면접만 남게 되자 한리더는 두려워졌다. 지금까지는 자신감과 용기로 잘해 왔지만 마지막 관문만 남았다고 생각하니 자신도 모르게 긴장이 되는 것을 어쩔 수 없었다.

최종 면접을 하루 앞둔 날 한리더는 최종 인터뷰에 꼭 나올 만한 예상질문 네 가지를 뽑아 보았다.

─명확한 이직 사유와 이직 목표
─현 직장에서 달성한 성과물과 업적
─지원 동기 및 입사 후 해낼 수 있는 일
─팀장으로서의 리더십 역량에 대한 명확한 답변

한리더는 거울을 보며 이 네 가지 질문에 대한 답변이 거침없이 나올 때까지 연습하고 또 연습했다.

그리고 다음 날 그는 새로 산 양복을 입고 면접실로 향했다. 면접관은 이미 1차와 2차 때 본 적 있는 인사부장과 마케팅본부장, 그리고 부사장으로 구성되어 있었다.

앞서 본 두 사람은 한리더에게 밝은 표정으로 인사를 건넸지만, 오늘 처음 본 부사장은 포커페이스를 유지하고 있어 그가 자기를 어떻게 보고 있는지 한리더는 도무지 짐작을 할 수 없었다. 하지만 세 사람 모두 최현명 선배가 미리 알려준 질문에서 크게 벗어나지 않는 질문을 던졌기 때문에 한리더는 차분하고 자신 있는 태도로 면접에 임할 수 있었다.

"한리더 씨, 회사를 이직하려는 이유가 무엇입니까?"

"이력서에 나온 A프로젝트의 경우 대대적인 성공을 거두었는데, 이 프로젝트에서 한리더 씨가 맡은 역할과 구체적 성과를 말해 주세요."

"우리 회사는 사업 영역이 약간 다른데 적응하는 데 무리가 없겠습니까?"

"본인의 리더십에 대해 말해 주세요."

"본인이 LK(주)에 꼭 들어와야 하는 이유를 말해 주십시오."

대체로 이런 유형의 질문들을 해 오다가 인터뷰가 거의 끝나 갈 무렵 마케팅본부장이 뜻밖의 질문을 던졌다.

"혹시 악 부장님 알아요?"

순간 한리더의 가슴이 철컥 내려앉았다.

'하필이면 왜 악 부장, 아니 악 이사를 거론하는 거지? 혹시 나의 퇴사 이유가 악 이사 때문이라는 정보라도 들은 걸까?'

머릿속이 하얘지는 듯했지만, 한리더는 머뭇거릴 여유가 없었다.

"잘 알고 있습니다. 얼마 전 이사님으로 승진하셨습니다. 외람된 말씀이지만 어떻게 악 이사님을 아시는지요?"

그와 친분이 두터웠다면 분명 악 부장이 아니라 악 이사라는 호칭을 썼을 터였다. 한리더는 면접관이 어디선가 악 부장에 대한 부정적인 소문을 듣고 한번 떠보려고 하는 것이 아닐까 생각했다.

"유명하시잖아요. 그런데 승진까지 했군요?"

그 말에 약간의 비꼬임과 부정적인 뉘앙스가 풍겼지만 한리더는 두루뭉술한 대답으로 상황을 피해 나갔다.

"개성이 좀 강하신 편이지만 배울 점도 많은 분으로 알고 있습니다."

예전에 다니던 회사의 구성원들에 대해 부정적으로 이야기하는 것은 제 얼굴에 침 뱉기라는 사실을 알고 있었기 때문에 한리더는 악 이사에 대한 나쁜 말은 끝내 꺼내지 않았다.

마지막으로 "열심히 하겠습니다"라는 말을 호기 있게 던지고 자리에서 일어난 한리더는 제발 좋은 결과가 나오기를 간절히 기도했다.


그리고 일주일이 흘렀다. 지금쯤이면 최종 면접에 대한 결과가 나올 법도 한데 헤드헌터로부터는 아무런 연락이 없었다. 물론 LK(주)로부터도 아무런 연락이 없었다.

한리더는 나름대로 최종 면접에 잘 임했다고 확신하고 있었는데, 합격 여부에 대한 연락이 없자 슬슬 걱정이 되기 시작했다. 이제 일주일 후면 영업부서로 발령이 나게 되어 있는데 그 전에 적당한 회사를 찾지 못하면 낭패였다.

그로부터 며칠이 더 지나도 여전히 소식이 없자 한리더는 다급해진 마음에 근무시간에도 채용 정보를 검색하는 일이 많아졌다. 동료들의 눈을 피해 인터넷 채용 정보를 들여다보는 것이 마음에 걸렸지만, 하루라도 빨리 결판을 지어야 한다는 생각에 물불을 가릴 형편이 못 되었다.

그렇게 하루하루를 보내던 어느 날이었다.

"도대체 지금 뭐 하고 있는 겁니까!"

언제 다가왔는지 뒤에서 누군가 호통을 치는 소리가 들렸다. 악 이사였다. 근무시간에 헤드헌팅 업체의 홈페이지에 이력서를 입력하고 있는 것을 들키고 만 것이다.

악 이사의 예고 없는 출현에 당황한 한리더는 아무 말도 못하고 고개를 푹 숙일 수밖에 없었다. 어떠한 이유를 대도 변명이 안 될 상황이었다.

"팀장은 부하직원이 인터넷으로 이력서를 쓰고 있는데 직원 관리도 안 하고 뭐 하는 겁니까? 똑바로 하세요!"

이번에는 팀장에게 불똥이 튀었다. 자신 때문에 팀장까지 악 이사에게 야단을 맞자 한리더는 몸 둘 바를 몰라 했다. 자리를 피해 옥상으로 올라간 그는 밀려오는 서러움에 눈물이 흐르는 것을 어쩔 수 없었다.

"다 알고 있었는데요, 뭐. 괜찮습니다."

어느새 올라왔는지 팀장이 그의 어깨를 두드려 주면서 말했다. 매일같이 한 공간에서 생활하는 팀장이 한리더의 이상한 낌새를 모를 리 없었다. 그러면서도 한리더가 불편해 할까봐 모른 척 눈 감아 주었던 것이다.

"면목 없습니다."

"아닙니다. 어서 좋은 결과가 있어야 할 텐데요. 욕심을 조금 더 내

250

서 팀장 보직으로 가면 좋을 텐데……."

한리더는 진심으로 그를 걱정해 주는 팀장이 고마웠다.

그로부터 며칠 뒤 조직개편과 함께 인사이동 공고가 붙었다. 영업 부서로 좌천될 것이라는 것을 이미 알고 있었던 한리더는 더 이상 충격 받을 일도 없을 거라고 생각하며 게시판을 보았다.

그런데 이게 웬일인가. 연고도 전혀 없는 마산영업소로 인사발령이 떨어진 것이 아닌가. 소문에 의하면 그를 수도권에 머물게 하기 위해 팀장이 갖은 애를 다 썼지만 악 이사의 의지를 꺾을 수는 없었다고 했다. 상사에게 대든 것이 이처럼 무서운 부메랑이 되어 돌아올 줄은, 젊은 혈기만 넘치던 한리더는 그때는 미처 몰랐다.

더 이상 선택의 여지가 없어진 한리더는 다시금 고민하지 않을 수 없었다. 지금 당장 사표를 쓸 것인가, 일주일 뒤 본사를 떠나 마산으로 내려갈 것인가. 어떻게든 실업 상태에서 이직을 준비하는 일만은 피하려고 했는데 상황은 갈수록 그에게 안 좋은 쪽으로만 흘러갔다.

좌절감과 굴욕감으로 견딜 수 없는 나날을 보내며 한리더는 직장생활 최대의 위기를 맞고 있었다. 인사이동을 하루 앞둔 날까지 여전히 마음의 결정을 내리지 못해 착잡하기만 했다. 동료들은 모두 그에게 동정의 눈길을 보내고 있었고, 전문가와 장혜수는 울분을 토했지만 그들이 한리더에게 해 줄 수 있는 것은 아무 것도 없었다. 앞길이 캄캄해진 한리더는 자포자기하는 심정으로 짐 정리를 시작했다. 회사를 그만두든 부서를 옮기든 일단 자신의 짐은 빼 줘야 했다.

한때는 '신입사원이 뽑은 닮고 싶은 선배' 1위에도 올랐던 자신이 이렇게 비참한 모습으로 짐 정리를 하고 있다고 생각하니 한리더는 무엇보다 후배들의 얼굴을 볼 면목이 없었다. 결과적으로 이렇게 된 데에는 분명 자신의 책임도 있었다.

한리더는 마지막으로 혹시 뭐 빼먹은 것이 없는지 확인하기 위해 책상 서랍으로 손을 뻗었다. 바로 그때였다. 책상 위에 놓아 둔 휴대폰이 경쾌하게 울렸다. 얼마 전 그의 인터뷰를 주선했던 헤드헌터였다.

"축하 드립니다, 한 팀장님. LK(주)에 합격하셨습니다. 일주일 후부터 정식 출근하시면 됩니다."

"네? 정말입니까?"

한리더가 믿을 수 없다는 목소리로 물었다.

"네. 그 동안 많이 기다리셨지요? 사실은 업종이 다른 문제 때문에 그쪽에서 오랫동안 망설이는 바람에 이렇게 연락이 늦었습니다. 레퍼런스 체크가 워낙 좋고 성과도 좋아서 신임팀장 보직을 맡기기로 했다고 합니다. 연봉도 35퍼센트 인상으로 협상을 마쳤으니까 나중에 들러서 서명만 하시면 돼요."

헤드헌터 역시 기쁨을 감추지 못하는 목소리였다.

"지금 바로 가겠습니다."

한리더는 당장이라도 달려가서 계약서에 사인을 해야만 이 사실을 현실로 받아들일 수 있을 것 같았다.

한리더는 일단 팀장에게 달려가서 제일 먼저 이 사실을 알리고 외출을 허락받았다. 팀장은 자기 일처럼 좋아하며 여러 가지 조언을 해 주었다.

"회사를 떠날 때에는 입사할 때보다 더 처신을 잘해야 합니다. 특히 인간관계만큼은 끝까지 정리를 잘하는 것이 중요합니다. 내키지는 않겠지만 악 이사님과 그동안 쌓였던 앙금을 풀고 나가는 것이 어떨까요. 사회에서 어떤 형태로든 다시 만날지도 모르지 않습니까?"

팀장에게 인사를 하고 다시 자리로 돌아온 한리더는 잠시 갈등에 빠졌다. 악 이사에게 인사를 하고 갈 것인지 말 것인지 판단이 서지 않았던 것이다. 하지만 결국 팀장의 조언을 받아들이는 것이 현명한 처사라고 생각되어 악 이사를 찾아갔다.

"아이고, 이게 누구십니까? 그래 내려갈 짐은 다 쌌습니까? 영업부로 내려가면 마케팅팀에서 만든 제품이나 많이 팔아 주십시오."

여전히 과장된 몸짓으로 비꼬는 태도를 취하는 악 이사를 보자 한리더는 차라리 측은한 생각이 들었다. 팀장 말대로 어쩌면 그도 조직 사회에서 살아남기 위한 피해자일지도 모른다는 생각이 들었다.

"이사님, 저 사직하려고 합니다. 그간 무례했던 행동에 대해서는 용서를 구하고 싶습니다. 그 동안 정말 죄송했습니다."

한리더가 사직 의사를 전하자 악 이사는 무척 놀라는 표정이었다.

"아니 왜요? 어디 정해진 곳이라도 있습니까?"

"지금은 말씀드리기 곤란하고 나중에 다시 연락 드리겠습니다. 안녕히 계십시오."

혹시라도 모를 부작용을 우려해서 한리더는 악 이사에게 어떠한 정보도 흘려서는 안 된다고 생각했다. 그럼에도 어딘지 모르게 자신감과 여유가 넘치는 한리더를 악 이사는 의구심 가득한 눈초리로 쳐다보았다.

한편 한리더는 팀장의 충고대로 악 이사에게 사과의 마음을 전하고 나자 비로소 무거운 짐을 벗어던진 것처럼 홀가분했다. 앞으로 더 이상 이런 시행착오는 없을 것이라고 생각하면서 그는 다시금 조직사회에서 인간관계가 얼마나 중요한지 되새겼다.

언제가 취업 포털 사이트에서 직장인의 퇴사 사유 1위가 업무 능력이나 적성 때문이 아닌 인간관계 때문이라는 설문조사를 본 것이 생각났다. 결국 자신도 보통 사람들처럼 인간관계를 견디지 못하고 뛰쳐나온 꼴이 된 것이다.

앞으로는 어떤 회사를 가더라도 대인관계에서만큼은 실패하지 않겠노라고 한리더는 굳게 다짐했다. 모난 돌이 정 맞는다고 다시는 너무 튀는 행동으로 주변 사람을 깜짝 놀라게 하는 일도 자제하리라 결심했다.

'이제 일주일만 있으면 LK(주)의 팀장으로 정식 출근을 하게 된다.'

한리더의 머리에 지난 두 달여의 시간이 파노라마처럼 지나갔다. 그리고 그 속에서 잠시 잊고 있었던 이고은의 얼굴을 떠올렸다.

'그녀는 지금 어디서 무엇을 하고 있을까?'

그 순간 한리더는 무슨 일이 있어도 꼭 그녀를 만나야겠다는 생각을 했다. 지금까지 이직을 준비하느라 이고은에 대한 마음을 잠시 접어두고 있었지만, 이대로 그녀를 찾지 않으면 다시는 보지 못할지도 모른다는 불안한 생각이 들었다.

한리더는 당장 그녀에게 전화를 걸었다. 그녀와 절친했던 회사 동료의 말에 의하면 이고은은 현재 이탈리아의 피렌체에 머물고 있다고 했다. 다행히 그녀의 전화번호는 살아 있었다. 하지만 몇 번이나 전화를 걸어도 연결이 되지 않았다.

'그래, 모든 것을 운명에 맡기자!'

한리더는 결심한 듯 그녀의 휴대폰 음성사서함에 메시지를 녹음했다.

"고은아. 피렌체에 있는 거 알고 있어. 나, 지금 너 만나러 간다. 일주일 동안 두오모 성당 꼭대기에서 기다리고 있을 테니까 꼭 나와 줘. 꼭 나와 줘야 해."

전화를 끊은 한리더는 곧장 공항으로 향했다. 운명의 여신이 있다면 반드시 그녀를 만나게 해 줄 것이라고 굳게 믿으면서.

만약 피렌체에서 그녀를 만나서 프러포즈를 하게 된다면 그것은 두 사람 인생 최대의 이벤트가 될 것이다. 반대로 그녀를 만나지 못한다면 젊은 혈기가 부른 해프닝으로 끝나고 말 것이다.

하지만 지금 그가 선택할 수 있는 카드는 오직 그녀만을 향해 있는 이 마음을 다해 일생일대의 이벤트를 마련하는 것뿐이었다. 비록 그것이 해프닝으로 끝날지라도, 단 1퍼센트의 가능성밖에 없다 할지라도, 한리더는 그 무모한 가능성에 희망을 걸 수밖에 없었다.

# 공작새의 날갯짓처럼 일단 눈에 띄어라

영화제 시상식이나 각종 페스티벌에서 레드카펫을 밟는 여배우들을 보라. 모두들 패션쇼를 방불케 하는 화려한 의상으로 그날의 주인공이 되고 싶어 한다.

이들이 그처럼 개성을 살려 한껏 차려 입는 이유는 무엇일까. 평소에는 티셔츠에 청바지 차림만으로도 빛을 발하는 여배우들이지만, 이런 날은 웬만해서는 눈에 띄지 못한다는 것을 그녀들은 잘 알고 있다.

일상에서 벌어지는 우리들의 경쟁도 치열하긴 마찬가지다. 좋은 직장에 들어가기 위해, 좋은 배우자를 만나기 위해, 일을 하나라도 더 따내기 위해, 물건을 하나라도 더 팔기 위해 필요한 것은 어떻게든 상대방의 '주의'를 끌어야 한다는 사실이다.

공급이 넘쳐나는 시장에서 살아남으려면 공작새의 날갯짓처럼 눈에 띄기 위한 필사적인 노력, 즉 이벤트가 필요하다.

물론 화려한 것이 능사는 아니다. 이벤트는 반드시 목적에 부합해야 한다. 앞뒤 재어 보지 않고 무작정 눈에 띄고 보겠다는 것은 오히려 열외가 될 수 있는 지름길이다.

한 가지 주의할 점은, 이벤트는 이벤트여야지 일상이 되어서는 곤란하다는 것이다. 소비자들은 허구한 날 세일을 하는 브랜드보다 1년에 한두 번 정해진 시즌에만 세일을 하는 브랜드를 더 선망한다.

# 나를 세일즈하라

# 지휘자
나를 맡길 것인가, 내가 맡을 것인가

이고은은 피렌체의 미켈란젤로 언덕에 서서 아름다운 도시의 풍경을 카메라에 담고 있었다. 미켈란젤로 언덕은 피렌체의 동남쪽에 있는 작은 언덕으로 피렌체를 한눈에 내려다 볼 수 있는 명소로 유명했다.

이고은이 이곳 피렌체에 여장을 푼 것은 얼마 전의 일이었다. 사직서를 제출한 후 곧바로 부모님이 계신 런던에서 며칠을 보낸 그녀는 생각보다 빨리 자신의 전망에 대한 고민을 정리했다. 그리고 파리, 비엔나, 베를린 등 평소 다시 가고 싶었던 유럽의 도시들을 혼자 여행하며 자신의 생각을 굳혔다.

결론은 다시 한국으로 돌아가서 새출발을 하는 것이다. 그리고 남은 일정 동안 가장 친한 친구 김은정이 살고 있는 피렌체에서 그간의 여정을 정리한 후 돌아갈 생각이다.

지금까지 그녀는 부모님이 원하는 대로, 그리고 대부분의 또래가 걸어가는 길을 따라 그야말로 무난한 삶을 살아 왔다. 대학까지 무탈

하게 졸업했고, 취업도 그런대로 괜찮은 곳에 할 수 있었다.

하지만 막상 사회에 나가고 보니 회사생활이라는 것이 그녀가 상상했던 것처럼 멋진 것만도 아니었고 인간관계를 맺는 것도 쉬운 일이 아니었다. 그나마 자신의 직무가 적성에 맞고 일에서 얻는 성취감이 컸더라면 그런 것쯤은 아무 것도 아닐지 몰랐다. 처음에는 인간관계에서 실망감을 느껴 조직을 떠날 결심도 했지만 결국 본질적인 문제는 마케팅 업무가 자신의 천직이 될 수 없다는 데 있었다.

그런 점에 있어서 그녀는 오히려 한리더와 악 부장이 고맙게 느껴졌다. 두 사람 덕분에 혼자서는 결코 생각하지도 못했을 사직을 하게 되었고, 이렇게 자신을 되돌아보는 진지한 시간도 가질 수 있게 되었으니 말이다.

이고은이 회사를 그만두자 그녀의 부모님은 그녀가 런던에 함께 머물며 MBA 과정을 밟기를 희망했다. 하지만 그녀는 더 이상 경제경영 분야의 공부에 욕심이 나지 않았다. 한리더를 따라 대학원 진학을 할 때만 해도 그녀의 목표는 부지런히 자기계발하여 경쟁력 있는 사람이 되는 것이었다. 하지만 흥미가 아닌 인내심만으로 버텨 왔던 공부는 하면 할수록 공허하기만 했다. 이런 식이라면 아무리 경쟁력 있는 사람이 된다 한들 의미도 없을뿐더러 기본적으로 자신의 일을 좋아하지 않는 사람이 경쟁력을 갖기란 애초에 불가능하다는 생각이 들었다. 그리하여 이고은은 다시 원점으로 돌아가 자신이 진정 원하는 것이 무엇인지에 대한 고민을 시작하게 된 것이다.

그리고 이제 그녀는 방송국이나 프로덕션의 프로듀서 일을 염두에

두고 있다. 사실 영상 프로듀싱은 그녀가 대학 때부터 줄곧 희망해 오던 일이었다. 대학교 방송반에서 리포터로 활약도 했었고, 취미로 6㎜ 카메라를 들고 다니며 VJ 활동도 했다. 한때 방송 관련 일에 종사하는 것을 심각하게 고민했지만, 부모님은 여자가 하기에는 체력적으로 무리가 따른다며 반대를 했었다. 출퇴근이 명확한 안정적인 직업을 갖기를 바라셨기 때문이다. 물론 이고은 역시도 평범하고 번듯한 직장에 대한 동경이 있었기에 남들이 다 선호하는 대기업을 우선적으로 알아봤고, 그러다가 CS(주)에 입사하게 된 것이었다.

하지만 늦었다고 생각할 때가 가장 빠른 법이라고, 지금에라도 자신의 진로를 돌아보게 된 것이 다행이라고 생각했다. 그리고 과감히 사직서를 제출했던 것이다. 이제는 정말 주변의 시선을 의식하지 않고 자신만의 길에 올인하며 열정적으로 살고 싶었다. 물론 지금 준비해서 갓 대학을 졸업한 후배들과 경쟁하기가 쉽지는 않겠지만, 그녀는 왠지 지금껏 느껴 보지 못했던 자신감이 생겨 났다.

그녀는 서울에 돌아가면 제일 먼저 방송 아카데미에 등록하거나 그쪽 방면의 대학에 편입하는 방법을 고려 중이었다. 이런 결심을 하게된 데는 친구 김은정의 영향도 컸다. 중학교 때 부모님을 따라 미국으로 건너간 은정은 고등학교 때부터 진로를 명확히 정해서 지금까지도 자신이 좋아하는 미술 작업에 푹 빠져 살고 있었다. 그렇게 자기 삶을 주도적으로 살아가는 은정을 보며 고은은 많은 생각을 했다.

그녀들은 밤이면 피렌체의 야경이 한눈에 내려다보이는 이곳 미켈란젤로 언덕에서 자신들의 미래에 대해 이야기를 나누었다.

"그런데 너, 남자친구는 안 사귀니?"

오늘도 역시 그 언덕으로 산책을 나와 야경을 바라보던 이고은이 친구에게 물었다.

"어, 당분간은. 오스카 와일드는 자신과 사랑에 빠지는 것이야말로 진정한 로맨스라고 말했어. 사실 나는 지금 나 자신과 사랑에 빠져 있어서 다른 사람을 돌아볼 여유가 없어."

친구의 그처럼 확고한 의지가 이고은은 놀라울 뿐이었다. 여기저기서 연인들이 다정하게 팔짱을 끼고 키스를 하는 모습을 보였지만 은정은 부러워하는 기색조차 없었다.

"그냥 지금은 그래. 애인이 생긴다는 게 오히려 부담스럽다고나 할까. 어쩐지 지금은 나 자신을 추스르고 만들어 갈 시기라는 생각이 들어. 그리고 내 미래를 꿈꾸고 구체적으로 그리며 하나하나 실행해 나가는 지금 이 시간이 너무 행복해. 게다가 덕분에 친구와 이렇게 멋진 시간을 보내게 되었잖아?"

김은정은 정말 자기 자신과 사랑에 푹 빠진 사람 같았다.

"그런데, 고은아. 너 그거 아니? 사랑도 주체적인 사람이 더 잘하는 거?"

김은정이 눈을 동그랗게 뜨고 말했다.

"거짓말. 너보다 더 주체적인 애가 어디 있니? 하지만 넌 연애를 못 하고 있잖아."

이고은이 웃으면서 말했다.

"어머, 애도 참. 또 모든 솔로들의 변명 레퍼토리가 나오게 만드네~.

못 하는 게 아니라 안 하는 거라구. 언제라도 연애가 하고 싶거나 내가 원하는 사람을 만나면 나는 적극적으로 사귀자고 말할 거야. 아니면 상대가 사귀자고 말하도록 만들겠지.”

장난스럽게 말하긴 했어도 김은정의 얼굴에는 확고한 자신감이 묻어 있었다.

“그럼 너 마음만 먹으면 언제라도 연애를 할 수 있다는 거니?”

이고은이 의아해 하며 물었다.

“꼭 그렇다기보다 선택이 중요하다는 거야. 이왕이면 선택당하는 것보다 선택하는 것이 더 좋지 않겠니? 비단 연애에서뿐만 아니라 모든 면에서 마찬가지인 것 같아. 일도 그렇고 사람을 사귀는 일도 그렇고.”

“맞는 말이야. 그런데 갑자기 이런 이야기를 왜 꺼내는 건데?”

이고은이 친구의 눈을 보며 물었다.

“사실은 너한테 온 문자 봤어. 문자메시지 소리가 몇 번이나 들려서 본의 아니게. 너 그 사람 때문에 고민하고 있는 거 아니야?”

김은정이 걱정 어린 눈빛으로 말했다.

“아니야. 얘는 무슨~.”

이고은이 손사래를 치며 발뺌을 했다.

“그래? 내가 잘못 본 건가? 너 어제부터 계속 심란한 얼굴이야.”

친구의 추궁에 그제야 이고은은 마음을 털어놓기로 한 듯 입을 열었다.

“미안해, 은정아. 사실은 숨기려고 한 건 아니고, 내가 지금 연애 고민할 때가 아니라는 생각이 들어서 좀 접어 두려던 건데……."

이고은은 친구에게 고민 상담을 하는 것도 좋겠다는 생각이 들었다.

"너도 알다시피 내가 사표 내고 왔잖아. 그리고 다시 새로운 전망도 잡았고. 그런데 좀 복잡한 일이 있었어."

이고은은 그간에 한리더와의 사이에 있었던 일을 친구에게 털어놓았다.

"그런데 글쎄 그 선배가 다짜고짜 나를 만나러 여기까지 온다는 거야. 솔직히 너무 부담스럽고 어떻게 해야 할지 모르겠어."

"너는 어떤데? 너는 그 오빠를 어떻게 생각하는데?"

"글쎄. 처음에는 내 스타일이 아니어서 별로 신경도 안 썼어. 그런데 이 오빠가 생각보다 적극적으로 나오잖아. 그래서인지 나도 모르게 조금씩 관심이 갔고……."

이고은은 자기도 모르게 한리더에게 조금씩 끌리고 있음을 인정하지 않을 수 없었다.

"사실은 술김에 키스까지 했어. 근데 그게 술김인지 진심인지 나도 모르겠어."

"음. 내가 보기엔 너도 마음이 없지는 않은 것 같아. 일단 한번 사귀어 보지 그래. 그러고 나서 아니면 할 수 없는 거고. 굳이 미리부터 겁낼 필요는 없잖아?"

김은정이 다소 이성적으로 말했다.

"어쨌든 여기까지 날아오는 사람을 나 몰라라 할 수는 없겠지?"

이고은은 친구에게 마음을 털어놓는 동안 어느새 자신의 마음이 정리되어 가는 것을 느꼈다.

"지구 반 바퀴를 돌아서까지 달려올 사람이라면 괜찮지 않겠니? 내 생각은 그런데……. 어쨌든 잘 판단해 봐. 나는 선택을 당하는 입장에 있어도 능동적이 되어야 한다고 생각해. 그저 고맙다고 넙죽 받을 것인가, 싫으면서도 거절을 못해 끌려갈 것인가, 꼼꼼히 따져 보고 판단할 것인가. 사실 이 이야기를 너에게 해 주고 싶었어."

김은정이 자리에서 일어서며 말했다.

"고마워, 은정아. 역시 너랑 얘기하다 보니 뭔가 실마리가 보이는 것 같아."

김은정을 먼저 보낸 후 이고은은 한참을 그 자리에 앉아 있었다. 그리고 무언가 결심한 듯 발걸음 옮겼다.


한리더는 여행 가방도 없이 오직 이고은을 만나겠다는 일념만으로 여권 하나만 챙겨서 피렌체에 당도했다. 그리고 곧장 두오모 성당의 꼭대기를 향해 걸음을 재촉했다. 벌써 수차례 그녀의 음성사서함에 메시지를 남겨 두고 그녀의 블로그에도 자신의 방문 계획을 알린 한리더는 이제 두오모 성당 꼭대기에 올라가서 그녀를 기다리는 일만 남았다고 생각했다. 행여 거절 당할 것이 두려워서 일부러 전화는 하지 않았다.

사랑하는 사람과 함께 두오모 성당의 꼭대기까지 오르면 사랑이 이루어진다는 전설을 믿고 4백여 개가 넘는 좁다란 계단을 오르는 한리더는 숨이 턱까지 차올랐다. 다리는 후들거리고 배도 아파 왔지만 이 모든 고통은 그녀를 만나기만 하면 순식간에 사라질 것이라고 믿었다.

그리고 드디어 꼭대기에 도착했을 때 그를 맞이하는 시원한 바람과 멀리 내려다보이는 피렌체의 평온한 모습은 이곳에 오기를 정말 잘했다는 안도감을 심어 주었다.

'만약 이곳에서 그녀를 만나지 못하고 돌아간다면……'

여기까지 날아오는 동안 수차례 이런 생각이 들었지만 그때마다 그는 고개를 크게 저으며 애써 긍정적인 생각만 하기로 했다.

'반드시 온다. 반드시 만난다. 반드시……'

오직 이 생각만을 떠올리며 한리더는 성당 꼭대기에서 이리저리 오가며 시간을 보냈다.

그리고 마침내, 그의 이런 생각이 현실로 옮겨졌다. 30분쯤 지났을까. 거짓말처럼 이고은이 나타난 것이다. 해바라기처럼 환한 웃음을 지으면서 그녀가 모습을 보였다.

"오빠도 참 대단하세요. 정말 이렇게 오시다니."

이고은도 믿기지 않는다는 듯 웃으며 다가왔다.

"고은아!"

이고은을 발견한 한리더는 하늘을 향해 감사해 했다. 꿈에 그리던 그녀와 머나먼 유럽 땅에서 이렇게 함께 서 있게 된 것이 꿈만 같았다.

"적어도 며칠은 기다릴 각오로 왔는데, 이렇게 빨리 만날 줄이야."

한리더의 얼굴에는 고마운 표정이 역력했다.

"오빠, 좋아 보여요."

이고은이 한리더의 얼굴을 보며 이야기했다.

"나 LK(주)로 옮겼어. 다음 주부터 출근해."

한리더가 쑥스러운 듯 머리를 긁적이며 말했다.

"잘됐네요. 축하해요."

두 사람은 더 어두워지기 전에 성당 꼭대기에서 내려왔다.

"숙소는 정하셨어요?"

이고은이 정장 차림의 한리더를 이리저리 살피며 물었다. 여행복 차림이 아닌 걸로 봐서 정말 내친 김에 달려왔다는 것을 짐작할 수 있었다.

"아니, 사실은 갑자기 날아온 거라. 근처 호텔에서 자야지."

"저쪽에 괜찮은 레스토랑이 있어요. 일단 식사부터 같이 해요."

두 사람은 아르노강 주변의 야외 식당에 자리를 잡고 그간 서로에게 있었던 일들에 대해 이야기를 나누었다. 그리고 더 이상은 때를 놓치지 않겠다는 절박함으로 한리더는 어렵게 입을 열었다.

"고은아. 내가 여기까지 찾아온 이유는 말 안 해도 알지? 우리 관계에 대해 진지하게 생각해 줄 수 없겠니? 내가 한 가지는 정말 장담할 수 있어. 이 세상에서 너를 가장 아끼고 사랑해 줄 수 있는 사람은 바로 나라는 사실이야."

그 동안 몰라보게 자신감이 강해진 한리더를 보면서 이고은은 웃음을 지었다. 그리고 내내 머릿속을 맴돌던 그 생각들을 털어놓았다.

"오빠, 이제야 깨달은 건데요. 제가 그 높은 곳까지 오빠를 만나러 올라갔을 때는 이미 마음의 결심을 한 게 아닐까 싶어요. 정말 평생 저를 사랑해 줄 수 있어요?"

이고은이 진지하게 물었다.

"물론이지. 나 정말 진지하다구. 고은이 너는 그냥 너 좋아하는 일 하면서 살아. 그냥 내 옆에 있어 주기만 하면 돼."

한리더가 자신 있게 말했다.

"오빠가 저 먹여 살려 주시려고요?"

이고은이 장난스럽게 말했다.

"물론이지. 내 꿈은 너의 행복까지도 책임지는 거야. 그리고 우리 사이에 태어날 자식도……."

너무 앞서 가는 한리더를 보면서 이고은은 웃음을 참을 수 없었다.

"하하하. 오빠 너무 웃겨요. 걱정 마세요. 제 행복은 제가 책임질 수 있으니까요. 그리고 저는 남편 월급봉투나 기다리는 현모양처가 되고 싶은 생각은 없어요. 대신 동업자는 될 수 있을 것 같아요. 사랑하는 사람과 함께 삶을 일구어 나가는."

두 사람의 사이가 급속도로 가까워지고 있었지만, 신기하게도 조금도 어색함이 없었다.

"그런데 오빠, 어떻게 금융권으로 갈 생각을 했어요?"

이고은이 갑자기 생각난 듯 물었다.

"꼭 금융권을 생각하고 간 것은 아니야. 사실은 퇴사하기 직전에 사장님과 개인적으로 만날 기회가 있었는데, 그 자리에서 많은 자신감을 얻었지. 사장님은 줄곧 나를 유망주처럼 대해 주셨어. 그래서인지 나도 모르게 자신감이 생기더라고. '아, 나는 유망주다. 어디를 가든 나는 유망주다' 그런 생각이 나를 강하게 만든 것 같아."

한리더가 눈을 빛내며 말했다.

"그런 자신감이 오빠를 여기까지 날아오게 했군요."

"솔직히 널 만나지 못하고 돌아갈 수도 있다고 생각했어. 하지만 그렇다고 하더라도 미련을 남기고 싶진 않았어. 일단 해 보고 안 되면 포기를 할지언정 아무 시도조차 하지 않는 것은 너무 어리석잖아."

한리더의 얼굴에 그간 고뇌한 모습들이 그대로 비춰졌다.

"사실 재취업에 성공했을 때는 너무 기뻤어. 그런데 정작 그 기쁨을 함께하고 싶은 사람이 곁에 없지 뭐야. 그래서 생각했지. 아, 인생에는 균형이란 게 참 중요하구나. 한 가지만 만족해서는 살 수가 없고 소중하게 생각하는 것은 모두 골고루 돌봐야 하는 구나 하고 말이야. 마치 오케스트라의 지휘자가 모든 악기를 아우르며 멋진 하모니를 이루어 내듯 인생도 마찬가지라는 생각이 들었어. 가족, 연애, 일, 건강, 취미 어느 것 하나 접어 두면 안 되겠구나 하는 것을 절실히 깨달았지."

"제 친구도 그 비슷한 말을 했어요. 자신에게 소중한 것, 커다란 가치를 지니는 것은 그만큼 진지하고 적극적인 자세로 임해야 한다고."

이고은은 친구 은정을 떠올리며 말했다.

"아, 그리고 저 전망을 좀 바꿨어요. 돌아가면 방송 관련 일을 찾아볼 생각이에요. 프로듀서 쪽으로요."

이고은이 들뜬 표정으로 말했다.

"아, 그래? 충분히 고민하고 내린 결정이라고 생각해. 난 무조건 찬성이야."

한리더는 진심으로 이고은의 결정에 박수를 보냈다.

"쉽지 않을 거라는 건 알고 있어요. 하지만 이제는 안전한 길로만 걸어가지 않을 거예요. 제 자신을 통제 불가능한 위험지대까지 밀어 넣어 보고 싶어요. 나의 한계를 초월해서 이룰 수 있는 일, 그런 일을 하고 싶어요."

이고은이 결연한 목소리로 말했다.

"그래, 고은아. 너는 잘할 수 있을 거야. 자신감을 가져. 자신이 얼마나 큰 힘을 가졌는지 깨닫는 바로 그 순간부터 정말로 엄청나게 큰 힘을 가진 사람이 되는 거야."

두 사람은 그렇게 서로의 앞날에 강한 긍정과 확신을 보내며 앞으로의 시간들을 함께 공유하기로 약속했다.

그리고 며칠 후, 두 사람은 나란히 서울행 비행기에 올랐다.

# 전부를 하나로 아우르는 오케스트라의 지휘자로 살아가라

마케팅 용어 중에 IMC라는 것이 있다. 이는 통합적 마케팅 커뮤니케이션 (Integrated Marketing Communication)으로 모든 커뮤니케이션 메시지를 한 방향으로 쏘아 효과를 극대화시키기 위한 전략이다. TV광고 메시지를 필두로 신문, 온라인, 회원소식지 등등 모든 것들을 딱 떨어지게 쏘라는 의미다. 그 중심에 마케터가 있다.

1990년대 이전까지만 해도 광고가 프로모션의 거의 전부였다. 그러나 90년대 후반으로 넘어오면서 많은 기업들이 광고 하나에만 의존하지 않고 판촉, PR, 이벤트, DM 등 여러 가지 수단을 통합적으로 활용하는 SP(Sales promotion)를 강화하기 시작했다.

즉, 예전에는 광고 하나만 잘 제작해도 상품이 히트할 수 있다는 생각이 강했지만, 최근에는 광고, 이벤트, 홍보, 디자인 등 다양한 수단을 통합적으로 운용하여 마케팅해야 한다. 따라서 마케터는 부서별로 역할을 조정하거나 중재하면서 브랜드로열티를 지속적으로 강화해 나가야 한다. 마케터가 다른 부서나 팀을 리드할 리더십이 부족하거나 그들을 설득할 협상력이 부족하면, 이는 곧 자신이 담당하는 브랜드에 그대로 반영되고 만다.

마케터는 2만여 개의 부품으로 구성된 자동차를 운전하는 드라이버요, 100여 명으로 구성된 오케스트라의 지휘자와 같다. 교향곡을 연주할 때 각각의 악기를 연주하는 사람은 자신의 악기 연주에만 충실하면 되지만, 지휘자는 모든 악기의 소리를 충분히 소화하고 곡의 흐름을 나름대로 재해석함으로써 자기만의 스타일이 살아나도록 만들어야 할 책임이 있다.

그러나, 정말로 훌륭한 지휘자는 그 모든 것 이전에 자기 자신을 스스로 멋지게 지휘할 줄 아는 사람이라는 사실을 기억하자.

# 경험
## 작은 경험이 커다란 승리를 부른다

"오빠, 저녁에 입사동기 모임이 있는데 같이 갈래요? 사내 커플들은 보통 같이 오니까 오빠도 함께 가면 좋을 것 같아."

보드라운 빵에 생크림을 바르며 이고은이 말했다.

"어, 그럴까? 그러고 보니 고은이 너 케이크도 만들 줄 아니?"

토요일 아침부터 이고은의 원룸으로 놀러온 한리더는 케이크를 만드는 그녀를 놀라운 눈으로 바라보고 있었다.

같은 건물에 살고 있는 두 사람은 주말이면 이렇게 아침부터 만나서 조조영화를 보거나 서점에 가서 데이트를 즐기곤 했다.

"별 거 아니에요. 그냥 카스테라 사서 생크림 바르고 그 위에 과일 몇 가지만 얹으면 끝인데요 뭘. 오늘 동기 모임에 가져가려고요. 생일인 친구가 있거든요."

이고은이 케이크를 만드는 동안 한리더는 일주일 동안 보지 못했던 경제신문들을 훑어보고 있었다.

LK(주)로 직장을 옮긴 후 한리더는 눈코 뜰 새 없이 바쁜 나날을 보내고 있었다. 그리고 이렇게 비교적 한가한 토요일 오전 시간을 이용해서 그 주에 보지 못했던 신문들을 모아서 읽곤 했다.

　"방송 아카데미는 어때? 다닐 만해?"

　한리더가 갑자기 생각난 듯 물었다. 한 달 전부터 이고은은 방송 아카데미에서 교육을 받고 있었다.

　"다들 너무 쟁쟁해서 처음엔 좀 겁이 났는데 이젠 괜찮아요. 대학 졸업반 친구들이 많지만 의외로 잘나가는 회사 그만두고 이쪽으로 뛰어든 사람도 많아요. 그리고 그런 사람들 중에서 전문 분야가 확실하면 의외로 면접에서 우대받는 경우도 있대요."

　"그래?"

　"네. 그래서 나도 뭔가 나를 PR할 수 있는 걸 찾아보려고요. 사실 처음엔 여기저기 여행도 좀 다니고 했으니까 여행 전문 프로듀서가 어떨까 하는 생각을 했거든요? 그런데 요즘은 왜 그렇게 잘난 사람들이 많은지 나 정도는 명함도 못 내밀겠어요."

　이고은이 거의 다 완성한 케이크를 준비해 둔 상자에 넣으면서 말했다.

　"다 했어요. 오빠, 이제 나갈까요?"

　오늘 두 사람은 복합쇼핑몰에 가서 영화도 보고 서점도 들르기로 되어 있었다.


　"어머, 오빠 저기 봐요~."

약속 장소에 도착해서 동기들을 기다리고 있던 이고은이 놀라며 말했다. 저쪽에서 장혜수가 나핸섬과 나란히 걸어오고 있는 것이었다. 한리더 역시 놀라기는 마찬가지였다.

"어이, 이게 누구야?"

이고은과 한리더가 먼저 알아차리고 인사를 건넸다.

"어머, 이렇게들 만나네요."

장혜수가 약간 쑥스러운 듯 말했다.

"아니 이거 35기 모임이야, 32기 모임이야?"

한리더가 웃으며 말했다.

"어머, 정말. 선배, 우리끼리 나가서 따로 32기 모임 할까요? 하하. 그나저나 너무 오랜만이다. 선배 진짜 못됐어요. 연락도 안 하고."

그제야 장혜수는 그간 소원했던 한리더에게 서운함을 내비쳤다.

"근데 뭐야, 두 사람?"

한리더가 나핸섬과 장혜수를 번갈아 보며 말했다.

"어머, 그러는 선배님은요? 오히려 제가 묻고 싶은 말이에요."

이번에는 장혜수가 한리더와 이고은을 번갈아 보며 말했다.

"이것 참, 재미있는 인연이네요. 이러지 말고 우리 앉아서 그간 어떻게 지냈는지 얘기 좀 나눠요."

약속 시간보다 일찍 도착한 네 사람은 다른 동기들이 도착하기 전이었지만 미리 맥주를 주문해서 마시기로 했다.

"고은 씨는 언제 돌아온 거야? 영국에 있다고 들은 것 같은데……."

나핸섬이 이고은에게 맥주를 따라 주며 말했다.

"두 달쯤 전에."

이고은이 웃으면서 말했다.

"그런데 두 사람은 어떻게 된 거야? 언제부터 사귄 거야?"

장혜수가 몹시 궁금한 표정으로 물었다.

"얼마 안 됐어. 아니, 그나저나 두 사람은?"

"저희도 얼마 안 됐습니다. 그런데 놀라지 마십시오. 저희 2주 후에 결혼합니다."

이번에는 나핸섬이 대답했다.

"뭐?"

한리더와 이고은이 동시에 물었다. 둘 다 믿을 수 없다는 표정이었다. 그 때 나핸섬이 가방에서 카드 하나를 꺼내 보였다.

"어제 나온 청첩장입니다. 안 그래도 보내드리려고 했는데……."

나핸섬이 건네 준 청첩장에는 두 사람이 행복한 모습으로 서로를 바라보는 웨딩사진이 인쇄되어 있었다.

"이야~! 축하해, 두 사람. 그런데 어떻게 이렇게 빨리 결혼할 생각을 했지?"

한리더가 놀라며 물었다.

"내가 그러자고 했어."

장혜수가 웃으며 대답하고는 자초지종을 설명해 주었다.

"주변에서는 너무 빨리 결혼하는 게 아니냐고 우려도 했는데, 선배도 알잖아. 난 원래 빨리 결혼하고 싶었던 거. 결혼해서 안정된 분위기에서 회사생활을 하는 것도 나쁘지 않을 것 같아. 다행히 우리 회사가 기혼 여성에 대한 차별이 없잖아."

이고은이 한리더를 바라보며 말했다.

"회사 분위기는 그래도 악 이사는? 그 사람은 좀 다르잖아. 너, 괜찮겠어?"

한리더가 걱정스러운 얼굴로 물었다.

"선배 몰랐구나. 하긴. 악 이사 회사에서 쫓겨났어."

"뭐? 정말이야? 언제?"

"선배 나가고 나서 한 달쯤 지났을까? 아무튼 그 사람 감사에서 걸렸어. 왜, 지난번에 폐기하기로 한 S상품 있잖아? 글쎄 그걸 빼돌려서 유통업체에 헐값으로 팔았다지 뭐야. 그뿐만 아니야. 공장에서 S상품을 계속 출하하고 있었대. 정말 놀랍지 않아? S상품의 후속 상품 매출이 하도 안 오르기에 조사를 해 봤더니 세상에 뒤에서 그런 일을 벌이고 있었지 뭐야."

"그러게, 어떻게 그런 짓을……."

한리더는 마케팅본부장 자리까지 올라간 사람이 그런 파렴치한 행동을 했다는 사실이 믿어지지 않았다.

"그런데 소문에 의하면 꼭 그 이유 때문만은 아닌가 봐. 최근에 회장님이 경영 일선에서 물러나시면서 사장님 라인의 사람들이 작정을 하고 회장님 라인의 사람들을 모두 내쳤다는 소문이야."

장혜수의 말을 듣고 있던 한리더는 언젠가 본부장이 사내정치가 지겨워서 퇴사를 한다고 말할 때의 모습을 떠올렸다.

"그랬구나. 어쨌든 악 이사 말이야, 결국 정치로 올라가더니 정치로

망하는 구나. 솔직히 실력은 없었잖아. 다들 쉬쉬했을 뿐이지."

"맞아. 실력이 있었다면 회사에서 왜 내쳤겠어? 난 악 이사 보면서 '나도 나중에 저렇게 안 되려면 진짜 실력을 닦아야겠구나' 하는 생각이 저절로 들더라. 참, 그리고 사장님이 선배 그만둔 거 알고 노발대발하셨어. 악 이사와 인사부장이 선배 사표 수리할 때 사장님께 보고도 하지 않았나 봐. 선배가 비록 간부급은 아니었지만 사장님이 총애하던 직원이었잖아."

그렇지 않아도 퇴사할 때 사장님께 따로 인사를 드리지 못한 것이 못내 마음에 걸렸던 한리더는 사장님께 너무나 죄송스러운 마음이 들었다.

"그런데 두 분은 어떻게 가까워진 거예요?"

이고은이 궁금하다는 듯 물었다.

"악 이사가 나갈 때 악 과장도 함께 잘렸어. 그러면서 내가 잠시 화장품팀 팀장 대행을 맡았지. 막상 윗사람들이 나가고 나니까 어떤 결속력 같은 것이 생기면서 팀 분위기가 좋아졌어. 핸섬 씨랑은 그때 같이 야근하면서 많이 친해졌지. 워낙 회사 분위기가 뒤숭숭할 때라 다들 매일같이 야근하고, 또 집에 가는 길에 한잔씩 하는 분위기였거든. 거의 2주간 붙어살다시피 하면서 친해진 것 같아."

장혜수가 나핸섬을 쳐다보며 동의를 구하는 눈빛을 보냈다.

"팀장 권한으로 계속 야근을 시키더라고요. 하하. 그런데 일만 시키는 게 아니라 제가 성과를 낼 수 있도록 물심양면으로 지원을 해 줬어요. 그런 따뜻한 마음에 반한 것 같아요."

이번에는 나핸섬이 장혜수를 바라보며 말했다.

"원래 혜수가 사람들한테 잘해 주잖아. 밥도 잘 사고, 일도 잘 도와주고. 그런데 자기 성과까지 나눠 줄 생각을 하다니 정말 대단해~!"

"그러면 혜수 선배가 먼저 대시한 거예요?"

이번에는 이고은이 궁금하다는 듯 물었다.

"글쎄. 그건 비밀이야. 그나저나 두 사람은? 두 사람은 대체 어떻게 된 거야?"

이고은은 그간 두 사람 사이에 일어났던 일을 자세히 설명해 주었다. 그리고 그들의 러브스토리를 들은 장혜수와 나핸섬은 한리더의 용기에 또 한 번 감탄했다. 역시 사랑은 사람을 용감하게 하는 것이 틀림없었다.

"참, 전문가는 잘 지내지?"

장혜수를 만나자 갑자기 친구의 안부가 궁금해진 한리더가 물었다.

"응. 지금은 연구소에 있어. 갑자기 자기는 연구직이 어울리는 것 같다며 사내 공채를 보더니 눈 깜짝할 사이에 합격하고 그쪽으로 옮겼어. 정말 대단하지?"

한리더는 문득 전문가가 보고 싶어졌다. 제일 친한 동기인데 그간 너무 소원했다는 생각이 들었다.

"다음 주에 전문가도 불러서 다 같이 한잔 하자."

한리더가 누구에게랄 것도 없이 일행들을 둘러보며 말했다.


2주 후 한리더와 이고은은 장혜수의 결혼식에 함께했다. 이고은은 장혜수가 따로 부탁을 하지 않았는데도 그녀의 결혼식 비디오를 만들어 주겠다고 자청했고 틈틈이 사진도 찍어 주었다. 이고은은 예식장에서 찍어 주는 비디오와는 차별되게 찍고 싶어 장혜수가 신부화장을 하는 모습부터 가족과 동료들의 축하인사까지 일정한 스토리를 구성하여 정성껏 비디오에 담았다.

이고은이 열심히 비디오를 찍어 대자 동료들은 이고은에게 이런 재능도 있었느냐며 격려를 해 주었다.

"요즘은 카메라가 좋아서 아무나 찍잖아요."

대답은 겸손하게 하면서도 이고은은 녹슬지 않은 실력에 스스로 대견해 했다. 대학시절 영상 동아리에서 재미 삼아 만들어 본 작품이나 선배들 결혼식 쫓아다니며 비디오를 찍어 주던 경험들이 지금 이렇게 실력으로 다져져 있다는 사실에 스스로도 놀라고 있었다.

"다음에 제가 프로덕션 차리면 일 많이 주세요. 광고 제작도 가능합니다. 호호호."

이고은은 진로를 구체적으로 확정 짓기 전에 일단 CF 제작부터 방송프로그램 제작까지 가리지 않고 다 해 볼 생각이었다. 그래서 경력을 쌓을 수만 있다면 방송국뿐만 아니라 크고 작은 프로덕션의 문도 두드려 볼 작정이었다.

언제 왔는지, 광고관리팀의 박 팀장이 이고은을 알은 체했다.

"고은 씨가 광고관리팀에 있을 때부터 그쪽으로 재능이 있었던 것 같아. 왜 광고대행사 김 과장이 고은 씨 칭찬 엄청 많이 했었잖아."

"팀장님 결혼식 때도 꼭 찍어 드릴게요. 완전 예쁘게. 호호."

자신을 좋게 봐 주는 박 팀장이 고마워서 이고은이 웃으며 말했다.

결혼식은 성황리에 끝났다. 장혜수는 세상에서 가장 행복한 신부의 모습으로 나핸섬 옆에 서 있었고, 나핸섬은 평소보다 더욱 의젓한 모습으로 하객들의 시선을 끌었다.

두 사람을 지켜보던 한리더가 이고은에게 말했다.

"와~ 부럽다! 고은아, 너도 부럽지?"

한리더가 유도질문을 하듯 물었다. 그도 하루 빨리 이고은과 결혼이 하고 싶었다.

"글쎄요. 저는 왜 별로 안 부러울까요. 저는 신부가 되는 것보다 신부 웨딩 사진을 찍어 주는 게 더 좋은데요?"

장난스러운 말투였지만 이고은의 목소리는 어딘지 모르게 단호한 느낌을 주었다. 한리더의 얼굴이 조금 어두워졌다.

"선배~. 좀 기다려 주세요. 아무리 그래도 제 밥그릇은 챙겨 놓고 결혼식장에 들어가야죠."

이고은은 한리더가 섭섭해 하지 않도록 애교 섞인 목소리로 한리더를 위로했다.

"그래, 그래야지. 괜찮아. 그냥 한번 해 본 말인 걸."

말은 그렇게 했지만 한리더의 섭섭한 마음은 쉽게 가시지 않았다.


장혜수와 나핸섬이 신혼여행을 가 있는 사이 이고은은 열심히 결혼식 비디오를 편집하고 사진도 인화해서 작은 앨범을 만들었다. 그리고 두 사람의 집들이가 있던 날 선물로 전해 주었다.

이고은이 재미 삼아 만든 비디오와 앨범은 장혜수는 물론 집들이에 온 동료들 사이에서도 단연 화제였다. 기존에 봐 왔던 비디오와는 차원이 다르다며 "역시 이고은"이라는 칭찬이 쏟아졌다.

그리고 며칠 후 장혜수로부터 전화가 걸려 왔다. 그녀의 대학 선배가 프로덕션을 운영하고 있는데 우연히 이고은의 비디오를 보고는 그녀를 만나 보고 싶다고 말했다는 것이다.

"고은 씨, PD 준비한다고 그랬지? 우리 과 선배 중에 방송국 PD를 하다가 지금은 제법 규모 있는 프로덕션을 운영하고 있는 분이 계세. 외주제작사 같은 건가 봐. 그런데 그 선배가 우연히 고은 씨가 만든 비디오를 보고 고은 씨를 만나고 싶다시네."

"네? 정말이요?"

이고은은 뜻밖의 소식에 반색하며 물었다. 자신에게 좋은 기회가 찾아왔음을 직감적으로 느낄 수 있었다.

"원래 시간이 되면 그 선배 와이프가 내 결혼식 비디오를 찍어 주기로 했었거든. 그런데 부부가 바빠서 결혼식에 참석을 못하고 어제 집들이에 왔다가 고은 씨가 만든 비디오를 본 거야. 평소 인색한 선배로 소문났는데, 의외로 칭찬을 하더라고. 그래서 기회다 싶어서 내가 말했지. 사실은 아주 똘똘한 후배인데 방송국 PD 하겠다고 회사를 관뒀다고. 그랬더니 직접 한번 만나 보겠대. 요즘은 무작정 언론사 취업을 준비하는 것보다 현장 경험이 있는 사람이 유리하다면서? 어쨌든 고은 씨와 만나서 얘기해 보고, 괜찮으면 자기 회사에 자리를 하나 주겠다니까 한번 기대해 보자구."

"어머, 선배 너무 고마워요."

이고은은 너무 기뻐서 어쩔 줄을 몰랐다. 그렇지 않아도 지금 자신에게 필요한 것은 현장 경험이었다.

"잘됐으면 좋겠다. 그 선배 전화번호 문자로 넣어 줄 테니까 꼭 전화해 봐. 알았지?"

통화가 끝나자마자 이고은은 당장 장혜수에게서 받은 전화번호로 전화를 걸어 보았다. 속전속결이었다. 며칠 후 간단한 면접을 보기로 한 것이다.

이 같은 소식을 들은 한리더는 자신의 일처럼 기뻐해 주었다.

"혜수한테 이렇게 또 신세를 지게 되네. 자식, 고마운 걸."

"그러게요. 그렇지 않아도 방송 아카데미 수강생 중 거의 절반이 현업에서 일하고 있어요. 보통 작은 프로덕션에서 경험을 쌓고 거기서 검증을 받은 후에 공중파나 대형 프로덕션으로 옮기는 경우가 많아요. 작은 경험이 큰 성공을 이룬다고, 비록 작은 곳일지라도 한 번 인정을 받아본 사람들이 어딜 가서나 자신감 있게 일을 잘 해내고 결과도 항상 좋았던 것 같아요."

이고은은 당장 미용실에 가서 머리부터 손봐야겠다고 생각했다. 그리고 성공적인 면접을 위해 어떤 준비를 해야 할지 차근차근 머릿속으로 정리해 가기 시작했다.

"아~ 신난다. 어서 빨리 사람들 속에 섞여서 일하고 싶어."

그간 사회생활에서 한발 물러나 있어 몸이 근질근질했는지 이고은이 한껏 기지개를 켜며 말했다.

지금 그녀에게 필요한 것은 사람들 속에서 함께 호흡하며 일하는 것, 그리고 그 속에서 자신을 끊임없이 단련하는 것이었다. 무엇이 됐든 자신이 스스로 정한 일과 싸워 이겨 본 사람은 그 승리의 경험이 재산이 되어 어떤 일도 해낼 수 있는 원동력이 된다고 믿었다. 이고은은 그녀가 꿈꾸는 자리에서 당당하게 활약하고 최후에 웃는 자신을 상상해 보았다.

# 한 번의 도전이 경험이 되고 자신감으로 이어진다

　　풍선을 처음 불 때는 숨을 크게 들이쉬고 힘껏 불어야 하지만, 그 풍선에 바람을 빼고 다시 불 때는 처음보다 훨씬 수월하게 불 수 있다. 이렇게 바람을 뺐다가 넣었다가 하기를 반복해서 부는 풍선은 쉽게 터지지도 않는다.

　　일도 마찬가지다.

　　비록 작은 것일지라도 어떤 일에서 성과를 내고 칭찬과 보상을 받아 본 사람은 계속해서 자신감을 갖고 다른 일도 잘 해내는 경향이 있다. 즉, 무언가를 한 번 성취해 본 경험이 있는 사람은 또다시 그러한 승리를 거두기 쉽다. 치열하게 도전하고 싸워 본 경험이 있기 때문에 다음에 어떤 일을 만나도 두려워하지 않는다. 그의 유전자에는 이미 '승리의 기억'이 새겨졌기 때문이다. 이후에는 아무리 답답하고 힘든 순간이 찾아와도 '그때' 승리한 기억과 경험으로 결국 모든 시련을 이겨 내고 더 큰 성취감을 맛보게 된다.

　　그렇다고 성공의 경험만 소중한 것은 물론 아니다. 중요한 것은 성공이든 실패든, 또 일이든 연애든 그 무엇이든 간에 자신의 경험을 생생히 기억에 남기는 것이다.

　　그리고 그때마다 매번 자기 자신에게 피드백을 해 주는 것이 중요하다. 실

패하면 실패에 대한 피드백을, 성공하면 성공에 대한 피드백을 하라. 그렇게
하다 보면 그것이 쌓여서 자기만의 훌륭한 '프로세스'를 만들 수 있다.

# 가치
### 흥정 불가능한 가치를 지녀라

한리더가 새로운 직장에 적을 둔 지도 어느덧 3개월이 지났다. 처음한 달은 그야말로 구름 위에 떠 있는 기분이었다. 예전 직장과 업종이달라서 다소 적응하기 힘든 면은 있었지만 대체로 모든 것이 만족스러웠다.

애초에 연봉 35퍼센트 인상이라는 조건으로 들어갔지만 그 외에도직원 복리 등 여러 가지 면에서 이전의 직장과는 비교할 수 없을 정도로 혜택이 많았다. 무엇보다 직장의 분위기가 좋아서 한리더는 만족스러웠다. 직원들은 모두 자신의 분야에서만큼은 프로라는 자긍심이 있었다.

그리고, 한리더는 한 가지 깨달은 것이 있었다. 어느 회사를 가든 꼭스트레스를 안겨 주는 달갑지 않은 사람이 있게 마련이라는 사실. 한리더는 직속 상사인 국 부장이 동료들의 기피 대상이라는 사실을 입사 때부터 들어 조금은 눈치 채고 있었다. 하지만 그가 보기에 국 부장은 욕심이 다소 많을 뿐 나쁜 사람 같지는 않았기에 별로 신경을 쓰지 않았다. 하지만 날이 갈수록 국 부장과 부딪히는 횟수가 많아지면서 업무에 차질이 생기기 시작했다. 국 부장에게 맞춰 가려 노력했지만, 그 변덕을 감당해내기가 힘들었던 것이다.

회사 내에서 국 부장은 일명 뒤집기 선수로 유명했다. 평소에는 가만히 손을 놓고 있다가 부하들이 일을 다 처리해 놓으면 마음에 들지 않는다고 뒤집고, 자신이 시킨 대로 일을 처리해도 말을 바꿔 가며 일이 잘못되었다고 핀잔을 주기 일쑤였다.

그러한 탓에 직원들 사이에서는 국 부장이 무슨 일을 시키면 손된 말로 손가락 빨고 있다가 막판에 눈치를 살피며 무슨 변동사항이 없는지 확인하고서 일에 착수하는 것이 현명하다는 이야기가 나올 정도였다.

국 부장을 보면서 한리더는 이전 상사였던 악 이사를 자주 떠올렸다. 하지만 악 이사는 일면 비열했을망정 자신의 그러한 면모를 스스로도 잘 알고 있었다. 그러나 국 부장은 자신의 부족한 리더십을 전혀 깨닫지 못하고 죄 없는 부하들만 고생시키는 스타일이었다. 당연히 부하직원들은 스트레스가 이만저만이 아니었고 뒷담화를 늘어놓기 일쑤였다. 하지만 한리더는 이미 경험으로 조직의 생리를 이해하고 있었기에 사람들과는 조금 다른 관점으로 국 부장을 바라보았다.

그가 생각하는 조직의 생리란 한마디로 다차원적인 것이었다. 부하직원이 생각할 때 도무지 이해할 수 없는 상사의 행동이 상사의 입장에서 바라보면 너무 당연한 행동일 수 있고, 동료들의 눈에 능력 없어 보이는 직원이 상사의 눈에는 누구보다 능력 있게 보일 수도 있었다. 따라서 조직사회에서는 독불장군 같은 행동은 삼가야 하며, 언제나 상대의 입장에서 생각하고 상대의 입장에서 행동하는 습관을 가진 사람이 환영받는다는 것을, 그것을 한리더는 누구보다도 잘 알고 있었다.

"팀장님은 국 부장님 밑에서 일 하는 게 힘들지 않으세요?"

이미 팀워크로 다져진 팀원들은 가끔씩 한리더에게 의아심 반, 존경심 반으로 물어오곤 했다. 그때마다 한리더는 솔직하게 팀원들에게 이야기해 주었다.

"나도 신입사원 시절에는 불의나 불이익을 참지 못하고 성난 황소처럼 굴었지. 그런데 조직이라는 건 그렇게 쉽게 바뀌지가 않아. 나름대로의 메커니즘을 가지고 돌아가기 때문이지. 그러니까 구성원들은 우선 그 메커니즘에 잘 맞춰 가려는 노력을 하는 가운데 나쁜 점들을 시정해 가야지, 무턱대고 바꾸려고만 들면 결국 자신이 튕겨져 나오는 경우가 많아. 나쁜 것이든 좋은 것이든 교훈은 있게 마련이니까, 항상 배운다는 자세로 임하는 게 현명하지 않을까. 솔직히 요즘 같은 불경기에 다달이 월급 받으면서 경력까지 쌓아 나갈 수 있으니 얼마나 행운이야?"

LK(주)의 팀장이 된 후, 한리더는 되도록이면 직원들을 솔직하고 따뜻하게 대하려고 노력했다. 팀원들의 자율성도 최대한 존중해 주었다. 한리더의 이러한 리더십 덕분인지 팀원들은 모두 각자의 일에 충실했고 다른 팀에 비해 성과도 좋았다.

어느 날 팀 회식 때의 일이었다.

"팀장님, 직장인의 행복을 좌우하는 최고변수가 뭔지 아세요?"

신입사원 공채로 한리더와 같은 시기에 입사한 팀의 막내가 물었다.

"글쎄다. 연봉이나 회사의 비전 같은 거?"

"물론 그런 것도 중요하죠. 하지만 그보다 더 중요한 건 팀장 리더십이래요."

"팀장 리더십?"

팀장 리더십이라면 한리더가 팀장 보직을 맡게 되면서 서점에 들러 구입한 책의 제목과도 같았다. 어떻게 하면 회사생활을 잘할 수 있을까 고민하면서 읽었던 책이다. 막내는 갑자기 펜을 꺼내 들더니 냅킨 한 귀퉁이에 어떤 공식 같은 것을 적어서 보여 주었다.

$$직장인\ 행복지수 =$$
$$\{(X) \times (연봉 + 비전 + 인사평가 + 출퇴근시간 + 복리혜택 \ 등)\}$$

"연봉이나 비전, 출퇴근시간 같은 것도 중요하지만 그보다 더 중요한 선행변수가 있는데, 바로 이 X가 뭔지 아시겠어요?"

막내는 마치 시험문제를 내는 교사처럼 이야기했다.

"글쎄. 잘은 몰라도 다른 변수에게 모두 영향을 미치고 있는 것으로 봐서는 절대적으로 중요한 선행변수인 것 같은데?"

"맞아요. 힌트 드릴게요. 이 변수는 팀을 옮기거나 조직을 하루라도 빨리 떠나게 하는 가장 중요한 이유로 작용해요."

그렇다면 녀석이 원하는 답은 분명 '직장상사' 일 거라고 한리더는 생각했다.

"직상상사를 말하는 거냐?"

"딩동댕~. 좀더 정확한 대답은 팀장 리더십이에요. 팀장 리더십은 팀 단위로 분권화된 기업에서 팀원의 행복을 좌우하는 최고의 절대변수가 돼요. 쉬운 예로 퇴근을 일찍하는 팀장의 팀원과 팀장의 눈치를 보면서 늦게 퇴근하는 팀원 중 누가 더 행복하겠어요?"

"옳아. 나더러 퇴근 좀 일찍하라는 말을 하려고 이렇게 얘기가 길어졌구먼."

한리더는 요즘 젊은 후배들은 참 솔직하다는 생각을 하며 막내를 흘겨봤다.

"아휴, 팀장님. 그러시면 저 억울해요. 저는 팀장님 밑에서 일하게 된 게 영광이라는 말씀을 드리려던 참이라구요. 그 공식을 보면서 '나는 참 운이 좋은 놈이구나' 하는 생각을 했다구요."

막내의 대답에 팀원들은 모두 웃었고 한리더도 은근히 기분이 좋아졌다. 팀장 보직으로 옮긴 후 과연 자신이 팀장으로서의 자질이 있는지 내심 걱정하고 있었는데 팀원으로부터 칭찬을 들으니 내심 마음이 놓이기도 했다.

"이번에는 내가 한 가지 질문을 해 볼게."

한리더가 어떤 질문을 던질지 궁금해진 팀원들은 호기심 가득한 눈으로 일제히 그에게로 시선을 옮겼다.

"회사에서 직원들의 연봉을 책정할 때 가장 중요한 기준으로 삼는

게 뭔지 아나?"

연봉 이야기가 나오자 팀원들의 귀가 솔깃해졌다.

"일을 잘하느냐, 못하느냐가 아닐까요?"

팀의 막내가 말했다.

"성과를 얼마나 잘 내느냐?"

이번에는 이 대리가 말했다.

"물론 모두 맞는 말이야. 하지만 조금 더 구체적으로 말하자면 회사
에서는 직원들이 생각하는 것보다 낮은 연봉을 책정하고 싶어 해. 대
개의 경우 직원들이 생각하는 자신들의 몸값이 회사에서 생각하는 몸
값을 상회하는 경우가 많거든. 예를 들어 이 대리가 생각하는 자신의
몸값은 5천만 원인데 회사에서는 4천만 원 정도에 머문다고 생각할
수 있다는 거지."

한리더의 말에 직원들은 고개를 끄덕였다.

"하지만 제가 취업을 준비할 땐 미리부터 자신의 몸값을 낮출 필요
가 없다는 말을 숱하게 들었는데요? 싼 게 비지떡이라는 취급을 한다
면서……."

이 대리가 말했다.

"역시 맞는 말이야. 미리부터 자신의 몸값을 낮출 필요는 없지. 하
지만 자신이 정말 회사에 꼭 필요한 존재이며 조직의 발전에 기여하
는 인물인가 하는 점을 항상 상기할 필요가 있어. 회사에서 생각하는
인재란 다름 아닌 회사를 발전시킬 수 있는 사람이거든. 즉, 내가 우
리 회사의 가치를 더해 주는 대체 불가능한 인력인가를 항상 생각하

면서 일해야 한다는 거지."

평소 한리더는 회식 자리에서는 즐거운 이야기만 나누는 것이 좋다고 생각하는 편이었지만 가끔씩은 이렇게 직원들이 긴장할 수 있는 이야기도 소재로 올리곤 했다.

"가령 만 원짜리 책 한 권을 살 때도 소비자들은 결국 '이 책이 과연 만 원어치의 가치가 있느냐'를 따져서 구입 여부를 결정해. 하물며 몇 천만 원어치의 연봉을 지불하는 회사에서 직원을 쓸 때는 어떻겠어? 과연 이 직원이 월급을 주는 만큼의 가치를 낼 것인가를 냉정하게 판단하겠지. 만약 나의 가치가 나의 가격보다 낮다면 처음부터 취업이 어렵거나 취업을 하더라도 나중에 승진에서 밀릴 수 있겠지. 그럼에도 불구하고 많은 회사원들이 자신을 알아주지 않는다고 불평만 늘어놓는 걸 보면 좀 안타까울 때가 있어."

"아휴, 찔리네요. 꼭 저 들으라고 하시는 말씀 같아요."

막내가 눈살을 찌푸리며 말했다.

"하하. 내가 설교를 너무 오래 했나? 하여튼 이것만은 기억해 둬. 가치가 크면 클수록 고객으로부터 더 많은 선택을 받게 되는 것과 마찬가지로 사람도 역시 가치가 크면 클수록 회사에서 인정받는다는 거."

"팀장님, 그거 참 냉정하면서도 오묘한 진리입니다요~!"

"그래. 자, 그럼 다 같이 건배할까? 언제 어디서나 가치 있는 인간이 되기 위하여!"

"위하여~!"

한편 장혜수의 소개로 MBK 프로덕션에서 일하게 된 이고은은 생각보다 힘든 회사생활을 하루하루 견뎌 가는 중이었다.

처음에는 프로덕션에서 일을 하게 된 것만으로도 기뻤지만 날이 갈수록 이쪽 업계의 일이 험하고 쉽지 않다는 사실을 절감했다. MBK 프로덕션은 영화와 드라마를 만드는 외주제작사였는데, 생각보다 열악한 환경과 고된 노동이 이고은을 힘겹게 했다. 특히 밤샘 촬영을 하고 돌아온 날이면 몸이 천근만근이 되어 마음까지 무거워지곤 하였다.

그럼에도 불구하고 이고은은 이 일을 그만두고 싶다는 생각은 추호도 하지 않았다.

"너무 힘들어 보인다. 그냥 나한테 시집이나 와라."

늦은 밤까지 퇴근을 하지 못하고 있는 이고은을 찾아온 한리더가 말했다. 팀원들과 회식을 마친 한리더가 이고은과 함께 집에 가기 위해 그녀의 회사까지 찾아온 것이다.

"오빠 또 그 소리. 그런 말 할 거면 앞으로 여기 오지 마. 그렇지 않아도 눈치 보여. 다른 사람들 열심히 일하고 있는데……"

이고은이 바쁜 촬영장을 둘러보며 말했다.

"너무 고생하는 것 같으니까 그렇지."

한리더가 보기에도 이고은은 많이 초췌해져 있었다. 그럼에도 불구하고 그녀의 얼굴에는 반드시 해내고야 말겠다는 열정 같은 것이 어려 있어 이전 회사에 있을 때보다 훨씬 더 빛이 났다.

"오빠. 내가 이 바닥에 좀 있어 보니까 성공하는 길은 딱 하나야. 힘들어도 계속 가는 거. 오빠 방에 붙어 있잖아. '천천히 가는 것을 두려워 말고 가다가 멈추는 것을 두려워하라', '할 수 없기 때문에 포기하는 게 아니라, 포기하기 때문에 할 수 없는 것이다.' 정말 그 말이 딱 맞는 것 같아."

그러면서 이고은은 얼마 전 함께 일하던 선배가 방송국 취업에 성공한 이야기를 들려주었다.

"우리 팀에 있던 한 선배가 이번에 50 대 1의 경쟁률을 뚫고 방송국 PD 시험에 합격했잖아. 그런데 정작 그 선배보다 실력이 좋았던 다른 선배는 공중파 경쟁이 너무 치열하다면서 아예 공채를 보지 않았어. 그런데 나중에 자기보다 실력이 낮은 친구가 합격한 사실을 알고 땅을 치고 후회하더라고."

그러면서 그녀는 다시금 자신을 다독였다.

"이렇게 열심히 일할 수 있는 날들이 얼마나 되겠어? 20대, 30대, 그 정도가 아닐까? 그 이후에 내가 좋아하는 일을 하면서 보람 있게 살려면 지금 힘들어도 열심히 일하는 게 최고인 것 같아."

사뭇 진지하고 열정적으로 말하는 이고은의 모습을 보면서 한리더는 조금 전 자신의 태도를 반성했다.

이고은은 계속해서 자신의 생각을 이야기했다.

"내가 존경하는 여성 CEO 분이 한 말인데, 20대는 자신의 천직을 찾는 시기이고, 30대는 텃밭을 가꾸는 시기, 그리고 40대는 최정점의 시기래. 50대는 뭔 줄 알아? 제2의 인생을 준비하는 시기. 정말 대단하지? 그 말 들으면서 얼마나 힘이 났다고. 일단 자신이 평생 즐겁게 할 수 있는 일이 무엇인지 아는 것이 핵심인재가 되는 첫 단계래. 그런

점에서 나는 일단 첫 단계는 성공한 것 같아."

이고은의 눈은 반짝반짝 빛나고 있었다. 그리고 그녀는 아직 일이 더 남았다며 한리더를 돌려보냈다.


이고은과 헤어져 돌아오는 길, 한리더는 조만간 그녀에게 프러포즈 하려던 계획을 당분간 접어 두기로 했다. 마음 같아서는 하루라도 빨리 그녀와 결혼해서 남들처럼 알콩달콩 살고 싶었지만 그것은 혼자만의 생각일 뿐 이고은은 현재 자신의 일에 푹 빠져 있었다.

한리더는 그런 그녀에게 자꾸 결혼 이야기를 꺼내는 것은 오히려 그녀에게 부담을 주고 두 사람의 사이를 멀어지게 만들지도 모른다고 생각했다. 그래서 그는 그녀에게 집착하기보다 자신을 돌아보는 시간을 갖는 것이 더 현명하다는 판단을 내렸다.

어차피 이고은이 어디로 도망가는 것도 아니고 솔직히 한리더 자신도 해야 할 일이 많았다. 안정된 직장에 자리를 잡았다고 안심하고 있기에는 세상은 너무 치열하게 돌아갔다. 소수의 핵심인재가 나머지 다수를 먹여 살리는 구조로 돌아가는 요즘의 기업 분위기에서 그는 어떻게든 핵심인재가 되기 위해 노력해야 한다고 생각했다.

집으로 돌아온 한리더는 지난번 병원에 입원했을 때 작성했던 자신의 SWOT 분석표를 다시 꺼내 보았다. 그러고 보니 개 중 몇 개는 실천이 되었지만 아직 실행하지 못한 것들도 많았다.

대학원 진학에는 성공했고, 이제는 마이너스 통장도 없었다. 하지만 아직 금연을 실천하지 못하고 있었고, 자신의 가치를 재창출하는 것도 미완이었다. 다행히 더 좋은 회사로 이직하는 데는 성공했지만 갈 길은 멀어 보였다.

한리더는 당장 오늘부터 금연을 하고 건강을 위해 운동도 시작하기로 했다. 자신의 분야에서나 자신의 직무에서 최고가 되는 것은 언제든 노력하면 따라갈 수 있지만 건강은 지금부터 챙기지 않으면 안 된다고 생각했다. 아직 장가도 안 갔는데 점점 앞으로 나오는 뱃살도 부담스러웠고, 뭔가 생활에 있어서 새로운 전기를 만들고 싶었다. 이렇게 자신에게 충실하다 보면 이고은에 대해서도 좀더 여유를 가지고 바라볼 수 있을 것 같았다.

다음 날 새벽같이 일어난 한리더는 곧바로 평소 눈여겨 봐 두었던 헬스클럽으로 향했다. 새벽 시간임에도 불구하고 헬스클럽에는 많은 직장인들이 운동에 열중하고 있었다. 자신이 잠든 사이에 남들은 이렇게 열심히 살고 있었다고 생각하니 한편으로는 부끄러운 마음이 들었다. 하지만 이제라도 이 대열에 합류할 수 있어서 다행이라고 생각했다.

헬스클럽의 담당 트레이너는 그에게 헬스와 골프를 동시에 할 수 있는 프로그램을 권했다.

그 때 한리더의 머릿속에 언젠가 사장실의 비서로부터 골프를 좋아하느냐는 질문을 받았던 일이 떠올랐다.

'다음에 또 그런 상황이 온다면……'

이미 한 번의 작은 성공을 경험한 한리더는 어느새 자신감으로 무장한 자기 자신을 발견하였다.

'누구에게나 한 번의 기회는 찾아오지만 그 기회를 잡을 수 있는 사람은 준비된 사람뿐이다.'

한리더는 지금부터라도 차곡차곡 자신의 미래를 준비해 나가기로 결심했다. 그것이 자기가 좋아하는 것일 수도 있고 때로는 아닐 수도 있겠지만, 좋아하는 것은 즐기고 아닌 것은 인내하며 한발 한발 걸어 나가겠다고 마음먹었다. 그렇게 살다 보면 언젠가 자신이 원하는 삶을 살게 될 것이라고 확신했다.

'운동은 몸만 단련해 주는 것이 아니라 이렇게 마음을 정리할 시간도 주는 구나.'


"아니, 이게 누구야?"

한참 싸이클을 타고 있는데 놀랍게도 전문가가 트레이닝복 차림으로 한리더 앞에 나타났다.

"아니, 너야말로. 혼자만 오래 살려고 그 동안 숨기고 다닌 거야?"

한리더가 반가운 마음에 농담을 던졌다.

"아니야. 나도 오늘부터 등록했어. 우리 뭔가 통한 건가? 하하."

한리더는 헬스클럽에서 절친한 친구 전문가를 만나게 되어 너무 기뻤다. 회사에서 그렇게 친했던 동료였건만 이직 후 자주 만날 기회가 없어서 아쉬웠는데 이렇게 다시 만나게 된 것이다.

반가운 마음에 두 사람은 운동을 조금 일찍 끝내고 아침을 먹기 위해 인근 식당으로 들어갔다. 운동 후에 먹는 밥은 정말 꿀맛이었다.

"우리 날마다 이렇게 같이 아침 먹고 출근하자. 참, 그리고 다음 주부터 마케팅 스터디가 있는데, 혹시 너도 낄래?"

전문가가 말했다.

"마케팅 스터디?"

"어. 마케팅연구회 회원들 중에서 연차가 비슷한 사람들끼리 만든 학습 모임인데, 도움이 많이 될 거야. 아마 너희 대학원 동기도 두어 명 있을 걸."

"나야 영광이지. 그런데 나는 너처럼 연구직도 아닌데 끼워 줄까?"

"그럼. 네 명함 정도면 웰컴이지. 내가 얘기해 놓을게. 두 달에 한 번이니까 그렇게 부담되진 않을 거야."

한리더는 전문가가 자신에게 좋은 기회를 마련해 주었다고 생각했다. 평소 책이나 강연회만으로는 해결되지 않는 학구열이 있었는데 스터디 모임이라면 그런 그의 고민을 해결해 줄 것 같았다.


운동을 마치고 사무실에 도착했을 때 아직 팀원들은 아무도 출근해 있지 않았다. 자리에 앉은 한리더는 업무 수첩을 꺼내서 오늘의 일과를 대충 훑어본 후 스스로의 다짐을 수첩에 옮겨 적어 보았다.

'나의 가치를 높이는 일을 게을리 하지 말자. 끊임없는 자기계발은 나와 조직에 발전을 안겨 준다. 다른 사람과 나를 비교하기 전에 어제의 나와 오늘의 나를 비교하며 살자. 그래서 날마다 더 나은 사람으로 일신우일신(日新又日新) 거듭나자.'

한리더는 매일 이렇게 자신을 돌아보며 첫 출근을 했을 때의 초심을 잊지 않으려고 노력했다. 자신의 책상이 있다는 것, 자신과 함께 호흡하는 동료가 있다는 것, 무엇보다 자신의 인생을 풍요롭게 해줄 천직이 있다는 사실이 새삼 감사하게 느껴지는 아침이었다.

# 자신의 가치는 실제 몸값보다 크거나 같아야 한다

잘 팔리는 상품을 보면 지불하는 가격에 비해 제품이나 서비스의 가치가 더 큰 것을 발견할 수 있다. 가령, 신발 하나를 살 때도 소비자는 이 신발이 가격만큼의 가치가 있는지를 꼼꼼히 따져 본 후에 선택한다. 소비자가 브랜드 제품을 선호하는 것도 이런 이유 때문이다. 비싸더라도 그만큼의 가치가 있다고 판단하는 것이다.

사람도 마찬가지다.

사람들은 관계를 통해 이익을 얻고 싶어 한다. 그것이 물질적인 것이든 즐거움이나 감동 같은 정신적인 것이든 간에 상대를 통해 이익을 얻을 때 그 관계가 지속될 수 있다.

예를 들어 회사에서는 지불하는 임금에 비해 높은 성과를 내는 직원을 원한다. 반대로 직원은 자신이 헌신한 노동에 비해 많은 임금이 주어질 때 만족감을 얻는다. 이때 중요한 것은 양쪽이 동시에 만족하는 것이다. 어느 한쪽만 일방적으로 만족하는 관계가 아니라 서로가 서로에게 가격 이상의 가치를 줄 수 있을 때 그 관계는 오래갈 수 있다.

연애나 결혼에 있어서도 마찬가지다. 사람들은 연애와 결혼을 통해 사랑이나 충만함 같은 가치를 얻게 된다. 물질적인 가치든 정신적인 가치든 두 사람이 함께 함으로써 더욱 가치 있는 인생을 영위할 수 있다고 판단될 때 그 관계를 선택한다.

　나만의 브랜드를 만들고, 차별화시키며, 나를 디자인하고, 프로모션해야 하는 이유가 모두 여기에 있다. 나를 스스로 높은 가치로 만들어 세일즈할 때 비로소 원하는 삶을 살아 갈 수 있다.